쾌락의 횡포

하

Jean-Claude Guillebaud

LA TYRANNIE DU PLAISIR

5. 쾌락의 고역?　143

제Ⅱ부 잃어버린 기억

6. 상상의 고대 세계　181

7. 육체 앞에서의 유대인과 그리스도교인　217

8. 퓨리터니즘의 진정한 창안　263

제Ⅲ부 고독의 논리

부르주아 담론의 승리

사실 이와 같은 의학적 담론은 새로운 지배 계급이 되어가고 있는 부르주아지의 환상을 반영하고 있다. 그것은 성에 대한 경제주의적이고 관리적이며 산술적인 비전을 강제하는데, 이 비전을 우리는 20세기 내내 다시 만나게 된다. 그것은 또한 금세기 20년대에 빌헬름 라이히 같은 인물이 반대해 궐기했던 그 억압적 정신의 경향을 정당화시킨다. 알랭 코르뱅은 이렇게 쓴다. "그리하여 무엇보다도 낭비를 피하는 것이 불가피해진다. 이 힘을 절약할 줄 아는 것은 생명을 연장시켜 주고, 천재성을 낳게 할 수 있다." 여기에는 불과 얼마 전부터 귀족 계급을 대체한 부르주아지가 표현하는 물질적(부·자본 등)일 뿐 아니라, 상징적이고 **문화적인 축적**의 의지가 있다. 부르주아들은 생산을 용이케 하는 것이 성의 지배라고 믿는 것이다. 〈킨제이 보고서〉가 1948년에 되풀이하는 성의 산술적인 '사물화'는 여기에 그 기원이 있으며, 양에 대한 강박관념과 만나게 된다. 코르뱅은 이렇게 덧붙인다. "더구나 이것은 사회적인 모든 집단에 유용하다. 갈보집을 경영하는 여자들은 손님들이 '두 번 하지 않는지' 감시하는 반면에, 빅토르 위고는 자신의 수첩에다 자신이 세운 다양한 기록들을 적고 있으며, 미슐레는 일기에다 1년간의 성관계를 요약해 놓고 있다."

다시 한 번 부르주아들의 이와 같은 새로운 강박관념을 '과학적' 논지로 강화시켜 주게 되는 의사들이 나타난다. 예를 들어 교회의 공공연한 적인 A. 뤼토라는 의학 박사는 이렇게 쓴다. "현명한 인간은 매번 성행위를 할 때마다 자신의 나이와 신체 조건에 따라 1일에서부터 여러 날까지 그 기간에 다양한 간격을 두어야 하며, 그렇지 않고는 결코 교접을 반복해서는 안 된다."

우리는 여성의——필요한——쾌락에 대한 중세신학과는 아주 멀리 있다. "이와 같은 일련의 명령은, 우리가 알 수 있듯이 19세기에 **부부 관계가 시간적으로 짧게 이루어졌다는** 점과 일치하고 있다. 1906년에 오귀스트 포렐은 교양 있는 계층에 광범위하게 보급된 한 저서(《교양 있는 성인들에게 설명하는 성의 문제》, 파리, G. 슈타인-하일, 1906)에서, 부르주아 고객들의 경우 성행위를 하는 데 걸리는 평균 시간이 3분이라는 결론에 도달한다. 그리고 우리가 알다시피 킨제이도 수십 년이 지난 후 거의 차이가 없는 결과에 도달한다."[42]

이와 같은 부르주아의 담론은 또한——그리고 아마도 특히——산업 혁명 및 자본주의의 출현과 동일체가 되어 있다. 이러한 관점에서 볼 때, 그것이 앵글로 색슨계의 개신교 퓨리터니즘과 관계가 있다는 것은 이론의 여지가 없다. 막스 베버의 분석은 이 관계가 어느 정도인지를 전적으로 가늠케 해준다. 베버는 리처드 백스터(18세기)의 사상, 그리고 특히 그의 대단한 텍스트——《실용적 신학과 양심의 문제에 대한 그리스도교의 훈령 또는 개략》(런던, 1677)——가 자본주의를 창설한 개신교의 퓨리터니즘에 결정적인 영향을 미쳤다고 강조한다.

"백스터의 아주 중요한 저서는 육체적이든 지적이든 힘들고 계속적인 **노동을** 찬양하는 설교가 때로는 거의 정열적일 정도로 지속적으로 배어 있다. 두 개의 주제가 여기서 결합하고 있다. 우선 노동은 오래 전부터 **금욕적 수단으로서** 진가를 발휘했으며, 서양의 (개신교) 교회는 그것을 언제나 높이 평가했다.

이러한 측면은 동양과 현저하게 대립될 뿐 아니라, 전세계의 거의 모든 수도자들의 규칙들과도 현저하게 대립되는 것이다. 특히 노동은 퓨리터니즘이 **불결한 삶**이라는 표현하에 수집한 그 모든 **유혹들**에 대한 예방책으로서 사용해야 할 특수한 약이다. 이 약의 역할은 작지 않다. (……) 성적 유혹뿐 아니라 종교적 의심이나 도덕적 모욕감에 대항해서 사람들이 가지고 있는 수단은, 간소한 채식과 냉수욕뿐 아니라 다음과 같은 계명도 가지고 있다. '네가 해야 할 일에 온 힘을 기울여라.'"[43]

막스 베버에게 청교도는 정숙하고 일을 열심히 하는 사람이 **되고자** 한 것이다. 그는 어떤 식으로든 그런 존재가 되지 않을 수 없음을 느꼈던 것이다. "왜냐하면 금욕주의가 수도자들의 방에서 직업적인 삶으로 옮겨지고 세속적인 도덕을 지배하기 시작했을 때, 이는 근대의 경제 질서를 가진 종교적인 세계의 구축에 참여하기 위한 것이었다. 이 질서는 기계 조작에 의한 기계적 생산의 기술적·경제적 조건들과 연결되어 있고, 이 생산은 이러한 메커니즘에서 태어난 개인들 전체가 지니는 삶의 양식을 저항할 수 없는 힘으로 결정한다. 그것도 단순히 경제적 구매와 직접적으로 관계 있는 사람들의 생활 양식만이 아니다."

베버는 또한 자본이 이처럼 강제적이고 금욕적인 절약 덕분에 형성된다고 설명한다. 동시에 삶의 '합리적인' 관리 모델이 개발된다. 이 모델은 60년대 중반까지 근대성의 중심에 자리하고 있었고, 어떤 측면에서는 오늘날에도 그러하다. "우리가 말할 수 있는 것은 존재의 청교도적 개념의 영향이 확대된 만큼——이 점은 자본 축적의 단순한 고취와는 다르게 중요한 것이다——이 개념은 경제적으로 보다 합리적인 부르주아적 삶의 경향을 촉진시켰다. 그것은 이 경향의 가장 중요한 요소였고, 특히 필연적인 유일한 요소였다."

《프로테스탄티즘의 윤리와 자본주의의 정신》의 저자는 도중에 빈자들에 관한 부르주아의 청교도 도덕과 가톨릭 전통 사이의 대립을 강조한다. 12세기부터 중세의 오랜 가톨릭교는 '무상성,' 탁발(托鉢) 수도회, 그리고 가난의 허원을 찬양했다. 반대로 청교도들에게 "가난을 원하는 것은 질병을 원하는 것과 같으며, 이는 자선을 통해 신성성을 꾀하는 것이므로 단죄될 만하고 신의 영광을 침해하는 것이다. 특히 일할 수 있는 상태에 있는 개인이 구걸을 하는 것은 비난받을 게으름일 뿐만 아니라, 이웃에 대한 사랑의 의무를 저버리는 것이다. 칼뱅은 이미 구걸을 엄격하게 금지했으며, 네덜란드 종교회의는 거지들의 방종에 대하여 반대 운동을 벌였다."[44]

부르주아 귀족의 신드롬

그러나 부르주아들은 그들이 대체시키려고 열망하는 귀족의 모델과 19세기 동안 내내 복잡한 관계를 유지한다. 다시 말해 그들은 이 모델을 혐오하면서도 동시에 찬양하는 것이다. 우리는 이 관계를 상기시키지 않고 부르주아 담론이 드러내는 그 점진적인 헤게모니를 이해할 수 없을 것이다. 이 관계 속에는 모방적이고 막연하게 환각에 사로잡힌 행동이 보여 주는 일그러진 모습이 있다. 부르주아 정신은 우선적으로 귀족과 대립함으로써 귀족으로부터 구분되고자 한다. 대부분의 역사가들에게 "계몽주의 시대에 태어난, 수음에 반대하는 광기는 온갖 권력에 탐욕을 부리는 부르주아들이 만들어 낸 '가치'이다. 이들은 타락한 계급인 귀족과 거리를 두어야 했다. 왜냐하면 예를 들어 사드 후작과 쇼데르로스 드 라클로라는 상스러운 인물들은 이 계급 출신으로서, 부르주아 가정이 중세 이래로 최고의 덕목으로 찬양하는 그 '점잖'의 가증스러운 적들이기 때문이다. 생식에 초점을 맞추어 조정되지 않은 성의 모든 형태에 반대하는 부르주아들의 투쟁은 또한 그들이 지닌 경제의 의지 속으로 들어갔다. 경제는 그들이 19세기 내내 '노동자들의 선견지명 결핍'에 대립시키는 또 다른 강박관념적인 가치이다."[45]

그러나 미셸 푸코는 보다 풍부한 메타포를 사용했다. 그가 단언하는 바에 따르면, 귀족들이 오랜 세월 동안 '귀족 혈통'이라는 테마 체계를 통해, 다시 말해 조상들 그리고 결연 관계의 가치라는 측면을 중시하며 자신들의 정체성을 영속화시켰다면, 반대로 신생 부르주아들은 자신들의 후손, 생식, 성의 '건강하고' 생산적인 관리, 이런 것들에 의해 사로잡힌다. "부르주아들의 '혈통', 그것은 그들의 성이었다. 그들은 18세기라는 시대가 지나는 동안 귀족들의 혈통을 건강이 좋은 유기체와 건전한 성으로 바꾸어 놓았다. 우리는 왜 그들이 다른 계급들——그들이 착취했던 바로 그 계급들——의 육체와 성을 인정하는 데 그토록 오래 걸렸고, 그토록 침묵을 내세웠는지 이해한다."[46]

그러나 귀족 계급의 옛 모델과의 이와 같은 모방적 관계 속에는 부러움, 따라서 모방이 자리잡고 있다. 당시의 모든 문학을 지배하고 있는 정부(情婦)라는 인물과 부르주아의 간통은 귀족을 모방하려는 이와 같은 의지에 대한 가장 좋은 예를 나타낸다. 제2제정 때부터 "귀족의 모델은 힘 있는 부르주아뿐 아니라 소부르주아에게까지 아주 특별한 매혹을 발휘한다. 이들

계층들에게 중요한 것은, 자신들의 위상을 합법화시키는 것이다. 유행의 첨단을 걷는 정부(情婦)를 동반하며 자신을 드러내고, 상류층 화류계의 대단한 여자나, 나아가 지방의 경우 여흥이 있는 저속한 카페의 여가수를 데리고 다니며 자신을 과시하는, 상징적 가치들을 축적하는 그러한 전략에 들어갔다. 이 전략으로 인해 네덜란드 대가들의 작품을 수집하거나 호화 레스토랑들에 드나드는 것이 품위 있는 일이 되었다."[47]

19세기에 나타나는 빅토리아 시대적인 위선의 징후로서 은밀한 간통은 '스캔들'('스캔들이라기보다는 과오')을 싫어한다는 것을 반영하고 있다. 그것은 또 그만큼 구식이면서도 그만큼 부르주아적인 은폐와 정숙에 대한 염려를 반영하고 있다. 이와 관련하여 주목되는 것은 마르크스도 이와 같은 위선에, 말하자면 '오염되었다'는 것이다. 왜냐하면 그는 19세기의 힘있는 부르주아로서 하녀를 임신시켜 아이를 낳게 하였기 때문이다. 그러나 그는 제자들과 부딪치지 않기 위해 이 아이를 인정하지 않았다. 부르주아의 이와 같은 은폐는 귀족의 외설스러운 과시와는 반대된다. 19세기는 이러한 이유로 유곽의 개념을 만들어 냈다. "진정으로 비합법적인 성관계를 인정해야 한다면, 이 성관계의 소동은 다른 곳에서 이루어져야 한다. 그곳에서 사람들은 성관계를 생산의 회로는 아닐지라도 적어도 이익의 회로에 재편입시킬 수 있다. 유곽과 정신병원은 그런 관용의 장소들이 되는 것이다."[48]

성의 엄격주의는 이런 식으로 유럽 전체에서 승리를 거둔다. 그것은 사회 전체에 강제된다. 왜냐하면 그것은 실질적으로 '국민들이 일하도록' 하기 때문이다. 그것은 쩨쩨하고, 지나치게 정숙을 떨며, 경제적이고, 과오를 범한 자들에게 혹독하다. 그런데 사실 사람들은 이 혹독함에 대한 기억을 잃어버린 것이다. 1830년경, 한 역사가는 이렇게 쓸 수 있었다. "샤토브리앙의 주변에서 풍속은 매우 순수하기 때문에 젊은 처녀가 불행하게도 유혹에 넘어갈 경우——이런 일은 이 고장에서 매우 드문 일이지만——그녀가 저지른 과오에 대한 기억은 세대에서 세대로 영속화된다. 우리는 놀랍게도 사람들이 한 젊은 처녀에 대해 다음과 같이 말하는 것을 듣는다. '그녀는 매우 정숙했는데, 그녀의 할머니가 넘어갈 뻔했다니 참으로 유감스러운 일이야!' 명예가 훼손된 이 조모를 알고 있는 사람이 아무도 없다는 것은 흔한 일이었다."[49]

19세기가 드러내는 궁핍 현상과 사회적 불안정의 맥락 속에서, 사실 민중 계층은 가정과 가정적 관심사에 특별한 가치를 부여한다. 가정은 필리프 아리에스의 표현을 빌리자면, '나머지 세계에 닫혀진' 피난처가 된다. 1801년에서 1846년 사이에 파리의 인구는 55만 명에서 1백만 명 이상을 넘어서 배가 된다. 1875년에 릴에서는 극빈자들이 주민의 약 20퍼센트를 나타낸다. 르 플레(《유럽의 노동자들》, 1855)나 빌레르메(《비단·무명·양모 공장들에 고용된 노동자들의 육체적·정신적 상태에 대한 조망》) 같은 저자들은, 그들의 동시대인들에게 이러한 인구층이 처한 극도의 비참한 상태를 드러냈다. "완전히 변모하고 있으며 정복적이고, 기업 정신이 왕성하지만 빈자들과 약자들에게 가혹한 이와 같은 19세기 사회 앞에서, 부부들은 이제 행복을 걱정하며 가정에 대단한 중요성을 부여한다."[50] 역설적으로 산업 혁명은 가정이 나타내는 것에 극단적인 중요성을 부여함으로써 가정의 구조를 소멸시키는 데 기여한다.

합리적 판단을 위해 거리를 두고 보면, 한 가지 현상이 인상적으로 나타난다. 그것은 교회가 엄격주의에 관해서 부르주아 모델에 동조하여 한술 더 뜨는 정도까지 가는 그 성급함이다. 교회는 혁명에 의해 상처를 받았지만——교회가 혁명에 동조하는 데는 수십 년이 걸리게 된다——혁명의 개혁을 되돌리고 교회의 특권을 회복시켜 주는 왕정복고에 의해 안정을 되찾자, 엄격주의라는 그 도덕주의와 결합하여 그 속에 그리스도교를 지속적으로 가두게 되는 정도까지 가버린다. 우리가 앞으로 보겠지만, 19세기 중반부터 그리고 20세기 전반기 동안 내내 교회는 신부·고해실·설교·교리문답으로 이 도덕주의를 뒷받침하면서 선전하고 방어하는 데 기여하게 된다. 그리하여 현대의 엄격주의는 원래 없었던 성직적인 함축적 의미를 띠게 된다.

교회는 이제 교회가 지닌 전통의 풍요를 과소평가하며 이 전통으로부터 벗어난다. 그리하여 교회 역시 기억을 잃어버린 것처럼 행동하게 된다.

9

세계가 세워진 이래...

우리는 1519년 7월 7일 에르난 코르테스의 동료들이 신대륙의 아스텍 제국에 상륙하면서 경험하는 놀라움을 상상해 보아야 한다. 그들은 이윽고(11월에) 제왕인 몬테수마 2세의 환대를 받는다. 그는 금속 투구를 쓴 이 백인들을 신들이 보낸 사신들로 간주한다. 놀랍지 않은가? 이 원정 모험가들은 지구의 극단에서 동방신으로서는 케트살코아틀이나 남방신으로서는 위칠로포치틀리 같은 고유한 신들에게 올리는 무서운 제사를 주목하면서, 도시와 기념비적인 궁전들로 구축된 강력한 문명을 발견한다. 사실 이 놀라움은 피상적인 것이다. 코르테스의 용병들은 인류학보다는 정복과 약탈에 더 신경을 쓰게 되는 것이다. 그들이 언어의 낯섦과 의식(儀式)의 화려함이 주는 낯섦을 넘어서, 아스텍인들에게서 놀라운 공통점들을 그들 스스로 발견할 수 있는 여유를──그리고 욕망이라도──가지고 있었다는 것이 의심스럽다. 이 공통점들은 틀림없이 그들을 동요시켰을 그런 유사한 것들이다. 그리하여 놀라움은 어리둥절로 바뀌었을 것이다.

훨씬 후에 고고학자들이 드러내게 될 이 공통점들 가운데 어떤 것들은 성의 보편적이면서도 내밀한 '신비'와 관련이 있다. 매우 가톨릭화된 스페인 출신인데다, 주교의 훈계와 신부들의 설교에 익숙한 이 해군 병사들에게 금지 사항은 무엇보다도 매우 성스러운 의식(儀式) 행사의 달력이다. 왜냐하면 이 달력이 일·월·년에 리듬을 주는 큰 조정체이기 때문이다. 16세기 스페인 그리스도교도에게 욕망(남편의 아내에 대한 욕망)의 불꽃을 경우에 따라서 합법적이거나, 또는 불법적인 것으로 만든 것은 우선 날짜·시간·시기였다. 여기에 그리스도교는 아닐지라도 적어도 서양 민족들에 고유한 하나의 습관——하나의 편집증?——이 있었음을 말하고 싶다.

그런데 세부적인 일로 낯선 것이지만, 아스텍인들도 스페인의 정복을 당하기 전에 성과 관련하여 규칙과 금지 사항·규정을 준수하고 있는데, 이것들이 서양과 그렇게 다르지 않다는 것이다. 그들은 그들 자신의 의식 행사 달력이 있으며, 마찬가지로 자신들의 욕망을 이 달력에 종속시키고 있다. 단식 기간 동안 남자들과 여자들은 성관계를 할 권리가 없다. 사람들이 단언하는 바에 따르면, 젊음·음악·꽃의 신인 크소치필리가 금지 사항을 어기는 자들을 성병·치질 또는 다양한 습진에 걸리게 함으로써 벌을 내린다는 것이다.

"그들의 믿음에 의하면, 불륜의 사랑에 빠진 남자나 여자는 항구적인 저주를 받기라도 한 것처럼 이른바 틀라졸미키즈틀리(사랑 때문에 일어난 죽음)를 유포시키고, 아이들이나 인척들은 우울증과 쇠약증에 걸리게 된다는 것이다. 그런 불륜의 사랑은 도덕적이면서 동시에 육체적인 더러움으로써 다만 증기욕과 정화 의식을 통해서, 그리고 사랑과 욕망의 신인 틀라졸테테오에게 기원함으로써만 치유될 수 있었다."[1]

하나의 전체적 사회 현상

고유 명사들이 기이하다고 해서 환상을 품어서는 안 된다. 많은 점에서 아스텍인들이 준수한 금지 사항들과 정화 의식은 그리스도교도들의 그것들——이것들 자체가 유대인과 그리스-로마의 전통으로부터 영감을 받은 것이다——과 정확히 유사하다. 그러나 인간의 기억으로 볼 때 이 신대륙과 구대륙 사이에는 어떠한 교역도, 어떠한 통신도 확립된 적이 없다. 그렇다면 문화와 차이를 넘어서 성적 금지 사항들의 보편성이 존재했다는 것일까? 역사가들은 이 문제를 정당화시키는 많은 다른 예들을 인용한다.

파라오들이 지배한 고대 이집트와 더불어 우리에게 기록된 텍스트들을 남긴 가장 오래 된 문명은 메소포타미아 문명이다. 기원전 3천년으로 거슬러 올라가는 약 50만 개의 설형 문자판은, 티그리스 강과 유프라테스 강을 따라 자리잡은 수메르인들의 도시들과 제국들이 영위한 일상적 삶에 대한 정보를 우리에게 제공한다. 그것들 가운데 어떤 것들은 노골적인 표현으로 사랑과 성을 찬미하는 훌륭한 시로 되어 있다. "발기하라, 발기하라. 불끈 서라, 불끈 서라. 사슴이 뛰듯이 발기하라. 야생 황소처럼 불끈 서라. (……) 들소처럼 여섯 번 하게 해다오. 사슴처럼 일곱 번 하게 해다오. 수컷 자고새처럼 열두 번을! 난 젊으니까 성행위를 하게 해다오." 성행위의 관행과 에로티시즘이 여기서 죄의식의 문제를 제기하지 않았다는 것은 확실하다.

그러나 다른 판들은 엄격한 구속과 금지 사항들의 체계가 온전하게 있었음을 발견하게 해준다. 여기서 독신은 금지·경멸되고 있고, 결혼은 엄격하게 일부일처제가 원칙이 되어 있다. 생식 능력을 보존하려는 고심이 도처에 나타난다. 한편 성스러운 매춘이 세밀하게 규범화되어 있다. "우리와 마찬가지로 메소포타미아에서도 사랑의 충동과 능력은 전통적으로 집단적 구속을 통해 일정한 방향으로 유도되었다. 이는 사회체의 고유한 세포로 간주된 가정을 확실케 하고, 그렇게 하여 사회체의 영속성을 보장하기 위한 것이다. 따라서 각각의 남자와 여자의 근본적 소명은 결혼이었다. 이는 당시 사람들이 말하는 바에 따르면, 그의 '운명'이 본성을 신들의 본질적 의지에 맡기기 때문이었다."[2]

'신들에게 바쳐진' 여자들과의 사랑의 관계는 신성모독으로 규정되어 있고, 따라서 금지되어 있다. 의학적 텍스트들은 이러한 사랑의 관계나 가까운 인척·어머니, 또는 누이들과의 근친상간 관계를 중시하여 고찰하고 있다. 이 텍스트들에서는 주기적인 절제가 강요되고 있다. 비록 고고학자들이 그 이유를 밝힐 수 없었지만 말이다. 우리가 다만 알 수 있는 것은 1년 중 어떤 날들은——예를 들어 타쉬리트의 달(고대의 아랍력에 의한 달)의 6일——성행위가 금지되어 있다는 것이다. 이처럼 고대 메소포타미아에서 모든 것이 허용된 것은 아니다. 어림도 없는 일이다.

따라서 연구자들의 호기심이 멀리까지 가면 가는 만큼 모든 것이 생각하게 하는 것은, 인간 사회들이 매혹적이면서도 불안하게 하는 성——그 힘!——을 법적으로 규범화시키고 조직시키려고 항상 주의를 기울였다는 것이다. 보다 나은 것은 문명들이 욕망의 이와 같은 제어를 문화의 토대와 생산으로 만들어 낸 것으로 보인다는 점이다. 조르주 바타유는 이렇게 평가한다. "인간의 성은 하나의 전체적 사회 현상이다. (……) 그것은 분명 자연이 준 하나의 기지 사항이다. (……) 그러나 인간성의 이러한 측면이 가장 일찍이 가장 완전하게 사회 생활의 효력에 종속된 측면이라는 점 또한 명백하다."[3]

모든 것이 가르쳐 주는 것은, 지구에 살면서 역사를 채운 무

수한 인간 집단들이 각각 나름대로 거의 불변하는 일정수의
대립적인 매개 변수들을 서로 화해시키지 않을 수 없는 상황
에 있었다는 것이다. 쾌락에 대한 개인의 자연 발생적인 성향
과 이 성향의 정교화, 종(種)을 영속화시켜야 할 필요성, 욕망
의 폭발적이고 따라서 전복적인 성격, 경쟁적인 욕망들에 의해
야기되는 폭력을 억제하려는 염려 같은 것들이 그 매개 변수
들이다. 장 루이 플랑드랭은 욕망의 승화된 표현인 정열을 상
기시키면서 이 역사적 불변수를 강조하고 있다. "정열은 아무렇
게나 어디서나 아무 순간에나 아무하고나 교접하도록 부추기
기 때문에, 그것은 남자와 사회에 위험하다. 그것은 사회적 소
요의 원천이고, 개인의 불행을 만든다. 이것이 이교를 믿었던
고대의 도덕주의자들이 모두 강조한 것이다. 스토아 철학자들
만이 이것을 강조한 것이 아니다. 그들은 모두 그와 같은 비이
성적인 야만적 행동을 단죄했다. (……) 이는 이를테면 보편적
인 도덕의 특징이다. 왜냐하면 모든 사회들이——아마 낭만주
의 이후의 우리 사회를 제외하고——사랑의 정열이 지닌 위험
을 다소간 느꼈기 때문이다."[4]

 이와 같은 상식적 고찰은 성도덕에 관한 대부분의 논쟁, 금
지 사항들이 지닌 무게, 또는 유럽 도덕주의가 구사한다고 추
정되는 계략, 이런 것들을 싹싹한 촌스러운 태도라고 쫓아 버
린다. 그것은 문제를 엄격주의자들과 자유주의자들, 세속인들
과 종교인들, 우파와 좌파 등 사이의 빈약한 서구적 난투로 귀
결시켜 버리는 것 같은 인상을 준다. 한편 인류학적 사실들에
조금만 주의를 기울여도 시야를 넓힐 수 있고, 논쟁을 진정시
킬 수 있을 것이다.

발정에서 해방된 인간…

장 자크 루소는 《에밀》의 제5권에서 성에 관한 고찰의 중심적 요점을——두 세기를 앞서——환기하고 있다. 그는 성문제와 관련하여 인간의 행동을 동물의 행동과 비교하면서, 여성적인 정숙과 여자의 필요한 조심성을 상기시키면서 이렇게 쓰고 있다. "동물들의 암컷이 동일한 부끄러움을 가지고 있지 않다면 어떤 일이 일어날까? 그것들은 여자들처럼, 이러한 부끄러움이 브레이크 역할을 하는 그 무한한 욕망을 가지고 있는가? 욕망은 그것들에게 필요할 때만 온다. 필요가 충족되면 욕망은 멈춘다. 그것들이 수컷을 물리치는 것은 더 이상 가장하여 그런 것이 아니라 진실로 그런 것이다. 그것들은 아우구스투스 황제의 딸〔황제의 딸 율리아는 여러 사람과 결혼하여 아버지의 분노를 샀다. 그녀는 결국 단정치 못한 행실 때문에 아버지에 의해 유배되어 죽었다〕이 한 것과는 전혀 반대로 한다. 그것들은 배가 가득 찼을 때는 더 이상 승객을 받지 않는 것이다."

루소는 동물계의 암컷들에 비해 여자들이 지닌 이상한 특이성을 확인한다. 이 특이성은 다름 아닌 영속적인 사랑의 성향으로서, 그녀들의 욕망이——남자들의 욕망과 마찬가지로——동물들이 따르는 리듬인 이른바 **발정**에 의해 결코 **자연적으로** 조정되지 않는다는 것을 말한다. 이 발정은 강렬한 욕망의 시기로서 수컷들의 경쟁과 폭력이 자리잡고 있지만, 시간 속에 엄밀하게 제한되어 있다. 이것이 전부가 아니다. 인간이란 종에서 여성의 욕망은 1년 내내 나타날 뿐 아니라, 이론적으로 볼 때 남자의 욕망에 가련하게 강제되는 그 생리학적인 한계——발기의 한계 ——를 모른다. 루소 이전에 방종한 많은 저자들이 사랑에 관한 한 여자를 진정 강한 성으로 만들어 주는, 남자의 이와 같은 불구성을 익살스럽게 과장했다. 그리고 이 불구성이 여자의 성욕이 일으키는 두려움을 상당 부분 정당화시켰던 것이다.

이탈리아의 르네상스가 일어나기 직전의 자유주의적 대저술가인 포조는, 그의 《해학》에서 한 남자가 한 여자에게 다음과 같이 묻는 대화를 진술하고 있다. "왜 남자와 여자가 성행위를 하면서 똑같이 즐기는데, 남자가 여자한테 간청을 해야 하지?" 여자는 이렇게 대답한다. "우리들 여자는 언제나 성행위를 할 준비가 되어 있고 할 생각도 있지만, 당신들은 그렇지 않지요. 당신들이 할 수 있는 입장이 못 될 때, 우리가 간청해 보았자 시간만 낭비할 것입니다."[5] 중세에 남자가 성적으로 만족을 모르는 여자 앞에서 느꼈던 두려운 강박관념은 에로틱한 풍자 이야기에 되풀이되는 테마이다. "중세의 민중들은 여자의 성욕을 불타는 불안한 것으로 느꼈다. 이 성욕을 쫓아내는 다른 하나의 방법은 그것을 악의 쪽으로 배척하는 것이다. 여자는 창녀로 취급된다. 여자는 '먹보'이고, 개이고 이리이다. 이센그린이란 이리의 아내인 헤르산트 부인이 바로 이 경우이다. 그녀는 이리가 떠나자마자 여우와 한바탕 몸을 풀려고 달려간다. 그러나 결국 그 모든 마법에도 불구하고, 안심시키기 위해 만들어진 전설들과 '설명들'에도 불구하고 중세의 남자들은 여전히 불안에 사로잡혀 있다."[6] 중세의 한 풍자 이야기 《성기를 팽팽하게 해주는 고리…》는 이를 잘 설명해 준다.

그런데 인류학자들은 여자와 동물 암컷의 이와 같은 차이, 다시 말해 영속적인 섹스의 성향을 인간이 됨으로써 일어난 주요 결과들 가운데 하나로 간주한다. 그들은 여자가 "발정(oest-rus)으로부터 벗어나 있다"라고 말한다. 그들은 또한 '발정을 잃어버렸다'고 말한다. 발정이란 이 표현은 격분을 의미하는 그리스어의 오이스트로스(oistros)로부터 나온 것이다. 그것은 경우에 따라서 발정 주기에서 동물들의 경우 배란과 암내를 내는 단계를 지칭한다. 동물들에서 성적 도덕의 구실을 하는 것은 이와 같은 반복적이고 규칙적이며 구속적인 주기이다. 어떤 동물군에서는 암내가 폭발해 한순간 평화가 위협받지만, 발정 주기가 끝남에 따라 자연적으로 회복된다. 동물들에서 수컷들은 고정된 날짜에만 욕망을 나타내고, 암컷들도 고정된 날짜에만 수컷들이 탐낼 만하게 된다…….

인간들이 이와 같이 강제된 조절——이 조절 자체가 거대한 생물학적 시간의 주기에 종속되어 있다——로부터 벗어남으로써, **문화**가 성을 규범화하고 조직화하기 위해 자연을 대체하는 일이 필요하게 된 것이다. 바로 이와 같은 관점에서 일부 인류학자들은 이렇게 말할 수 있었던 것이다. "사회를 만드는 것은 성이다."[7] 우리가 성이란 하나의 기능이 아니라 문화라는 것——비록 이것이 오늘날 잘못 이해되고 있을지라도——을 끊임없이 환기시켜야 하는 것은 이와 같은 동일한 기본적 기지사항들에 준거하여 그런 것이다. 아니면 보다 정확히 말해서 우리는 성이란 생물학적인 것과 문화적인 것의 접합점에 위치한다는 것을 상기시켜야 한다. 그것은 선천적인 것과 후천적으로 획득된 것 사이의, 다시 말해 자연이 **제공한** 것과 문화가 **정복**한 것 사이의 중심에 위치한다.

그런데 선천적인 것과 획득된 것 사이의 이 거대한 논쟁은 19세기에 프랜시스 골턴에 의해 시작되었는데, 60년대부터 미국에서 다시 불붙기 시작해 유럽으로 확산되었다. 그 이유는 무엇인가? 왜냐하면 그것이 인종 차별(미국에서)과 **특히 여성 해방** 같은 일부 문제들의 근원에 자리잡고 있기 때문이다. 모든 사회들이 드러내는 금지 사항들의 보편성과 유사성이 시사하는 것은, 성의 모든 문화적 규범화가 프랑수아즈 에리티에가 여성성과 남성성의 '차이에 관한 사상'이라고 부르는 것, 다시 말해 기능들과 임무들에 있어서 남녀 사이의 성적 차별화에 토대를 두고 있다는 것이다. 소위 돌이킬 수 없다는 이와 같은 생물학적 차별화는 일반적으로 여성의 역할에 대한 가치 하락적이고 종속적인 비전에 다다른다. 우리는 여권주의, 보다 일반적으로 말해서 서양의 성해방 운동이 이와 같은 무거운 차별화를 쳐부수려고 시도한 것을 당연하다고 생각한다.

여자를 싫어하는 부처

인류의 문화들 속에 잔존하고 있는 여성 혐오의 원인은 이와 같은 '차이의 사상'에서 찾아야 하며, 동시에 생리학적으로 무한하도록 결정되어 있어 만족을 모르는 것으로 인식된 여성의 성욕이 야기하는 그 두려움에서 찾아야 한다. 우리는 이에 대한 예들을 많이 들 수 있을 것이다. 단 하나의 예만을 인용해 보자. 왜냐하면 이 예는 가장 예기치 못한 예 가운데 하나이기 때문이다. 그것은 다름 아닌 불교이다. 그렇다. 남성과 여성의 차이를 "환상에 불과하고 영구적인 것이 아니라고" 간주하는 부드럽고 조용한 불교도 창설적 텍스트를 보면, 여자들에 대해 매우 분명한 적의를 드러내고 있다. 석가모니와 그의 애제자아난다의 대화 및 다른 옛 텍스트들 속에서 우리는 다음과 같은 격렬한 대목들을 많이 만난다. "여자는 자신의 육체를 결점으로 가득 찬 것으로 바라보아야 할 것이다……. 이 육체는 부정한 것들을 받는 용기이며, 구역질나는 오물로 가득 차 있다. 그것은 똥통 같은 것이고, 온갖 더러운 것들이 쏟아져 나오는 아홉 개의 구멍을 가진 변기 같은 것이다. 바로 이와 같은 육체에 어리석고 보잘것 없는 남자들이 집착하고 있는 것이다! 이 육체는 맹금류·이리, 그리고 개들의 먹이가 된다. 그렇기 때문에 그것은 묘지에 던져지는 것이다. 이 육체는 고통과 괴로움으로 이루어져 있다."[8]

불교 이전의 시기(베다 시기)에, 인도 여자가 상대적으로 긍정적인 상황을 누리고 있었을 때조차도 브라만교는 반여성적인 전통적 의심을 도입했다. 후기의 인도 전통에서 이 의심은 시바의 아내들 가운데 하나인 파르바티에 의해 구현된다. 파르바티는 음란하고 부정하며 유혹하는 존재로 표현되는 것이다. 해설가들은 석가모니가 자신의 제자로 여자들을 받아들이는 것을 망설였다고 주장한다. "그러나 여자는 유혹적인 힘을 지녔기에 두렵지만, 동시에 어머니와 아내의 역할에서는 찬양되고 있다."[9]

성의 차별화주의가 세상 사람들이 가장 공감하는 '사상'이라는 점은 의심의 여지가 없다. 약간의 유보적 태도에도 불구하고 프랑수아즈 에리티에는 이렇게 평가한다. "이 문제에 대해 남성 우월주의의 보편성이 통계적으로 강하게 나타날 가능성이 있다." 그러나 역사적으로, 그리고 인류학적으로 확인된 이와 같은 우월성은 모든 '진보'를 포기하면서 따라야 하는 불변하는 요소로서 받아들여질 수는 없을 것이다. 이와 같은 조상들의 복종을 거부한 것은 서구 여권 운동의 명예이자 장점이다. 그렇다면 이러한 현상이 생명력 있고 지속적인 변화를 할 실제적인 가능성은 어떤 것인가? 결국 이것이 표면적인 투쟁을 넘어서 제기되는 거대한 문제이다. 달리 말하면, 획득된 것은 선천적인 것으로부터 완전히 해방될 수 있는가, 아니면 그것은 이것과 타협해야 하는가?

프랑수아즈 에리티에 같은 세심한 학자에게도 여자의 호전적 희망과 인류학자의 회의적 시각이 아주 솔직하게 뚜렷이 공존하고 있다는 사실을 확인할 수 있다는 것은 놀라운 일이 아닐 수 없다. 그녀는 이렇게 쓰고 있다. "나는 우리가 언젠가 모든 영역에서 목가적인 평등에 도달할 수 있을지 의심스럽게 생각한다. 근친상간, 성별에 따른 임무의 배분, 법적이거나 이미 인정된 형태의 안정된 결합, 그리고 덧붙이자면 남성과 여성의 차별적 가치, 이런 것들로 상호 밀접하게 결합되어 이루어진 뼈대 전체 이외에 다른 것을 토대로 해서는 어떤 사회도 구축될 수 없을 것이라는 점에서 말이다. 이와 같은 구축은 입증될 수 있는 것이 아니라 다만 강력한 개연성을 부여받고 있다. 왜냐하면 이러한 개념적 뼈대의 기원은 남자들이 태곳적부터 관찰하고 있는 불변의 요소들, 즉 그들의 육체와 환경 속에 있기 때문이다. 그럼에도 불구하고 우리가 이와 같은 구축을 받아들인다면, 이때 평등의 길을 가는 데 주요한 어려움은 그러한 제휴들을 파괴하게 해주는 지렛대를 발견하는 것이다."[10]

이와 같은 제휴들을 파괴하게 한다고? 이 표현은 약간 도발적인 급진적 성격으로 인해, 그것만으로도 자연과 문화의 대립에 관해 앞에서 인용한 논쟁의 중요성을 이해하게 해준다. 이 논쟁은 교육학적으로 보다 광범위하게 대중화되었더라면 좋았을 것이다. 그것은 예를 들어 정치에 여자들이 나서는 것을 유리하게 만들기 위한 쿼터의 확립('긍정적 차별') 같은 일부 시사적인 분쟁거리들을 진정한 관점 속에 재위치시키게 한다. 미셸 파노프 같은 인류학자는 이것들이 지닌 목적의 위상을 분명히 한다. "우리가 남성과 여성 사이에 원래 평등한 상황이 존재했다는 것을 확증하게 된다면, 현재 남성의 지배를 지탱해 주고 있는 사회적 관계를 수정함으로써 이 평등의 상황으로 합리적으로 되돌아갈 수 있다. 반대로 남자들이 언제나 여자들을 지배했다는 것이 입증된다면, 그리고 그것도 생물학적인 강력한 이유들로 해서 입증된다면 여성을 위한 재균형의 모든 시도는 '자연'에 반하는 것이 될 것이고, 사회를 변모시키는 데 아주 엄청난 노력을 요구하게 될 것이다."[11]

수렵하는 남자, 채집하는 여자

물론 우리는 여기서 이와 같은 논의를 받쳐 주는 과학적 요소들을 매우 간결한 방식 이외에 다른 방식으로 설명할 수 있다고 주장하지 않는다. 중요한 것은 인류학자들이 표현한 의견의 불일치가 왜, 그리고 어떻게 오늘날에도 여전히 문제의 엄밀하게 정치적인 측면과 연결되어 있는지를 이해하는 것이다.

우리가 파노프의 분석을 따라가면, 금세기 20년대에서 60년대까지 주요 경향은 '생물학적인' 것을 실제보다는 낮게 평가하면서 '사회적인' 설명을 우선시하는 데 있었다. 이와 같은 배려는 당시의 건설주의적이고 진보주의적인 낙관론을 반영하고 있었다. 그것은 또한 인간의 의지가 이른바 생물학적 구속들에 따르지 **않으면서** 세계를 변화시킬 수 있다는 확신을 반영하고 있었다. 뿐만 아니라 그것은 인종적인 '선천설을 주장하는 자들'에 대항해 싸우는 것이었다. 이들은 현실을 뛰어넘어 보겠다는 것은 순진한 발상이라고 생각하였던 것이다. 게다가 미국에서 인류생물학자들이나 사회생물학자들인 그들은 **와스프**〔Whasp, 여타 인종을 배척하는 백인 우월주의〕협회 옹호자들과 인종차별주의적인 사상의 전파자들처럼 나타났다.

인류학자이자 유명한 《남성과 여성》(1949)의 저자인 마거릿 미드는 "모든 것은 생물학적이다"라는 주장을 신봉하는 자들의 가장 사나운 적들 가운데 한 명이었다. 그녀와 더불어 그리고 이데올로기적 낙관론을 통해서 "모든 것은 사회적이다"라는 주장이 너무 과도하게 펴졌던 것일까? 미드 자신이 말한 것처럼, 적에게 무기를 주지 않기 위해 생물학적인 것의 중요성이 지나치게 축소되었던 것일까? 확실하게 보이는 것은 선천설이 60년대 중반에 미국의 전면에 다시 등장했다는 것인데,[12] 이때는──반작용에 의한 것인지 모르지만──시민권 운동과 여권주의가 뚜렷이 나타났던 때이다. 파노프에 따르면, 여성적 특수성이 생물학적으로 결정된다는 주장은 40년 동안 인기를 얻지 못하다가 과학적 여론의 호응을 다시 만났다. 이로부터 성적 차별화의 기원에 대한 60-70년대의 과학적 논쟁이 나온 것이다.

당시에 나온 두 개의 대립적인 텍스트가 이 논쟁의 내용과 동시에 신랄함을 요약해 주고 있다. 첫번째는 R. 리와 I. 디 보어가 공동 집필한 《사냥꾼 남자》(시카고, 1968)이다. 호전적인 선천설 주장자들인 저자들은 인류 진보의 기원에는 사냥이 자리잡고 있다는 것을 설명하기 위해 이른바 수렵의 논지를 사용한다. 실제로 남자를 문화의 창조자로 만들고, 여자를 그에게 종속시킨 것은 사냥——분명한 생물학적 이유로 남자에게 한정된 그 사냥——이라는 것이다.

이 책의 주장에 대해 1971년 S. 슬로컴은 〈채집꾼 여자〉라는 여권주의적 논문을 써서 대응하는데, 이 논문은 상당한 반향을 일으킨다. 저자는 (남자들이 사냥을 하고 있는 동안) 채집하고 주워 모으는 기술을 개발하고, 최초의 용기와 유아를 운반하기 위한 바구니를 제조하는 데 있어서 여자들의 역할이 근본적이었다는 점을 설명하려고 한다. 이 모든 것들이 원래 문화의 기원에 자리하고 있다는 것이다. "그리하여 남자들에 비해 자신들의 불리한 점을 축소시키면서, 여자들은 역사가 그녀들에게 부여한 역할, 《사냥꾼 남자》의 저자들이 부인한 그 역할을 수행했다고 할 것이다. 이 역할은 그저 단순히 문명을 창조하는 것이었다."[13]

요컨대 여권주의의 문제는 인류학과 다른 몇몇 학문들을 포위했다. 더욱이 우리가 앞으로 보겠지만, 동성애 요구와 관련하여 우리의 지식을 다시 읽고 재검토해야 한다는 상당히 자극적인 계획은 그 동성애 이론[14]의 목표들 가운데 하나이다. 어쨌든 문제는 호전적인 주의설(主意說)의 한계가 어떤 것인지를 아는 것이다. 오늘날 파노프와 뒤크로 같은 일부 민족학자들이나 인류학자들은 **합리적인 측면을 넘어서 생물학적인 것을 부인하려는** 이러한 의지, 오랫동안 규칙이 되었던 이 의지를 상당히 냉혹하게 비판한다.

파노프는 이렇게 쓴다. "우리의 학문들에서 여권주의적 항의가 원칙상으로는 정당화되었다 할지라도, 그것은 오늘날 성적 차별화의 사회적 측면에 우선권을 주기 위해 생물학적 구속과 양립 불가능성에 대해서는 주의를 기울이지 않게 하는 나쁜 결과를 초래한 것 같다. 이와 같은 방향 설정의 부정적 결과는 아직도 끝나지 않았다고 느껴진다. 이에 대한 한 가지 예를 들자면, 이 방향 설정이 인류학자들로 하여금 과학적으로 준비가 되지 않은 상태에서, 사회생물학적 업적으로부터 시작된 이데올로기적 운동 앞에 직면토록 했다는 것이다."[15]

파노프 같은 비평가들이 상기시키는 것은 마거릿 미드 자신이 본인의 입장을 후퇴시켜, 성적 차별주의가 사회적인 것이나 생물학적인 것 어느 일방으로부터 비롯된 것이 아니라, 이 둘의 변증법으로부터 비롯되었다는 점을 인정하여야 했다는 것이다. 분명 우리는 **이와 같은 상호 작용의 관념**에 대해 잠시 관심을 가지고 고찰해 보아야 할 것이다.

추잡함에서 치사한 짓으로

프랑수아즈 에리티에가 자신이 연구한 아프리카 사회들에서 뽑아낸 성에 관한 구체적인 몇몇 예들을 통해서 볼 때, 분명하게 보이는 것은 생물학적인 것이 유일하고 저항할 수 없는 요소로서 인식되지 않는다는 것이다. 부자 관계 같은 근본적인 주제들과 관련하여 사회적·문화적 구축 시스템——다시 말해 의지적인 선택——의 역할은 생물학적인 요소들만큼 중요한 것 같다. 부르키나파소의 사모족 공동체의 예는 가장 의미 있는 것들 가운데 하나이다.

합법적인 결혼에서 어린 소녀는 태어날 때부터 부모들이 부과하는 어떤 금지 사항들이나 선호 사항들에 따라, 인정된 하나의 그룹에 속하는 한 남편에게 귀속된다. 그녀의 남편에게 건네지기 전에 사춘기가 되면 이 소녀 역시 인정된 그룹들 가운데 하나에서 선택된 정부(情夫)를 택해야 한다. 이때 그녀의 남편이 실제로 선택된 그룹은 배제된다. 그녀는 일정 시간이 지난 후 그녀의 남편에게 돌아간다. 그녀가 아이가 없다면 최고 3년이 지난 후, 아니면 첫아이가 태어났을 때(따라서 이 아이의 아버지는 그녀의 정부이다) 돌아간다. 이 아이는 생물학적인 현실이 어떠하든, 합법적인 남편의 첫아이로 간주된다. 어떠한 경우에도 그는 그의 진짜 아버지의 아들로 간주되지 않는다. **따라서 부자 관계는 엄밀하게 사회적이다.**[16]

이보다 더 놀라운 예가 있다. 사모족을 보면, 합법적 아내들이 때때로 도망쳐 외간 남자들과 연애를 해 사생아들을 낳는다는 것이다. 만약 남편이 이 도망간 아내를 되돌아오게 한다면, 그녀가 데리고 오는 아이들은 다른 아이들과 동일한 자격으로 남편의 아이들로 간주된다. 생물학적 진실과의 모든 인연이 박탈된 **부자 관계가** 만들어지게 되는 것이다.

그러나 이 사모족 사회들이 지나치게 자유주의적인 것도 아니고, 성적인 금지 사항의 모든 관념에 무심한 것도 아니다. 이와는 전혀 반대로, 이들 사회에서 금지 사항들은 많은 엄격한 사회들에서와 마찬가지로 엄정하다. 그것들은 분명한 단계에 따라서 네 개의 큰 범주로 계층을 이룬다. 우선 **티아 예 라**(tia yè la, 무례한 짓)는, 예를 들어 할머니가 자신의 손주들이 생식을 시작하고 있는데도 아이들을 낳는 것이다. 다음으로 **가가브라**(gagabra, 추잡한 짓)는 덤불 속에서 교접을 하는 것이다. 그럴 경우 가뭄이 든다는 것이다. 세번째로 **디일리브라**(dyilibra, 치사한 짓)는 형제의 아내와 근친상간을 하거나 간통을 하는 것으로, 이는 질병과 불임을 야기시킨다. 마지막으로 자마(za-ma, 시간(屍姦))라는 것은 혐오의 단계에서 가장 높은 자리를 차지한다.

야텐다의 모씨족을 보면 동물 편애, 특히 남자가 암나귀와 교미를 하는 것은 혐오가 최고조로 달한 것으로 시간(屍姦)의 자리를 차지한다. 부르키나 파소의 브와족들은 근친상간을 가장 혐오한다. 여자들의 수음에 관해 말하자면, 나바호족은 태곳적에 괴물들이 태어난 것이 이 수음 때문이라고 생각한다. 오지브와족은 결혼한 두 여자인 고모와 여조카가 결혼 전에 동성애를 했는데, 이들이 후에 낳은 아이들이 뇌수종에 걸렸다면 이 뇌수종을 동성애 탓으로 돌린다.

이와 같은 전통 사회들에서, 금지 사항들의 경직성이 부자 관계나 인척 관계와 관련하여 의지주의가 개입할 가능성을 막지는 못한다. 달리 말하면, 이들 사회에서 사회적인 것이 생물학적인 것에 냉정하게 종속되어 있는 바가 아니라는 것이다. '획득된 것'에 주어진 이와 같은 중요한 여지를 예증하기 위해, 인류학자들이 또한 인용하는 것은 여자들이 실질적인 힘을 행사하는 모계 사회의 예들이다. 이 예들이 드문 것은 사실이지만 명백하다. 마거릿 미드와 브로니슬로프 말리노프스키는 태평양에 있는 트로브리안드 군도의 경우를 유명하게 만드는 데 기여했다. 이 군도에서 성의 주도권은 여자들의 특권인 것 같다. 캐나다의 여섯 이러쿼이족들의 예는 더욱 고전적이다. 그것은 1724년부터 예수회 수사인 라피토에 의해, 다음으로 1970년에 주디트 브라운에 의해 연구되었다.

이 인디언족들을 보면, 여자들이 누렸던 권리와 권력은 세상에서 동일한 경우를 찾을 수 없을 정도이다. 예를 들어 여자들과 혈통 관계의 규칙을 정했고, 주거 장소를 결정했다. 여자들, 남자들, 그리고 같은 혈통의 아이들이 모여 사는 큰 집은 '나이 지긋한 품위 있는 부인'에 의해 다스려진다. 이 부인은 또한 여자들의 고유한 일인 농사일을 관리하는데, 이 농사일은 여자들에게 속해 있는 집단 토지에서 공동으로 이루어진다. 부인 자신이 동일한 혈통에서 나온 여러 가정들에 조리한 음식을 분배하는 일을 했다.

"이 부인들의 의견은 여섯 이러쿼이족들의 대회의가 아니면, 적어도 각 부족의 연장자들 회의에서 그녀들의 이름으로 말하고 그녀들의 목소리를 들려 주는 남자 대표에 의해 대변되었다. 이 목소리는 실제 사소한 것은 아니었다. 왜냐하면 전쟁의 계획이 마음에 안 들 때, 부인들은 전쟁과 관련하여 거부권을 행사할 수 있는 권리를 가지고 있었기 때문이다."[17] 그녀들은 여자들이 말린 것이든 농축시킨 것이든 필요한 비축 식량을 전사들에게 제공하는 것을 금지시킴으로써 그와 같은 계획의 실현을 어떻게 해서든 막을 수 있었다.

프랑수아즈 에리티에에게 교훈은 분명하다. 그것은 성에 토대를 둔 차별화──그 유명한 차이의 사상──가 남자들에게 유리한 권력의 계층화로 **반드시** 귀결되는 것은 아니라는 점이다. 이와 같은 가정의 통계적 빈도가 숙명성을 나타내는 것은 아니다. 소위 규칙이라는 것은 예외를 인정한다.

이와 같은 논거에 비해 우리는 뒤르켐에게서 빌린 변화의 개념을 강조하고자 한다. 그는 1893년에 출간된 유명한 《사회분업론》에서, 인류가 원래는 여자들과 남자들의 활동이나 행동에서 어떠한 구분도 몰랐을 수 있다는 견해를 제시했다. 남성과 여성 사이의 노동의 분할이 불가피하게 된 것은, 효율성의 이유들로 인해서 변화를 하는 과정에서 그렇게 되었을 수 있다는 것이다. 이와 같은 진화론적 논지는 **돌이킬 수 있다**는 특징을 가지고 있다. 하나의 변화가 이룩한 것은 사회적 효율성에 대한 기존의 개념과는 다른 개념의 힘을 통해 또 다른 변화에 의해 파괴할 수 있어야 한다는 것이다. 모든 문제는, 예를 들어 아이들의 교육 같은 어떤 절대적 필요성들에 비추어 볼 때, 효율성에 대한 상기의 정의로 옮겨진다. 어쨌든 문제는 개방되어 있을 것이다.

성과 관련하여 금지 사항들의 **이와 같은 변화적** 성격은 장기적 고찰을 하자마자 아마 우리를 가장 놀라게 할 것이다. 어떠한 문명도 결정적으로 고정된 성도덕을 경험하지 못했다. 이 문제는 결코 정적인 것이 아니라 동적이고 진화하고 세월을 따라 변화하며, 언제나 특수한 역사적 상황에 종속되어 있다. 중국과 이슬람이라는 두 개의 놀라운 예가 이것을 확인하게 해준다.

중국의 성 입문서들

어떤 문화도 중국의 문화만큼 장기적 시간을 측정하게 해주지 못한다. 그리고 그것도 현기증이 날 정도까지 말이다. 수천 년에 걸쳐 있고, 장구한 세월의 긴 통치 기간들과 왕국들로 점철된 중국의 역사는 영원과 끊임없이 친근하게 말하고 있다. 우리가 중국 역사에 대해 알고 있는 지식이 가장 먼 시기에 국한된 단편적인 것에 머물러 있긴 하지만, 그것은 우리의 정신으로 하여금 다른 곳에서는 상상할 수 없는 시간적 광대함을 성큼 넘어서게 만든다. 그런데 중국에서 성도덕의 역사는 가장 덜 고정된 것들 가운데 하나이다. 적어도 두 개의 큰 사건이 엄격함과 정숙함의 방향에서 심층적으로 이 역사를 전복시키는 데 기여했다. 하나는 기원전 4세기 유교의 침투와 12세기 유교의 부흥이다. 그리고 다른 하나는 17세기에 명 왕조를 멸망시킨 만주족의 난폭한 침입이다.

우리가 로버트 반 굴릭 같은 중국전문가들을 믿는다면, 중국인들의 성의 토대를 이루는 원리는 이론적으로 **쾌락과 생식을 동시에 우선시하는** 것으로 귀결된다. 우리가 알다시피 남성과 여성의 차이에 관한 중국인의 비전을 보면, 두 개의 큰 원리가 서로 대립하며 상호 보완한다. 그것들은 소극적인 여성적 **음**과 적극적인 남성적 **양**이다. (그러나 **음**의 소극적 에너지는 때때로 적극적 **양**보다 우월한 것으로 판단된다.) 성행위는 남자에게 여자의 본질인 음을 약간 흡수함으로써 자신의 생명력을 강화시키게 해준다. 여기에는 여자의 항문에 하는 성행위가 포함되어 있고, 사회적으로도 허용되어 있다. 여자 쪽을 보면 자신의 '잠자는 본성,' 다시 말해 음이 성교 덕분에 활발하게 움직이는 것을 봄으로써 육체적 이득을 얻는다.

어쨌든 중국의 고대 전통에서는 세련된 성생활이 행복과 육체적 건강의 담보이다. 성문제들과 관련해 옛 중국인들의 입장은 분명했다. 굴릭은 이렇게 쓴다. "육체적 포옹의 생물학적 미세한 부분에서부터 이 포옹이 그 현실성을 날인하여 확인해 주는 가장 고상한 정신적 사랑에 이르기까지, 인간의 생식이 드러내는 가장 다양한 측면들을 제한 없이 즐겁게 받아들이는 것이다. 성교는 우주적 생식의 과정과 유사한 인간의 생식 과정이기 때문에 사람들은 그것을 결코 죄의식과 연결시키지도,

죄악시하지도 않고 존중한다. (……) 그들은 들판을 적시는 비와 여자의 배에 수태시키는 정액 사이에 어떤 차이점도 없다고 생각했다. 풍요롭고 축축하며 씨를 뿌리도록 준비가 되어 있는 땅과 삽입을 할 수 있도록 축축하게 되는 질(腟) 사이에 어떠한 차이도 없다는 것이다."[18]

고대 중국의 백성들은 성적인 '성공'이란 관념에 매우 집착했기 때문에 자신들의 관찰을 '성 입문서들'에 기록하는 습관이 있었는데, 이 입문서들은 가장에게 아내와의 성관계를 다스리는 가장 좋은 방법을 가르쳐 주게 되어 있다. 교육적인 에로티시즘을 다룬 이 개론서들은 2천 년 전에 수천 권씩 돌아다니고 있다. 13세기에 중국인들은 여전히 이것들을 연구했다.

그렇다고 쾌락과 관련하여 그토록 용의주도한 이 사회에 성적 금지 사항들이 없었다고 결론을 내려서는 안 된다. 그것들은 우선 중국인의 성을 통제하는 절대적인——그리고 우선적인——명령으로부터 비롯되었다. 이 명령은 다름 아닌 조상에 대한 제사를 보장해 줄 수 있는 후손을 낳아야 한다는 염려이다. 남자는 각자 자신의 죽은 부모에 대한 이 신성한 의무를 지고 있었다. 왜냐하면 아직 살아 있는 후손들만이 주기적인 제사 덕분에 내세에 있는 존재들의 행복을 보장해 줄 수 있었기 때문이다. 생식——특히 아들의 생산——은 존재론적으로 불가피한 일이었다. 게다가 일부다처제를 정당화시킨 것이 그것이었다. 한 아내가 아들을 임신할 수 없다는 것이 드러나면, 다른 아내들이 그녀의 뒤를 이을 수 있어야 했다.

이러한 이유로 절제는 여자의 독신과 마찬가지로 경멸되었다. 사람들은 여자의 독신에 대해 아주 나쁜 의도가 있다고 의심하여 독신녀를 박해했던 것이다. 마찬가지로 남자의 수음도 금지되고 경멸되었다. 수음은 생명의 정수를 잃게 한다는 것이다. "의학서들이 남자의 수음을 인정하는 것은, 다만 특별한 상황으로 인해 남자가 여자를 동반할 수 없는 경우들과 **생명력이 사라진 정액**(다시 말해 일정 기간을 넘어 오랜 기간 동안 육체 내부에서 활동한 정액)이 인체를 약하게 할 수 있는 경우들에 한해서이다. 잠자는 동안 이루어지는 무의식적 몽정은 불안하게 여겨진다. 그것은 생명의 정수가 완전히 상실되는 것일 뿐 아니라 악령들에 의해 야기될 가능성이 있는 것이다."[19]

생식을 목적으로 하는 성관계를 제외하면, 하나의 규율이 남자에게 강제된다. 그것은 **절제된 교접**, 다시 말해 사정을 하지 않는 교접이다. 이것은 어렵고 별로 만족스럽지 않은 실습이나, 중세의 그리스도교에서처럼 여성의 쾌락을 야기시켜야 한다는 배려에 의해 정당화된 것이 아니라 **음양**의 피할 수 없는 변증법에 의해 정당화된 것이다. "이 원리에 따르면, 남자는 오르가슴에 도달하지 않고 가능한 한 오랫동안 교접을 연장시키는 것을 배워야 했다. 왜냐하면 음경이 질에 오래 머물면 머물수록 남자는 더 많은 음의 정수를 빨아들일 수 있으며, 그렇게 하여 자신의 생명력을 증가시키고 강화시킬 수 있기 때문이다."[20]

남자의 성기를 입으로 흥분시키는 것 역시 **양기**를 '낭비적으로' 발산하기 전에 중단된다면 허용된다. 반면에 여자의 수음은 문제를 제기하지 않는다. 왜냐하면 여자는 무한정한 **음**의 양을 저장할 수 있도록 되어 있기 때문이다. 같은 이유로 중대한 문제를 야기하지 않는 여자들끼리의 동성애에도 관용이 베풀어진다. 그 대신에 중국인들에게 정숙——극단적인 정숙——은 입에 키스하는 것에까지 확대되었다. 입에 키스하는 것은 성행위의 일부로 간주되었고, 따라서 공개적으로는 생각할 수 없는 것으로 간주되었던 것이다.[21] 동성애는 상당히 드문 것이었지만 시대에 따라서 어느 정도 묵인되었다. 그것이 정서적인 협박의 수단이 된 경우는 제외하고 말이다. 그런데 이런 경우가 궁정에서 자주 일어났던 것이다.

도덕주의, 반교권주의, 그리고 포르노

유교의 도래와 더불어 사회가 보다 견고한 가정적 제도를 필요로 한다는 관념이 불가피하게 된다. 사실 공자의 가르침은 ——스토아 철학자들이나 그리스도교 교회의 초기 교부들의 가르침과 마찬가지로—— 그의 시대를 특징짓는 **풍속의 타락에 대한** 항의처럼 부분적으로 해석된다. "동시대인들의 사랑의 성향에 충격을 받은 그는 도덕적 힘으로서 '자애로움'인 인(仁)을 강조한다. (……) 가정의 신성한 끈이 느슨해졌다. 그리하여 공자는 '효(孝)'[22]의 옹호자가 되었고, 엄격하게 조직되고 잘 정리된 가정은 국가의 초석이라고 가르쳤다."[23]

여자들은 유교의 이와 같은 승리의 득을 거의 누리지 못하게 된다. 사람들은 이미 《춘추》에 병합된 유명한 《좌전》 같은 아주 오래 된 일부 텍스트들에서 분명히 여자를 혐오하는 흔적이 있는 문장들을 찾아냈다. 예를 들어 이런 것이다. "젊은 처녀의 마력은 끝이 없다. 그런데 결혼한 아녀자의 원망은 한이 없다." 또는 이런 문장이다. "여자는 불길하고 남자의 마음을 타락시킬 수 있는 피조물이다." 공자 자신이 말한 것으로 간주되는 문장들은, 이와 같은 여성 혐오가 악화되고 있음을 나타낸다. 예를 들어 《논어》 또는 《어록》('양화편')의 제17에서 공자는 이렇게 단언한다. "오직 여자와 소인은 기르기 어려우니 가까이하면 겸손치 않고, 멀리하면 원망하게 된다."

이로부터 비롯되는, 여자에게 적용되는 규범들은 서양에서 통용되었던 것들과 비슷하다. 이상적으로 판단된 여자는 **내인**(內人), 문자 그대로 '안에 있는' 사람으로서 바깥의 공적인 일은 관여하지 않고 집안일을 담당하는 자였다. 젊은 아가씨가 결혼하여 본처의 자격을 주장하려면 처녀성이 반드시 필요했다. 뿐만 아니라 기원후 초기에는 월경을 하는 기간 동안에 여자들은 가정 의례에 참여하는 것이 금지된다고 포고되었다. (여자는 이마에 붉은 점을 표시하여 자신의 부정한 조건을 나타내어야 했다.)

일상 생활에서 남녀간(부부간을 포함해서)의 엄격한 구분을 설파하면서, 유교는 여자들을 위한 많은 교화적 개론서들을 낳게 했다. 가장 오래 된 것은 반소(班昭, 2세기)의 《여계(女誡)》(여자들의 계율)인 듯하다. 이 책은 남편에게 복종할 것과 존경할 것을 타이르고 있다. 명조 때인 1405년에는 인효문황후(仁孝文皇后)의 《내훈(內訓)》(집안의 부녀자들을 위한 교훈), 그리고 장황후(章皇后)의 《여훈(女訓)》(여자들에게 주는 교서)이 나왔는데, 이 책 역시 해산 전 조리에 필요한 권고 사항들을 제공하고 있다. 이 두 개론서들은 아시아 전체에 많이 보급되었는데, 일본에서는 19세기까지 이것들을 공부했다.

그러나 때로는 숨막히는 이와 같은 유교의 도덕주의에 대해 중국 사회는 포르노적인 문학·회화·시 같은 몇몇 위반의 형태들을 특별히 개발해 냄으로써 반응을 나타냈다. 중국은 매우 일찍이 풍부하고도 다소 은밀한 에로틱 문화를 경험했다. 이 문화 속에서는 유교가 성의 영역에서 강제하고자 했던 규범이나 금지 사항들이 조롱받았다. 그 속에서 사람들은 공자의 제자들인 도덕가들과 논쟁을 벌였다. 중세 서양의 에로틱한 풍자시들이 그랬던 것처럼, 명나라(1368-1644) 시대의 포르노 소설들이나 시들은 승려들이나 여승들이 저질렀던 것으로 추정되는 음란한 짓들을 기꺼이 묘사했다. 중국에서도 사람들은 방탕의 장소로서 수도원들을 상상하면서 즐거워했던 것이다.

그러나 이와 같은 변화와 관련하여 중국인들을 자신의 내면과 엄격한 도덕으로 움츠러들게 한 것은, 특히 1279년 몽고인들의 침입이고, 다음으로 몽고 동부에서 온 여진족의 침입이었다. (여진족은 만주족의 이름을 취하게 되고 1644년에 명제국을 타도한다.) 명제국과 동시에 쾌락주의적인 무심 같은 것도 사라졌다. 다시 한 번 장기간에 걸친 외인들의 통치에 직면한 중국 사회는 유교적인 엄격한 정숙으로 후퇴했다. 이 정숙은 사생활——그리고 여자들!——을 침략자들로부터 보호해 주는 장점이 있었다. 금지 사항들에 대한 다소 자유로운 통제가 성적인 모든 문제들——사적인 문제들——을 엄한 조심성으로 둘러싸는 도덕주의에 자리를 내주었다. 중국인들은 근대에 서양인들이 상륙했을 때에도 동일한 방식으로 반응을 나타냈다. 외국인들의 기도와 호기심에 그들은 정숙함이라는 뛰어넘을 수 없는 벽과 반 굴릭이 '성적 숨김질'이라고 부르는 것을 내세워 대항했다. "그리하여 어떤 공포감이 형체를 나타내면서 성과 관련된 것은 어떤 것이든 폭로하는 일을 억압했다. 그것은 다음 4세기 동안 중국인들의 행동을 특징짓는 것으로 남게 된다."[24]

중국은 여러 번에 걸쳐 인류 역사에서 확인된 인류학적 원리를 예증해 주었다. 이 원리는 외부로부터(또는 내부로부터) 포위되고 위협받는 모든 사회가 성도덕의 차원에서 경직화되는 경향을 보인다는 것이다. 이때는 루이 뒤몽이 귀중하게 생각하는 전체주의가 개인주의를 기계적으로 압도한다. 다른 하나의 큰 예는 물론 이슬람의 예이다.

무한한 오르가슴…

다음과 같은 역설만큼 비장한 역설은 거의 없다. 이슬람 근본주의가, 특히 70년대초 이후로 여성들에게 차도르를 씌우고 성을 금지하는 희화적 엄격주의를 구현하고 있는 것이다. 그런데 사실 어떤 종교도 선지자 마호메트의 종교만큼 육체적 사랑과 행복을 그토록 서정적으로——그리고 그토록 집요하게——노래하지 않았다. 이것이 형식적 규범인 것은 결코 아니다. 한 전문가는 이렇게 쓰고 있다. "이슬람교의 가르침에 따르면 삶 전체가 성적 분위기 속에 잠겨 있다. 이것은 때때로 강박관념으로까지 가고 있다. 결혼을 해야 한다. 그리고 교접을 해야 한다. 부모들은 자식들을 결혼시켜야 하고, 효도의 의무 가운데는 과부나 홀아비가 된 어머니나 아버지를 재혼시켜 드려야 하는 의무가 들어 있다. 성행위를 하는 것은 절대적인 의무로서 어떤 것도 이것을 면제시켜 줄 수 없다. 신에 대한 공경마저도 그것을 면제시켜 줄 수 없는 것이다."[25] 마호메트의 한 《하디스》[교우들과 나눈 언행록]에서 발췌한 다음과 같은 문장을 사람들은 기꺼이 인용한다. "나는 당신들 세계의 여자들과 향수를 사랑할 능력이 있었다."

세부 사항으로서 특이한 것은 이슬람교도에게 '삶의 진지함'을 증언하는 성적 활동이, 그렇다고 오로지 생식으로 방향지어진 것이 아니라는 점이다. 이는 많은 다른 종교들이이나 전통적 지혜들에서 일어나는 일과는 다른 것이다. 성적 **유희**(물라아바, mula'aba)는 《코란》에 의해 뜨겁게 권장되고 있다. 게다가 《천일야화》의 서사군으로부터 《자와미알 라드흐드하》(쾌락의 백과사전)나 《아라우드흐 알 아티르 피 누즈하틸 카티르》(14세기 프랑스에서는 《향기로운 정원》으로 보다 일반적으로 알려졌다)[26]를 거쳐 오마르 하이얌(1050-1123)의 《루바이야트》('4행시')에 이르기까지, 쾌락은 세상에서 비견할 만한 것이 드물 정도로 시와 즐거움으로 찬양되고 있다. 쾌락에 바쳐진 이슬람권의 문학과 시는 비교할 수 없을 정도로 풍요롭다. 마호메트는 이렇게 말한다. "남자가 자기 아내를 바라볼 때 그녀도 남편을 바라보아야 하느니. 신은 그들에게 긍휼의 시선을 내리느니라. 남편이 아내의 손을 잡으면 그녀도 남편의 손을 잡아야 하느니. 이때 그들의 죄는 그들의 손가락들 사이로 빠져 나가느니라. 남편이 아내와 함께 기거할 때는, 천사들이 지상에서 천정점까지 그들을 둘러싸느니라. 육체적 향락과 욕망은 산이 지닌 아름다움을 가지고 있느니라."

이처럼 풍부한 에로틱 문화는 많은 저자들이 확인한 인도 영향의 흔적을 지니고 있다. 예컨대 우리는 《천일야화》가 인도의 전설들로부터 직접적으로 비롯된 것이라는 점을 알고 있다. 마쿠디의 《황금 목장》 같은 많은 대작가들의 텍스트들도 마찬가지이다.

쾌락·욕망·향락에 대해서 말하자면, 우리는 어쨌든 이슬람교에서 충격적인 많은 메타포나 이미지들을 만나게 된다. 《하디스》에서 마호메트는 사랑의 결합을 환기시키며, 이 결합은 '어떤 인물의 작은 꿀을 맛보는 것'에 있다고 말한다. 여기서 육체적 결합은 하나의 미덕뿐 아니라 **자선**(사다카)과 동일시되고 있다. 그리고 마호메트가 편애한 부인 **아이샤**는 이렇게 단언한다. 교접은 "영혼에 휴식을 주고, 의지를 강화시켜 주며, 정신을 밝게 해주고, 시력을 좋게 해주며, 질병을 물리쳐 주고, 광기를 예방해 주고, 육체를 부드럽게 해준다."[27]

이와 같은 규범들과 낙관론은 실제로 적용되었다. 10세기의 가장 유명한 아랍인 의사로서 서양에서 아비세나라는 이름으로 알려진 이븐 시나는 《의학 정전》에서 육체적 향락을 심적·신체적 고통에 대한 치유책으로서 권장했다. "젊은이들에게 성관계를 풀어 주어라. 성관계를 통해서 그들은 위험한 질병을 피하게 되는 것이다."[28] 뿐만 아니라 우리는 아랍인들이 최음제를 특별히 예찬한다는 것과, 이슬람 문명에서 터키식 목욕탕의 전통 같은 매우 에로화된 전통들이 중요하다는 것을 알고 있다. (많은 아랍 국가들에서 터키식 목욕탕에 간다는 것은 비유적으로 성관계를 하러 간다는 것을 의미한다. 사실은 성행위를 한 후 '목욕재계'를 하러 가는 것이다.) "바그다드는 10세기에 2만 7천 개의 터키식 목욕탕을 자랑했으며, 분명히 과장된 것이지만 일부 주장에 따르면 6만 개까지 있었다고 한다. 코르도바에는 5천 내지 6천 개가 있었다. 로마의 공동 목욕탕들이 대도시에 집중되었던 데 비해 터키식 목욕탕들은 이보다 더 보편화되어 있다. 터키식 목욕탕이 없는 소읍이나 마을은 없었던 것이다."[29]

그러나 의심할 바 없이 가장 계시적인 것은 이슬람교가 제시하는 **사후의** 존재와 천국에 대한 매우 에로틱한 인식이다. 이 천국은 사프란·궁노루·호박·장뇌로 된 몸을 가진 환상적 존재들——**후리**(houris, 절세가인)들——로 가득 차 있다. 이 존재들은 선택된 자가 마음대로 할 수 있는 '탐나는 섹스'를 가진 관능적 존재들이다. 우리는 유명한 수유티의 텍스트들(셰이크 잘랄 앗딘 알 수유티, 《카타브 알 두라르 알 히산 필 바티와 나아 이밀진난》, 12-13세기)에서 "24년간이나 발기해 있고, 한없는 오르가슴 상태에 있는 이 천국"에 대한 가장 충격적인 묘사를 만난다. 수유티는 이렇게 쓰고 있다. "(천국에서는) 매일같이 아름다워진다. 식욕은 백 배로 늘어난다. 사람들은 마음대로 먹고 마신다. 남자의 생식 능력은 그만큼 증가한다. 성행위는 지상에서처럼, 하지만 매번 쾌락은 연장되고 또 연장되어 24년간이나 지속된다. (……)" 수유티는 덧붙인다. "매번 절세가인과 동침할 때마다 그녀가 처녀라는 것을 발견한다. 뿐만 아니라 선택된 자의 성기는 결코 구부러지지 않는다. 발기는 영원하다. 매번 교접할 때마다 쾌락과 감미로운 느낌이 온다. 이 느낌은 이 천한 세계에서는 전혀 들어 본 적이 없기 때문에 그것을 경험하면 기절하게 될 것이다."[30]

　이슬람교가 제시하는 영원한 삶에 대한 이처럼 명백하게 쾌락적인 비전은 그리스도교의 천국에 대한 탈육화되고 엄격하게 정신적인 비전이나, 또는 탈무드에서 보여지는 내세에 대한 그 엄격한 묘사와 비교된다. "미래의 세계에서는 먹는 일도 마시는 일도 없고, 생식도 교접도 없으며, 질투도 증오도 경쟁도 없다. 하지만 정의로운 자들이 머리에 왕관을 쓰고 앉아서 신의 존재가 빚어내는 빛을 즐긴다. (……) 무언가 허용되어 있지만, 이 무언가는 감추어져 있다."[31]

세계의 질서를 존중한다는 것

《코란》에 의해 공포된 금지 사항들은 수많은 논의와 이의의 대상이 된다. 특히 근본주의 운동이 이 경전에 대한 가장 보수적인 해석, 무엇보다도 13세기 시리아의 전통주의자인 이븐 타이미야의 해석을 적용한 이래로 그러하다. 그럼에도 불구하고 이와 같은 금지 사항들의 토대를 이루는 주요한 영감――이 영감은 명백하게 음란을 금지하고 있다――은 이의가 제기되지 않는다. 이슬람교가 가장 우선시하는 것들 가운데 하나는 성별의 구분과, 여성성과 남성성 사이의 세계의 양극화를 존중하는 것이다. 세계의 통일성은 현상의 올바른 인식 속에 실현된, 남성과 여성의 조화 속에서 이루지게 된다는 것이다. (아니면 다시 이루어지게 된다는 것이다.) "신이 원하는 화합을 실현하기 위한 최상의 방법은 남자는 자신의 남성성을 받아들이는 것이고, 여자는 자신의 여성성을 책임지는 것이다. 세계에 대한 이슬람교의 비전은 남성과 여성을 죄의식으로부터 해방시켜 주지만, 이는 두 성이 서로를 자유롭게 소유토록 하기 위한 것이다."[32)]

신이 원하는 이와 같은 양극성으로 인해 이슬람교는 '남성과 여성의 대조적 조화'를 위반하는 모든 성의 형태――여자 같은 남자, 남성적인 여자, 수음, 동물 편애 등――에 이론적인 적의를 나타낸다. 마호메트는 이렇게 말한다. "신은 지상에 있는 경계들을 변화시키는 자들을 저주하느니." 그리하여 남성끼리의 동성애, 그리고 아무리 사소하다 할지라도 여성끼리의 동성애는 7장에 걸쳐 있는 35개의 절을 통해 단죄되고 있다. 말리키슴파의 의식은 이론적으로는 동성애자들을 돌로 쳐죽이게까지 되어 있다. 한편 남성성과 여성성을 동시에 지닌 **양성적인 사람**은 경멸된다. 그러나 실제에 있어서는 아랍 사회들은 말레크 슈벨이 '동성애적 관능성'이라 부르는 것에 대해 관용을 보였다. 이 동성애적 관능성은 "상대 성의 파트너가 없을 경우에 (같은 성의) 동료에게 지나친 관능성을 보이는 것이다."[33] 이와 같은 전통은 남자들이 서로 손이나 어깨를 잡는 것을 허용하고, 함께 목욕하는 것뿐 아니라 소년들인 경우 서로 수음을 해주는 것을 허용한다.

역사에서 이슬람교도들은 그리스도교도들로부터 동성애와 강간을 한다는 비난을 받았다. 십자군 시대를 공부한 이라면 누구나 알고 있는 것으로, 비잔틴 제국의 황제인 알렉시우스 코메노스가 터키인들에게 대항하기 위해 플랑드르의 로베르 백작에게 도움을 간청하는 가짜 편지에서, 우리는 이슬람교도들이 그리스도교들에게 가할 것이라는 성폭력에 대한 자세한 암시를 만난다.[34] 11세기의 이 텍스트는 이렇게 단언하고 있다. "그들은 어린이·소년·젊은이·늙은이·귀족·하인 등, 나이나 신분에 관계없이 모든 남자들에게 동성애를 하며, 이들을 비참한 지경에 빠뜨리고 있습니다. 그리고 더 나쁘고 더 범죄적인 것은 사제들과 수도승까지 그런 짓을 당하게 된다니 이 얼마나 부끄러운 일입니까! 이는 주교들이 있은 이후 결코 이야기되지도 들어 보지도 못한 일입니다. 그들은 심지어 주교 한 명을 살해함으로써 가증스러운 죄를 저질렀습니다."

이 비난은 거짓일까? 단언하기 어렵지만 아마 거짓일 것이다. 1096년의 최초 십자군을 파견하기 전에 씌어진 진위를 알 수 없는 이 편지는 그만큼 정치적으로 '의도적'이다. 동성애에 대해 한 가지는 분명하다. 금지 사항의 엄격성은, 특히 우리가 오늘날 어린이에 대한 성적 유혹(페도필리)이라 부르는 것, 다시 말해 너무 어린아이들과 성행위를 하는 것을 강하게 단죄한다. 이슬람 세계에서 다른 것은 털이 많이 났느냐가 너무 어린지 아닌지를 구분해 주는 기준이다. "**수염이 나지 않은** 사내의 얼굴을 바라보는 것은 불법이다. 비록 이 시선이 탐욕을 동반하지 않았다 할지라도, 그리고 어떠한 **피트나**(신에 대항하는 유혹-반항)도 없다 할지라도 말이다." 마스우드 알 콰나우이는 이렇게 쓰고 있다. "수염이 안 난 사내는 여자와 같다. 더 나쁜 것은 그에게 향한 시선이 낯선 여인에게 향한 시선과는 다르게 범죄적이라는 것이다."

세계의 질서를 존중해야 하는 이와 같은 의무에 의해서, 근친상간은 가장 중대한 터부들 가운데 하나가 된다. 그것은 《코란》에서 〈여자들〉이라는 유명한 4장에서 맹렬하게 비난되고 있다. "너희들에게 금지되어 있는 여자들은 너희들의 어머니들·딸들·누이들·고모들·숙모들·조카들·유모들·젖누이들, 어머니의 어머니들, 너희들이 육체 관계를 맺은 여인들에게서 태어나 너희가 보호하는 며느리들이니라."

또 다른 장(II, 228)에서 《코란》은 유산을 금지하고 있다. "여자들에게는 신이 그들의 뱃속에 창조한 것을 감추는 것이 허용되어 있지 않느니." 실제에 있어서 신학자들은 이러한 금지 사항에 시간적인 제한을 정함으로써 그것의 엄격성을 완화시켰다. 이 제한은 서양의 법률이 규정하는 조건들과 상당히 견줄 만하다. 《파타와 힌디야》라는 개론서에 따르면, 각질 기관(머리카락, 손·발톱)이나 분명한 기관들과 더불어 태아의 형태적 분화가 아직 일어나지 않았다는 조건으로 정당하게 아이를 유산시킬 수 있다. 형태적 분화는 이슬람교 신학자들에 따르면 1백20일이 되어야 일어난다.

주기적인 금지 사항들에 관해 말하자면, 그것들은 원칙상 유대교나 그리스도교에 의해 공포된 것들과 본질적으로 다르지 않다. 어떤 것들은 이슬람교 사원에 들어가 묵상하는 것과 관련이 있으며(그런데 단식 동안에 성관계는 합법적이다), 또 어떤 것들은 여자의 월경과 관련이 있다. 이른바 '암소들'이라고 붙여진 《코란》의 제2장은 이렇게 명령하고 있다. "월경중인 여자들에게 접근하지 말지어다. 일단 여자들이 정화되고 난 다음에야 접근할지니. 그녀들이 정화되면 신이 너희에게 포고한 바대로 그녀들에게 갈지니. 신은 회개하는 자들을 사랑하고 정화하는 자들을 사랑하나니. 너희의 아내들은 너희에게 들판 같으니라. 너희가 원하는 대로 너희의 들판으로 갈지니라……"

한 손에 《코란》을…

근본주의자들이 전달해 주는 현대적 불관용에 비추어 볼 때 가장 놀라운 것은, 《코란》도 《하디스》도 분명하게 드러나는 여성 혐오의 대목은 포함하고 있지 않다는 것이다. 《코란》이 나온 시대에 그것은 반대로 이슬람교 이전의 사회들이 드러낸 잔인한 관행에 반대하여 개혁을 강제했다. 예를 들어 그것은 일부다처제를 법제화하여 훌륭한 이슬람교도에게는 그것이 거의 불가능하게까지 만들었으며, 여자를 내쫓거나 상속시키는 것과 관련하여 그것의 폐해를 완화시켰고, 어린 딸들에 대한 영아 살해 같은 확산되어 있는 일부 범죄들이 사라지게 했다. 《코란》의 텍스트들은 여자들에게 매우 유리한 대목들도 포함하고 있다. 예를 들면 다음과 같은 훌륭한 《하디스》도 그러하다. "천국은 어머니들의 발 아래 있느니." 제4장 〈여자들〉은 조금도 애매함 없이 남자들과 여자들은 **동일한 본질을 띠고 있다**고 단언한다.

물론 지나친 목가적 비전을 가지지 않도록 조심해야 한다. 이 것이 바로 《코란》의 번역자인 드니 마송의 충고이다. 그녀는 이렇게 쓰고 있다. "하지만 분명히 해야 할 것은 남자가 여자보다 훨씬 큰 자유를 누리고 있다는 것이다. 실제로 남자는 한 여자와 결혼하지 않고 3,4일을 살 수 있도록 허락하는 특권을 가지고 있다. 하지만 두 가지 조건이 있다. 하나는 여자에게 보수를 주어야 하고, 다른 하나는 그녀가 그의 가족의 범주에 속하지 않아야 한다는 것이다. 마호메트는 말년에 이러한 관행의 합당한 근거에 대해 약간 망설였던 것으로 보인다. 그러나 이 관행은 오늘날에도 아직 지속되고 있다. 전통은 남자에게 보다 큰 성적 자유를 부여하고 있지만, 이슬람교도의 삶을 통제하는 두 가지 규범, 즉 명예의 규범과 가정의 규범이 더럽혀지지 않아야 한다는 조건이 붙는다."[35]

그럼에도 불구하고 변함없는 것은 여자와 관련하여 《코란》의 일반적인 음조는 앞에서 인용한 경전들(불교·힌두교 등의 경전들)의 폭발적인 여성 혐오와는 대조를 이룬다는 점이다. 그래서 이슬람 사회에서의 사회적 관습의 현실은 더욱 충격적일 뿐이다. 모든 전문가들이 이구동성으로 강조하는 것은, 《코란》의 텍스트들과 역사적 적용 사이에는 거대한 구덩이가 놓여 있다는 것이다. 이슬람교에서 관능적 서정성은 지나친 정숙으로 퇴락했고——특히——격화된 여성 혐오가 위세를 떨쳤다. 물론 유대교와 그리스도교에도 동일한 괴리가 존재한다. 하지만 이것은 설명을 필요로 하지 않는다. 부디바는 이렇게 쓰고 있다. "최초 이슬람교에 나타난 평등적이고 민주적인 아름다운 원칙들은 때때로 경건한 의도의 수준에 머물렀고, 아랍의 이슬람교 사회는 불평등도 귀족주의도 봉건성도 경험하지 않은 것이 아니다. 또한 완벽하게 **선험적으로** 상상할 수 있는 것은, 삶에 대한 서정적 견해가 이슬람교에서 신중하고 지나치게 정숙한 사회로 나아갔다는 것이다."

이러한 표류는 무엇 때문인가? 여러 설명이 제기되고 있다. 그것들의 대부분은 역사의 변천과 관련이 있다. 여러 가지 요소들이 여자들에게 불리하도록 작용해 성을 지나치게 정숙한 입장에서 접근하도록 만들었다. 아랍 사회에서 축첩 제도의 관습을 보면, 첩은(원래 노예였다) 쾌락용으로 전락해 본부인의 반대가 되고 말았으며, 베두인들의 삶이 지닌 문화와 양식의 영향이 보다 자유로웠던 도시의 전통들에 부정적으로 작용했다. 제르멘 틸리옹이 상기하는 것은 "사촌간에 결합하는 관행을 제도화하는 동족 결혼의 경제적 토대로서 이것이 여자들의 로테이션을 막아 주었고, 집단의 이익에 일치하지 않는 모든 사랑의 확산과 표현을 막아 주었다는 것이다."[36]

특히 우리가 이해해야 할 것은, 베두인들의 오래 된 문화와 수피교파의 신봉하는 지혜의 출현 사이에는 상호적인 영향이 작용하였다는 것이다. 수피교파의 지혜는 초기 그리스도교 시절 사막의 교부들이 그랬던 것처럼 쾌락에 적대적이었다. 수피교의 교리는 베두인들의 엄격한 문화에서——그리고 **기사도적인** 정중한 사랑에서——육체를 거부하고 승화시킨 성의 정신화를 빌려 왔다고 보여진다. 뿐만 아니라 최초 그리스도교의 엔크라티스트들처럼 수피교도들은 자발적인 거세를 실행했는데, 이는 일부 《하디스》가 주의 깊게 금한 것이다. 말레크 슈벨은 이렇게 단언한다. "일부 수피교도들은 광적인 사색 속에서 자신들 안에 있는 모든 욕망의 느낌을 부정하고 모든 종류의 탐욕을 멀리 내쫓기에 이르렀을 뿐 아니라, 자신들이 정념에 복종하는 것을 가장 현저하게 보여 주는 성기를 없애는 데 이르렀다."

그러므로 이슬람교 사회들에서 사랑의 개념과 관습은 이 사회들에 작용한 영향에 따라서 역사 속에서 변화를 겪었던 것이다. 그것들은 신비주의자들·성직자들의 시대와 신에 대한 사랑이 지배한 시대에는 제한을 받았지만, 10세기에서부터 12세기까지의 몇몇 계몽된 왕조하에서, 그리고 그라나다로부터 이스파한에 이르는 '대(大)이슬람 아치'를 이루었던 여러 지역에서는 밝게 개화되었다. 슈벨은 이렇게 덧붙인다. "그 이후부터 예술, 예절, 침실 문화, 그리고 사랑의 시는 끊임없이 타락의 길을 걷는다. 이 점에서 그것들은 아랍 이슬람 문명의 전체 구성 요소들을 좇게 되는 것이다."[37]

끝으로 중국의 경우가 보여 주듯이 외적의 공격, 특히 식민 지배는 이슬람교가 그처럼 엄격하게 움츠러드는 데 기여했다. 무엇보다도 강간처럼 느껴진 이러한 침입으로부터 아랍 세계는 자기 성찰을 하게 되었다. "아랍 사회는 괴상한 옷을 입게 되고, 당연히 본질적이라고 간주된 가족·여자·가정이라는 지대를 중심으로 수동적인 방어 구조를 구축하게 된다. 식민 지배의 충격을 외적인 성격에 제한하지만, 존재의 내적인 측면과 본성은 완강히 보존하는 것, 이것이 전략인 것이다. (……) 광적이든 아니든, '야만적이고 비관용적이든' 아니든 이슬람교도의 신앙은 자신과 새로운 지배자들 사이에 효율적인 장벽을 세우고, 동화시키고자 하는 모든 생각을 실패로 돌아가게 할 줄 알았다. 이때부터 아랍의 여성은 전통을 지키는 여인이자 집단적 정체성을 유지하는 여인이라는 예기치 않은 역사적 역할을 맡는 지위로 상승되었던 것이다.”

아브델와하브 부흐디바의 이 글은 1975년에 씌어진 것으로, 이보다 몇 년 후에는 이란에서 시아파 혁명이 일어났고, 이슬람교 세계의 일부가 불관용에 빠져들었다. 이 일부 이슬람교권은 근본주의자들이 제2의 식민지화라고 해석하는 문화의 서구적 획일화에 의해 오늘날에도 공격받고 있는 것처럼 느끼고 있다. 신의 이름으로 저질러진 알제리의 폭력 사태, 칩거하고 차도르를 써야 하며 그렇지 않으면 살해되는 여인들, 아프가니스탄 또는 기타 다른 곳에서 보여지는 엄격주의적인 열광, 이 모든 비정상적 현상들은 불안에 떨게 하는 움츠림이 극점에 다다랐음을 예증하고 있다. 이 움츠림은 이미 과거에도 일어났던 것으로, 의심의 미망에 사로잡혀 자신이 지닌 풍요로움을 광포하게 버려 버리는 모욕받은 이슬람교도의 움츠림이다.

*　　　*

*

그러나 이 모든 것과 대립하여, 그리고 모든 종교는 물론 이슬람교에도 낯선 극도로 고약한 억압을 극복하면서 여기저기에서 계속 나타나고 있는 것은 사랑의 금지 사항을 위반하고 육체적 행복을 추구하려는 집요한 의지이다. 이 의지는 또한 전통에도 일치한다. 오랑의 음악레로부터 투아레그족 여가수들의 방탕한 민요에 이르기까지, 카빌 지방의 음악 이즐리로부터 미리리다 나이트 아티크가 노래한 타사우트의 베르베르족 시(詩)에 이르기까지, 시디 벨 아베스나 모스타가넴(알제리)의 최하층민들이 부르는 통음난무적인 음악에 맞추어 터키식 목욕탕에서 읊조려지는 애가(哀歌)로부터 모로코 창녀들의 음탕한 속삭임에 이르기까지, 쾌락과 욕망을 추구하고자 하는 동일한 저항이 어떻게든 유지되고 있다. 그것은 완강하면서, 11세기로 거슬러 올라가는 오마르 하이얌의 충격적인 저 《루바이야트》에 단호하게 충실하다.

"우리는 한 손에 《코란》을 들고 있네. 다른 한 손에는 칼을 들고 있네. 그대들은 우리가 때로는 합법적인 것으로, 때로는 금지된 것으로 향하고 있다고 믿지. 따라서 우리는 완전히 불충하지도, 절대적으로 이슬람교도이지도 않은 채 저 푸르른 하늘 아래 있네."[38]

유토피아와 위반

그러므로 인류학·역사·문학, 그리고 물론 시는 재미있는 교훈을 지니고 있다. 이 교훈은 다름 아닌 어느 시대 어디에서나 **규범**의 구속에 대한 집요한 저항이 주변부에서 나타났다는 것이다. 규범은 있었지만, 그것을 어기는 위반도 있었던 것이다. 전체주의적 응집력은 보존되었지만 기계적인 의미에서 어떤 **게임**, 어떤 공간이 금지된 것의 경계뿐 아니라 경계를 넘어서까지 마련되어 있었던 것이다. 사회들이 간직한 기억과 상상력의 세계는 반문화적 성의 영역, 방탕의 밀림 지대, 규범과 타협하는 방식이(가장 합의적인 방식을 포함해) 항구적으로 존재하고 있었음을 증명하고 있다. 성과 관련하여 잃어버린 기억을 불러들이는 것은 인류의 모험이 지닌, 이와 같이 그늘져 있지만 즐거운 측면을 부각시키지 않는다면 아무 쓸모가 없을 것이다.

그리하여 세월이 흐르는 동안——어디에서나!——유사한 사랑의 역사가 길을 걸어왔던 것이다. 그런데 이 사랑의 역사와 관련하여 두 개의 오류를 피해야 한다. 그것들은 우울한 무관심 또는 지나친 숭배이다. 실제 방탕한 주변부는 (금지의) 거짓과 대립하면서 (자유의) 역사적 **진실**을 구현하는 것도 아니고, 엄격한 악 앞에서 영광스럽게 분기하는 쾌락주의적 선을 구현하는 것도 아니다. 그것은 또한 압제자의 화려한 수사나 검열의 어리석음을 고발하는 비밀스러운 사미즈다트(samizdat, 소련에서 검열을 통해 금지된 책들을 보급하기 위해 사용된 방법)를 구현하는 것도 아니다. 그보다는 역사가 나타낸 통찰력 있는 책략에 대해서 이야기해야 하고, 금지 사항과 위반 사이에 끊임 없이 다시 만들어지는 변증법에 대해 말해야 한다. 둘 모두가 시사하는 것은 항구적으로 추구되면서도 언제나 깨지는 것 같은 정의할 수 없는 사회적 균형이다. 그것은 사회가 끊임없이 다시 계획하지만 동시에 다시 문제삼는 것으로 보여지는 오메가의 지점이다. 마치 그것들이 억압적인 전체주의(모든 것은 집단을 위한 것이다!)가 되었든, 무정부주의적인 무질서(모든 것은 개인을 위한 것이다!)가 되었든 어떤 의미에서나 **안정화가** 불가능하다는 것을 예감하기라도 한 것처럼 말이다. 성과 성의 조절이 우리를 매혹시키는 것은, 이것들이 결코 끝나지 않고 **교대**하면서 내깃돈처럼 등장하기 때문이다.

그것들은 강한 의미에서 우리의 운명이 지닌 인간성을 요약하고 있다. 우리가 출발점으로 삼아야 하는 것은 이것, 이 **불가능성인** 것이다. 다시 말해 우리는 항상 탐욕하지만 지속적으로 안주할 수 없는 성의 유토피아로부터 출발해야 한다. 바타유는 이렇게 쓰고 있다. "육체는 정숙의 법칙에 대립하는 것으로서 우리의 내부에 있는 그 과도함이다. 내가 믿고 있듯이, 시간과 장소에 따라 여러 형태를 하고서 성의 자유와 대립하는 막연한 포괄적 금지 사항이 존재한다면, **육체**는 이와 같은 위협적인 자유의 회귀를 나타내는 표현이다."[1] 서양에서 우리가 30년 전부터 체험하고 있는 자유주의적 태도(사회적 제재와 간섭을 거부하는)는 억압적인 막연한 공포와 예측할 수 없는 분해에 의해 위협받고 있음을 자각하고 있다. 우리가 알아야 할 것은 우리가 자유주의적인 유토피아의 매력과 이 매력이 지닌 한계의 숙명성을 동시에 체험하는 최초의 사람들도 아니고, 마지막 사람들도 아니라는 것이다.

못생긴 남자들을 구하는 아리스토파네스

성의 유토피아는 항상 사회가 지닌 상상력의 세계를 따라다녔다. 태초부터 남자와 여자는 어떤 것도 그들의 욕망을 구속하지 않고 육체의 쾌락과 순진무구함이 지배하는 그런 이상적인 도시 국가를 꿈꾸었다. 아리스토파네스는 이미 《의회의 여인들》에서 여자들에 의해 통치되는——이것은 하나의 기호이다——이와 같은 종류의 공동체를 상상하려고 시도하고 있다. 여주인공 프락사고라는 아테네 여인들이 권력을 쟁취하도록 이끄는데, 재산과 성의 공유를 확립하는 포고령을 언급한다. 가난한 자들도 부유한 자들도 더 이상 없을 것이며, 여자들 마음대로 자신들이 원하는 남자들과 동침하게 한다는 것이다. 그러나 아리스토파네스는 정의의 관념에 너무 주의를 기울이고 있기 때문에 그러한 의회가 불의를 가중시킬 잠재적 가능성이 있다는 것을 깨닫지 않을 수 없다. 이때 이 불의는 해방된 욕망의 그 노골성으로 인해 자격이 박탈당한 못생긴 남자들이나 여자들을 돌이킬 수 없을 정도로 징벌하게 될 것이다. 한편 아름다운 사람들과 강자들은 새로운 자유의 혜택을 자신들의 이익만을 위해 집중시키게 될 것이다. (사실 아리스토파네스에게 매우 생생한 평등의 감각은 그의 극에서 궁둥이——아리스토데모스는 '귀족 백성'——로 불리어진다는 사실에 의해 반어적으로 강조되고 있다. 왜냐하면 평민들과 귀족들이 공히 하나의 궁둥이를 가지고 있기 때문이다.)

따라서 《의회의 여인들》을 이끄는 여주인공은 정의를 걱정한 나머지 보완적인 법안을 채택하게 한다. 이 법은 사랑에서 불우한 자들과 불행한 자들을 위해 우리가 '긍정적인 차별'이라고 부를 수 있는 것을 명시하여 규정한다. 여자들에게는 자유롭게 미남자들과 큰 남자들에게 몸을 바치는 것이 허락된다. **하지만 이것은 작은 남자들과 못생긴 남자들에게 일단 사랑의 표시를 보내고 난 다음에 허락된다.** 같은 방식으로, 남자들은 우선 늙은 여자들과 못생긴 여자들에게 성적으로 서비스를 해야 한다. 우리 현대인의 경솔을 꾸짖는 그리스인의 찬양할 만한 직관이 아닐 수 없다. 아리스토파네스가 이와 같은 단순하고 극적인 유언 추가서를 통해서 상기시키는 것은, 다른 분야에서와 마찬가지로 사랑과 관련하여 너무 무제한적인 자유는 가장 운 좋은 자들의 이기주의를 풀어 놓음으로써 불공평을 증가시킨다는 것이다.

17세기 유럽에서 성적 유토피아——문학적 혹은 철학적 유토피아——는 도덕주의의 짓누름에 따라 증가된 것 같다. 톰마소 캄파넬라의 자유주의적 저서 《태양의 나라》에서는 범신론적인 관념들이 사랑의 풍습을 재조직하려는 계획과 결합되어 있다. 저자는 도미니쿠스회 수도사인데, 그는 스페인의 억압으로부터 칼라바르 지방을 해방시키기 위한 음모를 꾸며 27년을 감옥에서 보냈으며, 일곱 번을 고문당했고 프랑스에서 생을 마감했다. 마침내 그는 프랑스에서 3천 리브르의 연금을 제공한 루이 13세에 의해 생 제르맹에 받아들여졌던 것이다. 티페뉴 드 라 로슈는 《갈리젠들의 역사》에서 동일한 정신을 가지고 이렇게 규정한다. "각자는 자신의 것이 아무것도 없을 것이다. 모든 것은 공화국의 소유가 될 것이다. 모든 것이 모두의 것이 될 것이다. 사람들은 결코 이 여자는 나의 것이라 말하지 않을 것이다. 왜냐하면 각 여인은 모든 남자 시민들의 아내가 될 것이기 때문이다." 그가 상상하는 도시는 사랑과 관련하여 소유나 구속적인 정절의 관념은 모두 금지시키고 있다.[2]

18세기에 이 문제와 관련하여 가장 흥미있는 인물은 물론 샤를 푸리에이다. 그는 정치적 유토피아의 주창자이자 성의 해방 계획을 열정적으로 선전하는 자였다. 그는 교수라는 명칭이 생기기 이전에 구름 같은 교수로서, 1772년 브장송에서 태어났다. 그는 자신의 창의력에 의해 지나치게 흥분되어 혼자 중얼거리며 거리를 쏘다녔고, 불면증에 걸려 있었으며, 익살스러울 정도로 방심하고, 확신에 찬 독신자(獨身者)였으며, 어린이들을 싫어하고, 파리의 기념물들을 미터 표시가 된 지팡이로 재어 보았던 자였다. 그는 몽마르트르 언덕 쪽에 있는 화분으로 가득 찬 아주 작은 아파트에 기거하였다. 지리에 열광한 그는 구속과 억압적인 모든 도덕으로부터 해방된 사회의 원리를 자신이 창안했다고 확신했다. 그는 여자들과 (성적 해방을 포함한) 여자들의 해방과 관련하여 우리로 하여금 공감을 느끼도록 만드는 관념들을 설파한다. 그는 이렇게 주장한다. "사랑에 있어서 남자의 행복은 여자들이 즐기는 자유와 비례한다." 마찬가지로 그는 "특히 이 과부들이 자신들의 자유를 보존할 줄 알고, 남편의 억압으로부터 벗어나 감상적인 허풍쟁이의 억압 아래 떨어지지 않을 줄 알며, 사랑에서 독립성과 연인을 바꿀 수 있는 권리를 확보할 줄 알 때 그녀들의 행복을" 옹호한다.

그가 쓴 《새로운 사랑의 세계》(이는 그의 저서들 가운데 하나의 제목이다)가 지닌 복잡한 구축물은 여러 계층들과 성적 특권 계급들을 규정하고, 일부다처제의 '규범'을 용의주도하게 체계화한다. 이 완벽한 도시에서 통음난무는 그 자체가 네 커플이 추는 세속적인 키드릴 춤('모든 여자를 아내로 맞는 춤')처럼 해결되게 되어 있는데, 이는 모든 상황에서 최소한의 예의가 지켜지도록 하기 위한 것이다. 푸리에에게 이와 같은 일부다처제의 계획은 그가 '주축적 애정'이라고 부르는 것, 다시 말해 지속적인 사랑의 선호 대상을 통해 수장될 수 있게 된다. 당시로서는 대단한 대담성을 드러내며, 그는 사람들이 남색과 여자 동성애라고 부르는 것을 찬양한다. 확신에 찬 과학만능주의자로서 그는 자신의 다양한 경우들에 나타나는 쾌락의 강도를 명확히 평가하겠다는 생각을 하는데, 이는 '오르곤'의 발견자인 빌헬름 라이히가 1세기 후에 실행하게 된다. 사실 여러 면——예를 들어 어떤 우주적 착란 상태와 관련하여——에서 푸리에는 라이히의 직접적인 선구자이다. 그는 '천체들의 자웅동체 상태'를 환기시키고, 식물들을 본떠서 천체들이 생명을 만들어내기 위해 자기 자신과 교접한다고 주장하고 있지 않은가?

여자-메시아를 찾아서

생 시몽 백작, 즉 클로드 앙리 드 루브루아(1760-1825)는 프랑스의 경제학자이자 철학자로서 19세기에 대단한 영향력을 끼치게 되는데, 그는 푸리에의 유토피아를 더 세련되게 다듬는다. 그의 정신 속에서 중요한 것은 '사제 커플'을 중심으로 조직된 사랑과 유혹의 신비한 종교를 추진하는 것이고, 비록 이단적이지만 그리스도교의 자연적 연장을 추진하는 것이다. 생 시몽의 주요 저서들 가운데 하나는 그가 죽은 바로 그 해에 출간되었는데 제목이 《새로운 그리스도교》이다. 생 시몽이 사라진 후 그의 메시지는 과감한 그의 제자들이 이어받는다. 그들은 하나의 유파로 결합되어 이 이론을 실천하고자 한다. 그들의 리더는 바르텔레미 프로스페르 앙팡탱(1796-1864)인데, 그는 영감을 받은 일종의 종교적 스승으로서 은행가의 아들이자 파리의 이공대학 졸업생이다. '교부'인 앙팡탱과 그의 '사도들'은 그리스도교 이후의 계획을 지칠 줄 모르고 추구하게 되는데, 이것의 주요 목표는 전반적으로는 물질을, 그리고 특별히는 육체를 회복시키는 것이다.

미·부드러움·매력의 옹호자인 '사제 커플'은, 생 시몽주의자들의 종교에 따르면 '한결같은' 사랑과 '변덕스러운' 사랑(이 사랑은 이상하게도 장 폴 사르트르와 시몽 드 보부아르가 '우발적 사랑'이라고 불렀던 것을 상기시킨다)을 사회적으로 화해시키는——그리고 정확한 의미에서 조절하는——임무를 띠고 있다. 프로스페르 앙팡탱은 이렇게 쓰고 있다. "때로 성직 커플은 지성의 무절제한 열정을 진정시키거나 감각의 문란한 욕구를 조정할 것이다. 때로는 반대로 그들은 무감각한 지성을 일깨우거나 마비된 감각을 다시 북돋워 줄 것이다. 왜냐하면 그들은 단정함과 정숙함이 지닌 모든 매력뿐 아니라, 내맡김과 쾌락이 지닌 모든 우아함도 알고 있기 때문이다." 사제는 신도들과 성관계를 갖는 것이 허락된다.

이 유토피아의 종교적 함축 의미는 분명하다. 알렉상드리앙은 프로스페르 앙팡탱에 대해 이렇게 쓰고 있다. "감각으로 맛보는 육체적 아름다움과 모든 쾌락이 우리를 빠뜨리는 그 황홀함은 더 이상 도덕의 변화에 장애물로 간주되어서는 안 되고, 진정으로 종교적인 영감으로 간주되어야 한다. 사람들이 교회에 가서 아름다운 남자들과 여자들을 만나고, 그곳에서 관능적인 흥분을 끌어올릴 수 있도록——보통 이것은 사람들이 극장

이나 댄스홀에 드나들 때만 할 수 있는 것이다——종교가 조
직되어야 한다. 그런데 여기에서 중요한 것은 그리스도교의 편
견과는 반대로 정신을 희생시켜 육체를 흥분시키는 것이 아니
라, 이 둘의 완벽한 화해를 발견하는 것이다."[3]

이러한 미래 사회를 해설하면서 한 기자는 《글로브》〔앙팡탱
이 창간한 신문 가운데 하나이다〕의 조그만 기사에서 열광하게
된다. 그는 이렇게 썼다. "사람들은 남자들과 여자들이 전례도
이름도 없는 사랑에 의해 결합되어 있는 것을 보게 될 것이다.
왜냐하면 그들은 냉각도 질투도 경험하지 못할 테니까. 이들
남자들과 여자들은 결코 서로에게 속하는 것을 멈추지 않고 여
러 사람에게 자신의 몸을 줄 것이며, 반대로 그들의 사랑은 회
식자들의 숫자와 선택 때문에 화려함이 더해 가는 신의 연회
같이 될 것이다."

생 시몽의 유토피아는 1832년에 최초의 실현을 경험한다. 앙
팡탱은 메닐몽탕에 있는 자신의 집에 일부 제자들과 자리를 잡
는다. 그들은 이곳에서 지식인 공동체를 형성하는데, 손으로 하
는 일들이 경건하게 받아들여지고 모든 사람들에게 공평히 분
배된다. 사도들은 수염을 기르고 특이한 옷〔(무릎까지 내려오
는) 흰 바지, 보랏빛의 제의, 그리고 등에 단추가 달린 붉은색 조
끼〕을 입는데, 이로 인하여 그들은 행인들의 야유를 받게 된다.
19세기의 정숙하고 부르주아적인 파리에서 이 히피들의 선구
자들은 빈축을 산다. 앙팡탱은 1832년 8월에 고소된다. 판사들
앞에서 그는 부르주아 사회의 간통이 드러내는 위선과 매음의
수치를 고발하지만, 1년의 감옥형을 받게 된다.

그리하여 생 시몽주의자들은 동방에 일련의 여행을 계획하는
데, 이는 예언을 실현하게 될 '여자-메시아'를 찾아내기 위한

것이다. 이스탄불에서 그들은 그들만의 특이한 옷을 입고 거리와 시장을 배회하면서 찬가를 부르고, 만나는 여자마다 그 앞에 엎드리는 모습을 여기저기에서 보여 준다. 프랑스에서는 다른 동료들이 다음과 같이 선언하며 남프랑스로 가는 도로들을 달린다. "여자의 지배가 가까워지고 있다. 모든 남자들과 여자들의 어머니가 나타날 것이다." 그들은 남프랑스에서 이해받지 못하고 떼밀리거나 돌 세례를 받는다. 그런데 생 시몽주의자들이 정착하게 되는 곳은 다른 곳보다 이집트, 특히 수에즈 운하의 거대한 작업장이다. 여기에서 '아스완 댐의 처녀들'이 그들의 매력에 관대해 오늘날까지도 생생한 추억을 남기게 된다.[4]

공정한 판단을 위해 거리를 두고 보면, 이와 같은 편력과 거창한 성적 신비주의를 조소하는 것은 쉬운 일이다. 그러나 이것들이 일어난 **시점**은 매우 의미심장하다. 사랑의 유토피아는 당시가 엄격주의로 기울고 있었기 때문에 그만큼 더 창의적이고 생생했던 것으로 보인다. 그런데 분명 이것은 19세기에 일어난 경우였다. 하지만 부르주아적이고 실증주의적인 이 세기는 동시에 기막힌 낙관론, 다시 말해 진보와 인간 의지의 힘에 대한 집요한 신념이 자리잡고 있다. 생 시몽주의자들의 사랑의 유토피아는 미래에 대한 요지부동의 신념을 표현하면서도 엄격주의적인 새로운 위선에 대한 반항을 표현하고 있는 것이다. 이 점에 있어서 그것은 전범적이다.

전복으로서의 섹스

역사에 의해 벗겨진 성의 유토피아들이 이처럼 신비주의적이거나 사변적인, 지극히 맑은 형태를 항상 취한 것은 아니다. 우리가 알다시피, 인간 사회는 주기적으로 혁명적·정치적·이데올로기적 또는 종교적 소요를 통해 동요된다. 이 소요는——거의 언제나——성도덕의 영역에 중대한 결과를 가져온다. 지금까지 효력을 발휘하고 있는 규범과 의도적으로 단절되는 시기들, 즉 쾌락주의적인 방탕이 분출되는 일종의 축제적인 삽입의 시기들이 법과 질서가 회복되는 훌륭한 복원의 단계들과 교대한다. 작용하는 메커니즘을 검토하면서, 축제와 회개로 이어지는 이와 같이 긴 연속적 현상을 자세히 살펴보려면 다른 시간과 공간이 필요할 것이다. 그렇지만 우리는 몇몇 예들의 도움을 얻어 만나게 되는 장애물의 정확한 성격과 발생된 혼란의 실체를 탐구할 수 있다. 앞으로 보겠지만, 거의 대부분의 경우에 있어서 이 경험들이 결국 부딪치는 것은 **통제할 수 없게 되는 폭력**이다.

이 주제에 대해 한 마디만 하겠다. 조르주 바타유는 욕망과 폭력과의 이 혼탁한 관계를 가장 날카롭게 인지한 한 명이다. 역설적으로 그는 금지 사항이 지닌, 본질적으로 **평화를 회복시키는** 기능을 끊임없이 강조한다. 그는 이렇게 쓴다. "인간은 자신의 활동을 통해서 합리적인 세계를 구축했다. 하지만 그의 내부에는 언제나 폭력의 바탕이 존속한다. 자연 자체는 폭력적이다. 그리고 우리가 아무리 분별력이 있다 할지라도 폭력은 우리를 다시 지배할 수 있다. 이 폭력은 더 이상 자연적인 폭력이 아니라 이성적 인간의 폭력이다. 이 인간은 이성에 복종하려 시도했지만, 자신 안에서 이성으로 환원시킬 수 없는 운동에 무너진다. (……) 금지 사항들의 본질적 대상은 폭력이다."[5]

우리가 주의를 기울이지도 않는데, 현대의 잡담——가장 시시한 것을 포함해 ——에는 욕망-폭력이라는 이 잠자는 에너지, 이 동물적 힘이 떠나지 않는다. 이 힘은 언제나 한계와 금지 사항들을 뛰어넘으려 하고 있으며, 언제든지 도시의 질서를 전복시킬 수 있다. 시대가 그토록 많은 가치를 부여하는 유명한 환상들은 때때로 이에 대한 증언이다. 우리는 포르노에 대한 여자들의 증언집에서 수집한 몇몇 문장들에 대해 숙고해 보아야 한다. 22세의 실비라는 여인은 이렇게 중얼거리고 있다. "혁명의 사상은 나를 흥분시킨다. 혁명은 가장 에로틱한 역사적 시기이다. 사람들은 두려워하고 발버둥치고 폭력이 있게 된다. 나는 나치즘을 견디지 못한다. 그러나 그것은 나를 엄청나게 동요시킨다. (……) 나를 가장 흥분시키는 것은 무상한 폭력이다. 어린이나 여자를 아프게 하는 장면들을 보는 것이다. 무고한 이들을 고문하는 것을 보는 것이다." 소피라는 별명을 가진 33세의 한 여기자는 동일한 주제에 대해 한술 더 뜬다. 그녀는 말한다. "나를 가장 동요시키는 것은 사람을 꼬챙이에 꿰는 형벌이다. 그것은 혐오이자 자극이다. (……) 나는 성고문의 장면만이 나를 동요시킨다는 것을 분명히 하고 싶다."[6)]

이와 같은 범죄적 욕망들은 물론 환상적이다. 그것들은 '사람들이 악에 대해 생각지 않고도,' 한순간도 행동으로 옮기는 것을 상상하지 않고도 뚜렷이 표현된다. 그러나 그것들은 그것들이 드러내는 솔직성 자체 속에 우리가 과거로 눈을 돌릴 때 마음에 간직해야 할 아주 오래 된 위협을 표현한다. 실제 역사가 계속적으로 직면하는 것은 이 위협이며, 자유주의적인 대부분의 유토피아들이 부딪치는 것도 이것이다.

오래 전부터 성적 방탕은 기성 질서에 대항해 나온 요구의 형태로 나타나든가, 정치적 붕괴가 있은 직후에 취해진 복수처럼 나타난다. 고대 중국은 방탕을 정치적 무기로 삼는 성적 함축성을 간직한 비밀 운동들을 경험했다. 기원후 3세기 한나라 말기에 이와 같은 종류의 성적 신비주의에 의해 영감을 받은 도교도들의 여러 반란이 주목된다. 특히 '황건(黃巾)'의 난이 그러한데, 이 난은 무자비하게 진압되었지만 왕조의 몰락을 가속화시켰다. 이 '신비주의자들'은 《황서(黃書)》라는 개론서에서 영감을 받았는데, 이 책은 방탕을 '생명의 정수를 얻는 진정한 비결'로 간주했다. 그 이후 시대에서 그리고 19세기까지, 중국은 성적 유토피아의 다른 불꽃들을 경험하게 된다. 1839년에 황제가 포고한 칙령은 이와 같은 종교적 운동 가운데 하나, 즉 군단이라고 불리는 종파에 대해 암시하고 있다. 규정된 사랑의 규율을 커플로 실천하는 남자들과 여자들만이 이 종파에 받아들여진다. "그들은 저녁에 모이고, 단 하나의 방 안에 많은 수의 사람이 들어간다. 등불은 켜지지 않는다. 그리하여 그들은 어둠 속에서 성관계를 갖는다."

이와 같은 음란한 전복의 전통은 중국 역사에 매우 깊이 뿌리내리고 있기 때문에 20세기의 오늘날에도 다시 나타나는 일이 있다. 1950년대말에 마오쩌둥의 중화인민공화국은 이관도라 불리는 도교 종파를 쳐부수려고 노력한다. 이 종파의 단원들은 공산주의 제도에 반대하고, 통음난무적인 의식에 몰두한다. 그들에 관해 R. 반 굴릭은 《광명제보》 1950년 11월 20일자 신문을 인용한다. "이 종파의 우두머리들, 이 파렴치한 음탕한 자들은 종파의 여성 단원들과 '미(美)의 대회'를 개최하며, '도교 공부를 하는 수업'이 진행되는 동안 참가자들에게 불멸과 죽음으로부터의 해방을 약속하며 단원들이 혼잡하게 뒤섞여 성행위를 하도록 부추기고 있다."[7]

마지막으로 상기해야 할 것은 1989년 '베이징의 봄' 사건이 터졌을 때, 성 개방을 요구하는 대자보들이 봉기를 일으킨 학생들에 의해 포위된 톈안먼 광장의 벽을 장식했다는 것이다.

프랑스 혁명하에서 귀족 계급이 현실적으로 퇴폐했다거나 퇴폐했다고 추정한 고발은, 우리가 이미 보았듯이 예를 들어 풍속의 해방과 관련하여 동성애자들로부터 나온 온갖 종류의 특수한 불평과 짝을 이루고 있다. 1790년에 '동성애자들'의 단체에 의해 신기한 텍스트가 집필되었다. 이 텍스트의 제목은 〈입법의회에 나간 소돔의 아이들, 혹은 파리의 60개 지구에서 파악된 모든 협회의 대표들로 이루어진 동성애총협회의 대표단〉이다. 여기서 동성애자들을 위해 주장되고 있는 것은, 특히 파리 사창가에서의 일정한 자유이다. 우리는 또한 그 속에서 동성애자 단체에 속한 노아유 공작의 담화에 담긴 서언을 읽을 수 있다. "반육체적인 것은 중상자들이 가소롭게도 상스러운 것으로 불러 왔고, 지난 세월의 무지 때문에 오늘날까지도 불법적인 음탕한 놀이처럼 생각되었다. 하지만 미래에는 확실한 지식이 되고, 사회의 모든 계층에서 교육될 것이다." 이어서 의원들의 명단이 나오는데, 이 명단에는 당시 동성애 사회의 제후들과 배신(陪臣)들이 들어 있다.

그러나——비록 1791년의 형법이 자연에 반하는 풍속의 개념을 폐기했다 할지라도——뿌리를 근절시키는 엄격주의가 지배한 공포 정치의 시기가 지난 후, 5집정관 정부하에서 겨우 사람들은 쾌락과 방종적인 과시의 갈망에 빠지게 된다. 이 갈망은 단두대의 공포를 잊도록 도와 주기 때문에 그만큼 더 광적으로 나타난다. 그런데 이때 어린이들에게 가해진 성폭력에 대해 최초의 경계심이 표현된다. 어쨌든 파리 시민들의 방탕은 거의 지속되지 못하게 된다. 여기서 우리가 인용할 수 있는 자료들 가운데 하나는, 행정부의 경찰 책임자인 피크나르가 프랑스 공화력 6년 목월(5월 20일에서 6월 18일까지) 5일 날짜로 집정관 정부의 의장 메를랭——그 유명한 메를랭 드 두에——에게 보낸 경찰 보고서이다. 이 보고서는 전반적인 방탕과 민중의 타락에 경각심을 나타내고 있다. 그것은 왕궁에 자리잡은 '동성애자들'을 환기시키고, 사람들이 성병에 걸린 사내아이들을 파출소에 데려오는데 나이가 가장 많은 아이들이 겨우 6세밖에 안 된다고 주장한다. 실질적인 회복 조치가 곧 취해진다. 1810년부터 나폴레옹 형법은 15세 미만의 미성년자에 대한 성폭력 범죄를 일정 기간의 징역이나 무기징역에 처하는 처벌 조항을 재확인한다.[8]

10월 혁명과 '성의 카오스'

이와 견줄 만한 시나리오가 볼셰비키 러시아에 기록되게 된다. 3년간의 전쟁에 추가된 1917년부터 1922년까지의 혁명의 열기와 내전은 공산주의자들이 원했던 수준을 훨씬 넘어서 사회와 가정의 해체로 치닫는다. 거리에서 방황하는 수많은 가족들과 멀리 먹을 것을 찾아 떠나는 전체 마을 사람들에 대한 가슴 뭉클한 묘사들이 있다. 살아남기 위해 여자들은 아이들을 버리고 가끔씩 몸을 팔다가 나중에는 규칙적으로 몸을 판다. 한편 남녀 청년들도 마찬가지로 매춘 행위를 하는데, 이들은 '아이들 도당'을 형성하여 자기들끼리 몸을 내맡기거나 양심이 없는 이용자들에게 몸을 내맡기고 강간과 폭력을 일삼는다. 20

년대말과 30년대초에 공산주의 언론에 '성의 카오스'라는 표
현이 위세를 드러낸다. 성이 흔히 동기가 된 이와 같은 혼란의
부상과 사적인 폭력에 공포를 느낀 나머지 사람들은 젊은이들
이 가장 비도덕적인 방탕에 빠지고 있다고 비난한다. 또 성인들
은 도덕적 책임감을 상실했다고 비난받는다. 일반화된 성의 카
오스라는 이 주제는 곧바로 다시 다루어져 집중 포화를 받게 되
는데, 공동체 요구의 이름으로 30년대 신도덕주의 입법을 정당
화시키는 데 기여한다.

빌헬름 라이히가 《성의 혁명》에서 주장하는 것은 이와 같은
무질서가 의도적으로 과대평가되었다는 것이다. 이것의 목적은
동성애의 금지와 가정적인 인구 증가 정책의 장려 같은 구제
도로의 회귀를 받아들이게 하는 데 있다는 것이다. 그러나 그
가 또한 (지나치게 즐거워하지 않고) 이야기하는 것은, 젊은 러
시아인들로 이루어진 일부 '코뮌'들이 어떻게 의지적인 조정
의 메커니즘을 자발적으로 재창안해 '성의 카오스'를 예방하고
있는가이다. 그리하여 모스크바의 이 젊은 코뮌 당원들은 그들
스스로 다음과 같은 규범을 투표로 의결한다. "성관계는 코뮌
의 첫 5년 동안 코뮌 당원들에겐 바람직하지 않은 것이다."[9]

이와 같은 두 개의 혁명(프랑스 혁명과 러시아 혁명) 시기 동
안 유토피아를 실패로 돌아가게 하는 것은, 집단에 위협적이라
고 판단된 이와 같은 폭력과 무질서이다. 그러나 또한 나타나
는 것은 혁명 자체의 양면성이다. 실제 두 개의 대립적인 원리
가 이 시기에 빛을 발하고 있다. 혁명에는 우선 유린적인 혼란
의 계획이 자리하고 있다. 그것은 도덕과 예의를 타도하려 함
으로써 격분한 경련을 일으키는 것처럼 나타난다. 사람들은
1789년 파리의 민중이 구세계를 타도하러 갈 때 나타낸 이와

같은 충격적인 성적 광란에 대해 많은 글을 썼다. 민중이 **혐오**를 느끼면서 **동시에 부러워하는** 귀족의 부패하고 방탕한 질서가 괴멸되는 것을 보여 주는 그 황혼의 에피소드에 대해서 말이다.

조르주 바타유는 1789년 7월 14일, 전날 밤에 일어난 이 기막힌 장면을 몽상적으로 이야기하고 있다. 이날 밤 사람들은 바스티유 감옥에 감금되어 있던 사드 후작을 이와 같은 탕진의 유황 같은 살아 있는 상징으로 간주하고, 그의 감옥에서 옮기려고 시도했다. 과연 당시의 도취적 분위기에 어느 누구보다도 민감했던 사드는, 그의 창문을 통해 지나가는 행인들한테 이렇게 외치며 그들을 선동하려 했다. "파리의 민중이여, 죄수들을 목졸라 죽이고 있습니다!" 바타유는 이렇게 쓴다. "그는 어떤 것도 가져가는 것이 허락되지 않았다. 《소돔의 120일》의 원고는 바스티유 감옥이 함락된 이후의 약탈에서 빼앗겼다. 사냥꾼들은 마당에 흩어져 있던 다양한 물건더미에서 그들에게 관심이 가는 것을 주웠다. 원고는 1900년경에 독일의 한 서점에서 발견되었고, 사드 자신은 실질적으로 다른 사람들에게 타격을 가했고 인류에게 타격을 가했던 분실로 인해 '피눈물을 흘렸다'고 말했다."[10]

그러나 모든 혁명이 성적인 혼란을 의도적으로 제공하지만, 그것은 동시에 방탕과 반대쪽에 위치하는 정화와 미덕의 꿈을 실어 온다. 그런데 이 꿈은 대개의 경우 나쁜 방향으로 돌아간다. 공포와 미덕 사이에는 **직접적인 관계가 있다.** 크롬웰은 도덕적 재무장을 꿈꾸는 성자들 무리의 선두에 서서 수많은 살육을 저지르게 된다. "미덕 자체가 한계를 필요로 하고 있다는 것을 누가 말할 수 있겠는가"[11]라고 몽테스키외는 쓰고 있다.

　조르주 니바는 혁명의 사상이 지닌 이와 같은 양면성이 톨스토이에 의해 예증되고 있다고 상기한다. 톨스토이는 《부활》(1889)에서 징역을 선고받고 자기들끼리 폭력과 성에 관해 토론을 하는 많은 혁명가들과 테러리스트들을 등장시키고 있다. "비폭력의 사도인 톨스토이는 그들에 대해 애매하고 계략이 없지 않은 태도를 나타낸다. 그는 그들을 선량한 자들과 악한 자들로 구분하려 하고, 그들의 대결을 성욕의 **동요** 상태로 귀결시키려 하고 있다. 그리고 주목되는 것은 그가 여자들이 '테러에 가담하는 것'을 '종교에 귀의'케 하는 성적 불감증과 비견되는 것을 통해 설명하면서, 그녀들에게 특별한 운명을 부여한다는 점이다. 마리아 파블로프나라는 인물을 보면, 정숙은 테러리스트의 금욕주의가 지닌 이면이다……."[12]

　한 가지 확실한 것은 실질적인 도덕의 복원이 이루어지기 바로 직전에 집단의 응집력을 위협하는——실제적인 또는 환상적인——혼란이 불안의 확산과 질서의 막연한 요구를 낳는다는 것이다. 우리는 이러한 요구가 온갖 종류의 민중선동가들과 '수복자들'(구질서의)에게 이용된다는 것을 알고 있다. 존 보즈웰은 이렇게 주목한다. "서양 역사의 대부분에서, 재앙은 몇몇 소수 집단들의 저주스러운 음모의 결과로 어렵지 않게 설명될 수 있었던 것 같다. 그리고 비록 어떤 특수한 관계도 의심할 게 없었다 할지라도 분노나 불안은 흔히 내적 불편함을 괴상한 것, 특이한 성품, 사회적 규범에 예외적인 것을 표적으로 하는 공격을 통해 보상하도록 부추긴다. (……) 4세기에 위험에 처해 붕괴하는 로마나 14세기말 파리에서 규범으로부터의 모든 이탈은 불길하고 불안을 주는 모습을 띠었고, 익숙한 질서의 파괴를 획책하는 수많은 나쁜 세력들과 연결되는 것처럼 나타났다."[13]

한 군주의 죽음 이후…

오늘날 우리는 사회의 제재를 거부하는 자유주의적 태도의
소생을 단지 혁명이 일어날 때만이 아니라 권위주의적이거나
다소 보수적인 권력이 제거되자마자 인정하는 습관이 붙었다.
가톨릭 교회의 교육 독점에 종지부를 찍은 60년대초의 '조용
한 혁명'이 일어난 후의 퀘벡이 그런 경우였다. 동일한 현상이
1975년 이후 프랑코 체제가 붕괴된 스페인에서도 일어났다. 스
페인은 **모비다**(무질서하고 혼란한 축제라는 의미)라는 자유주의
적이고 방탕적인 아름다운 축제에 곧바로 빠져들었던 것이다.
동유럽의 국가들과 구소련의 나라들에서 독재의 종말은 프리
미엄으로서 포르노와 매춘 같은 조급한 쾌락을 동반했다.
　보다 최근에는 사람들이 남아프리카공화국으로 눈을 돌렸다.
우리는 주간지 《쿠리어 인터내셔널》에서 다음과 같은 글을 읽
을 수 있었다. "넬슨 만델라가 선출된 지 20개월이 지나자 이
나라의 대도시들에서 매음굴이 번창하고 있다. 요하네스버그의
멋있는 교외에서는 에로티카·오리엔탈 팰리스 같은 환기적인
이름을 가진 클럽들이 점점 더 많이 발견되고 있다고, 요하네
스버그의 가장 큰 윤락업소를 방문했던 《인디펜던트》 기자는
쓰고 있다. 키리날 호텔은 15층이나 된다. 아래층에는 네 수준
의 바와 소파들이 놓여 있다. 위에는 비가 쏟아지듯이 여자들이
많이 있다. 이 여자들은 모잠비크·스와질란드나 기타 다른 곳
에서 온다. 그녀들의 손님들은 대부분 중산층의 백인들이다. 그

들이 만족하기 위해 지불하는 돈은 1백 프랑도 안 된다. "창녀촌
에 가는 것은 약간 사냥을 가는 것과 같다. 당신이 영양을 한번
도 죽여 본 적이 없다면, 반드시 한 마리를 죽여 보아야 할 것
이다. 그리고 당신이 일단 하나를 가지게 되는 날, 당신은 다시
하고 싶다는 생각밖에 없을 것이라고 여단장교는 풍속에 대해
분석한다."[14]

집단에 대한 개인의, 규범에 대한 자유의, 도시의 엄격한 질
서에 대한 탐욕적인 무정부 상태의 이와 같은 즐거운 복수, 사
회가 스스로에게 허용하는 이러한 쾌락주의적인 '위기'는 혁명
의 방탕과 마찬가지로 그렇게 지속적이지 못하다. 조만간에 최
소한의 전체주의가 권리를 되찾게 되는데, 물론 우리는 이와
같은 오르내림을 정치적 또는 이데올로기적 표현을 써서 해석
하고 싶은 마음이 생긴다. 진보의 승리, 보수주의의 복수, 다양
한 음모 등과 같은 것들 말이다. 이것은 아마 조금 단견적인 비
전이라고 할 것이다. 인류학과 민속학이 ——이것들은 장기적
인 시간을 도입한다—— 보다 나은 해석을 준다는 것은 의심할
여지가 없다.

로제 카이유아는 《인간과 신성한 것》에서 조르주 바타유를 유
혹했던 해석을 제시하고 있다. 자신의 여러 책에서 《에로티시즘
의 역사》를 쓴 저자는 일정한 집단에서 발작적으로 나타나는
성적 방탕에 대해서 친구인 카이유아의 고찰을 참고한다. 그는
이 방탕이 사실은 집단적 기억이 그 흔적을 간직하고 있는 매
우 오래 된 의식(儀式)에 해당한다고 단언한다. "때때로 죽음
앞에서, 인간적 야심의 실패 앞에서 한없는 절망이 형태를 드러
낸다. 이때 인간이 보통 때는 부끄럽게 여겨 빠지지 않는, 자
연의 그 모진 폭풍과 들끓는 힘이 위세를 떨치는 것 같다. 이

러한 의미에서 한 왕의 죽음은 공포와 광란적 폭발이 난무하는 가장 뚜렷한 결과를 낳을 수 있다. (……) 죽음의 사건이 발표되자마자 도처에서 사람들은 질주하며 자신들 앞에서 만나는 것들을 죽이고, 앞다투어 약탈하고 강간한다. 로제 카이유아는 이렇게 쓴다. 성적인 방탕이 "이때 갑자기 나타난 재앙의 양태를 띤다……. 민중의 광란에 어떠한 저항도 나타나지 않는다. 하와이 군도에서 왕의 죽음을 알게 된 군중은 보통 때는 범죄로 간주되는 온갖 행위를 저지른다. 그들은 불을 지르고, 약탈을 하고 사람을 죽인다. 한편 여자들은 공개적으로 매춘을 해야만 한다……."[15]

주기적인 여흥의 이와 같은 관념은 우리를 동요시킨다. 왜냐하면 그것은 상식이 본능적으로 재발견하고 많은 금언을 통해 표현하는 역설적인 지혜를 담고 있는 것 같기 때문이다. 날마다 일요일인 것은 아니다, 좋은 것은 종말이 있다, 축제는 끝나게 되어 있다 등과 같은 금언들 말이다. 보다 좋은 점은 이와 같은 막간이 일시적이라는 것을 알고 있다는 것이다. 이 막간은 유토피아의 환상적 성격을 미리 내면화시킨다. 그것은 또 우리가 욕망에 전적으로 —— 위험스럽게 —— 굴복하기보다는 곧바로 술책을 써서 타협하지 않을 수 없는 의무를 미리 내면화한다. 따라서 이러한 지혜의 반대 사면은 **위반**에 대해 인간 집단들이 나타내는 암묵적인 관용이자 지속적인 온정이다. 달리 말하면, 문화는 유토피아를 불신하지만 상징적이든 체험적이든 에로틱한 대담성을 아주 은밀히 또는 조용하게 끝없이 경축한다.

에로티시즘의 항구성

　이집트 문명과 메소포타미아 문명으로부터 그리스-로마의 도시 국가, 그리스도교 초기·중세·계몽 시대를 거쳐 근대에 이르기까지, 음란문학 및 예술적 위반의 역사를 통해 우리의 모든 과거를 다시 펼쳐낸다는 것은 불가능한 일일 터이다. 풍요를 부여받은 '지옥'을 지니지 않은 세기나 시기·예술은 하나도 없다. 우리는 그것들 속에서 금지된 것에 대한 동일한 지식이 무한히 다양한 형태로 나타나고 있음을 발견하며, 이 금지된 것에 도전함으로써 동일한 방식으로 그것을 지칭하는 것을 발견한다. 은밀하든 아니든, 이 에로틱한 문화는 극도로 예민한 사진 건판(乾板) 같은 것이고, 공식적 문화의 음화 같은 것이다. 그것은 **반대적** 측면에서 이 공식 문화의 변모, 표류나 수축을 기록하기 때문이다.

　예를 들면 중세의 문화는 사람들이 상상하는 것보다 무한히 더 미묘하고, 말하자면 더 계략적이다. 그것은 당시의 금지 사항들을 재해석하며, 이것들이 어떻게 중세의 욕망을 만들어 내는지 긴 시차를 두고 우리가 이해하도록 도움을 준다. 한 중세 전문 역사가는 이렇게 쓰고 있다. 금지된 것은 "환상들과 꿈들을 생산해 내고, 위반을 하도록 부추긴다. 이로부터 한 상상력의 세계가 나타나는데, 우리는 이 상상력의 세계를 당시의 우주학, **세계의 그 이미지**들 속에서 또한 재발견한다. 이 **이미지**들은 당시에 개화한 것으로 우리에게 세계의 중심을 문명이 지닌 가치들의 장소처럼 가르쳐 준다. 불행하게 이 중심으로부터 멀어지게 되면, 괴물들이 지배하는 낯설고 환상적인 지역들에 이른다는 것이다. 그렇기 때문에 중세의 우주학자들은 우주의 경계-──서쪽 끝이나 동쪽 끝──에 살고 있는 소수 민족들을 묘사하고 있는 것이다. 이 민족들은 성과 관련하여 금지 사항들을 실현하여, 일부다처제·동성애·비역 등을 행하고 있는 것으로 나타난다……."[16]

욕망의 연장으로서 에로티시즘은 또한 반문화이다. 중세는 그리스도교가 침투했기 때문에 에로틱한 우화시들을 통해 표적으로 삼은 것은 교회와 성직자들이다. 그렇다고 그렇게 의미 있는 반응을 폭발시킨 것은 아니다. 알렉상드리앙의 설명에 따르면, 사람들이 몽매의 시기로 간주하는 중세는 선량한 그리스도교도인, 현학적이면서도 익살스러운 그 독창적 인물들로 가득 차 있었다. 그러나 이들은 음란의 결과를 즐겁게 환기시키는 것을 주저하지 않았다. 《성 비유아르의 설교》 같은 설교 패러디들과 의식적(儀式的)인 기도문들을 쓴 장 몰리네는, 그가 살아 있을 당시에 매우 좋은 평을 들었기 때문에 막스밀리안 대공은 그를 자신의 고문으로 삼고 귀족으로 만들었다. "1507년 그가 죽었을 때 벨기에의 위대한 시인인 장 르메르는 그를 이렇게 지칭했다. 그는 우리 프랑스 교회의 언어를 사용하는 모든 연사들과 수사학자들의 지도자이자 왕으로서, 이 언어를 사용하는 유럽의 모든 거리에서 유명하다."[17]

이 우화시들은 12세기말과 14세기 중엽 사이에 도처로 보급되었고, 여인숙이나 성·교단에서 소외된 규율을 어긴 성직자들, 환속한 수도승들, 술에 취한 음유시인들이나 학생들에 의해 낭송되었다. 그것들은 모두 사람들에게 알려져 사회의 모든 계층에서 호응을 얻었다. 그것들이 음란성을 넘어 시적 예술, 언어의 기술, 그리고 시시한 자극과는 거리가 먼 메타포를 나타냈다는 것은 사실이다. 암시와 상징적 코드화에 있어서 이와 같은 능숙함은 르네상스 이후로 많이 상실되었다. "중세는 언어가 어떤 것이든 이것이 하나의 코드에 따른다는 조건으로 말할 수 있다는 사실에 열광한다. 《장미 이야기》는 원예 이야기가 아니다. 그런데 데카르트부터 사람들은 가능한 한 가장 직접적으로, 가능한 한 메타포를 쓰지 않고 말하고자 노력했다. 게다가 성은 직접적으로 이야기될 수 있는 것이 아니다. (······) 그리하여 우리 사회에서 언어는 비참하게 빈곤해지고 말았다."[18]

11세기부터 찬양된 기사도적 사랑은 사람들이 말하는 것보다는 덜 정신적이었다. 《투르바두르의 에로틱한 세계》의 저자인 르네 넬리 같은 전문가들의 말을 믿는다면, 반대로 이 사랑은 쾌락적이고 세련되었으며, 말 그대로 에로틱한 코드를 강제했다. 사랑하는 귀부인을 정복하기 전에 사랑에 빠진 남자에게 강제된 일련의 시련이 끝나면 플라토닉한 상황이 끝나는 단계가 왔던 것이다. "최고의 보상은 남자의 자제력이 시험을 받는 **테스트**였다. 그가 기사도적 사랑의 정중함에 불가결한 자기 통제를 할 수 있는지를 알아야만 했던 것이다. 그리하여 귀부인은 자신의 남자 친구에게 잠자리를 같이하자고 초대한다. 그들은 밤새 나체로 함께 있으며 상호 애무가 허용되지만, '사건'에는 도달하지 않는다. 남자가 유혹에 질 경우, 이것은 그가 충분히 사랑하지 않고 있다는 증거이다. 그는 거부되고 **세련된 사랑**을 할 만한 자격이 없는 것으로 선언된다. 반대의 경우, 그는 최고로 가치 있는 것을 얻게 되었다. 그는 곧바로 **관능적인 애인**으로 변모될 수 있는 희망을 품을 수 있었다."[19]

중세전문가인 아워드 블로크에 따르면, 사람들은 때때로 우화시들을 중세의 보다 정중한 문학 형태들——이들 형태들에서 여자들은 이상화되고, 귀부인을 흠모하는 기사들은 기다림의 오랜 고통을 참아내야 한다——에 대립시키는데, 이는 잘못이라는 것이다. 실제로는 "사실주의적이고 이상주의적인 두 장르는 공히 에로티시즘에 대한 강박관념을 가지고 있는데, 단순히 이 에로티시즘이 다양한 양태와 매우 다른 문학 형태로 나타난 것이다."[20]

검열에서의 실패

이와 같은 모든 에로틱 문학의 억압은 거의 중세의 현상이 별로 아니게 된다. 우리가 알다시피, 오래 전부터 방종한 시를 쓴 일부 작가들이나 쾌락을 옹호한 자들(아우소니우스, 아폴리나리우스, 요한네스 다마스케누스, 마르보드 드 렌, 생 알프레드 드 리에보, 폴 르 실랑테르 등)은 더구나 훌륭한 그리스도교도들이었다. 검열의 의지가 진정으로 시작된 것은 사람들이 성적 방탕의 관념과 종교적인 무신앙을 연결시키는 습관이 생긴 후인 불과 17세기초의 일이다. 애초에는 그런 일이 없었던 것이다. 'libertin(방탕한)' 이란 말은 로마에서 노예 신분에서 해방된 자의 아들——자유롭게 태어난 아들——을 지칭했다. 다음으로 그것은 칼뱅이 비종교적인 사람, 즉 계시된 도덕에 자연적 도덕을, 그리스도교 신앙에 자연을 대립시키는 '휴머니스트'를 지칭하기 위해 사용되었다. 따라서 방탕은 전혀 다른 문제였다.

"에로틱한 문학의 억압은 방탕이 반종교적인 고찰을 포르노적인 묘사와 뒤섞어 버린 사실에서 비롯되었다. 불경건한 것들이 결코 끼어들지 않았다면, 외설스러운 시가들의 모음집들이 왕의 특별한 호의로 계속해서 출간되었을 것이다. 그러나 사람들이 두려워한 것은 성에 대한 표현의 방종을 용인함으로써 그와 동시에 신성모독을 허용하게 되지 않을까 하는 것이었다. 방탕한 자들의 큰 적대자였던 프랑수아 가라스 신부(《이 시대에 아름다운 정신을 지닌 자들의 신기한 독트린》(1624)의 저자)는 아름다운 정신을 가진 자들의 전복적인 독트린이 방탕과 무신론이라는 두 지류를 포함하고 있다고 말했다. (······) 방탕이 무신론으로 타락할 위험성이 있으므로 보다 큰 악을 예방하고자 방탕한 쾌락을 부추기는 글들을 금하기로 결정된 것이다.”[21]

물론 이와 같은 억압적 의도와 검열은 아무 효과도 없었다. 오히려 그 반대였다. 17세기부터 에로틱한 문학은 과거 어느 때보다 더 풍요롭고, 더 재능을 나타냈고, 더 인기를 끌었다. 디드로는《서점의 거래에 대한 편지》에서 검열관들의 이와 같은 확증된 무력을 비꼬고 있다. 그는 이렇게 쓴다. “금지가 엄격하면 할수록 그것은 더 책값을 올리게 되었고, 책을 읽고 싶은 호기심을 더 자극했으며, 책은 더 많이 팔렸고, 더 많이 읽혔다.” 그는 많은 아카데미회원들과 서적상들이 사법관들에게 이렇게 말하고 싶었을 것이라고 밝힌다. “법관님들, 저를 단죄하는 조그만 결정을 제발 내려 주십시오.” 그리고 또 그가 드러내는 것은 많은 인쇄소에서 노동자들이 “또 한 판을 더 찍어야겠군!”[22]이라고 즐겁게 소리치면서 단죄의 발표를 갈채했다는 것이다.

그리하여 계몽 시대의 프랑스가 수많은 책·풍자문·시, 운율을 맞춘 극작품과 방탕하거나 나아가 포르노적인 이야기 혹은 모작을 출간하는 것은 프랑스가 부르주아 도덕을 창안하는 바로 그때이다. 마치 이와 같은 위반이 엄격한 경직성을 조금씩 동반하며 **보상하듯이** 말이다. 그래서 지나치게 정숙을 떨었던 19세기와 족히 20세기 전반기는 창조자들과 검열 사이에 특이한 갈등 양상을 두드러지게 드러내게 된다. 검열 정책을 시도하기 시작한 것은 1819년 5월 17일의 법안이다. 이 정책은 예를 들어 루베 드 쿠브레이의 《포블라의 기사》 같은 당시까지 자유롭게 유통되고 있던 일부 책들을 금지하기에 이른다.[23]

요컨대 프로테스탄트 퓨리터니즘의 모국인 영국도 문학적 위반에 관해서 예외는 아니다. 《더 램블러스 매거진》《더 본 턴 매거진》, 그리고 1795년의 《더 랜저스 매거진》 같은 정기 간행물들은 추잡한 것을 넘어서는 삽화와 텍스트들을 실었다. 〈전권대사〉(1788)라는 외설시의 저자는 갤리스 왕자의 친구인 찰스 모리스이다. 알렉상드리앙이 인용한 한 역사가에 따르면 "포르노는 이 시기에 영국에서 자유롭게 유통되었다. 그러나 1797년에 조지 3세는 음란을 규제하는 발표를 해 백성들로 하여금 온갖 형태의 음란을 쳐부수도록 권유하고 있다. 1802년에 창설된 **음란제거협회**의 그 임무는 외설스러운 글들과 삽화들을 추적하는 것이었다. 그것은 할 일이 많았는데 (……) 발이 묶이자마자 음란한 작품들이 음지에서 창궐했다. (……) 빅토리아 여왕은 1901년에 죽었는데, 자신이 통치하는 동안 영국인들이 은근히 세계에서 일등가는 포르노 애호가들이 되었다는 것을 의심치 않았다."[24]

모든 것은 결국 마치 위반의 원칙이 욕망의 연장 및 반문화일 뿐 아니라 **집단적 지혜의 형태**인 것처럼 이루어진다. 사람들은 이에 대한 증거로서 지역 역사가들의 증언을 대고자 한다. 어떤 경우들에 있어서는 이와 같은 통제된 위반, 다시 말해 '주변부'에 대한 이와 같은 능란한 관리는 **표현의 형태**들에 제한되는 것이 아니다. 그것은 활동적이 된다.

방데 지방의 마레쉬나주 및 사부아 지방의 알베르주망

특기할 만한 것은, 19세기에 루이 필리프풍의 지나친 정숙과 부르주아들의 경직된 도덕이 전적으로 승리를 거두고 있는 가운데, 프랑스의 여러 지방에서 오늘날에도 우리가 도전적이라고 판단할 수 있는 풍속이 집요하게 버티고 있다는 것이다. 이 풍속의 직접적인 목적은 젊은이들의 성적 입문을 ——현장에서 ——조직화함으로써 공식적인 도덕의 편협함을 상쇄시키려는 것이다. 이러한 전통들 가운데 어떤 것들은 장 루이 플랑드랭의 표현을 빌리자면, 젊은이들로 하여금 즐겁게 자신들의 충동을 만족시키게 해주는 '교접하지 않는 성적 행동 모델'을 제안하고 있다.

샬랑 지방의 처녀 시장이나 네덜란드의 유명한 시험 결혼이 인용되기도 하지만, 특히 주의를 끄는 것은 방데 지방의 마레쉬나주(maraîchinage, 방데 지방 마레인들의 사랑 행각)이다. 우리는 19세기 방데 지방의 한 의사였던 마르셀 보두앵의 증언 덕분에 이에 대한 상세한 내용을 알 수 있다. 그는 이 분야에 대한 긴 조사를 한 후 자료가 매우 풍부한 책을 펴냈다.

오늘날 같으면 '꼬시기'나 '연애질'이라 불릴 수 있는 마레쉬나주는 처녀들과 사내들 사이에 인정된 것으로 일정 조건하에서 공공연히 자행되었다. 해질 무렵 길가에서, 또는 '붉은 우산 속에 숨어서,' 여인숙의 뒷방이나 지붕 처마 밑에서 말이다. 마르셀 보두앵의 묘사는 당시의 과학주의적인 수사에 치중되고 있고, 막연하게 불쾌한 반응을 투명하게 나타내고 있다. 이로 인해 그것은 더 재미있을 뿐이다.

"그들은 서로 몸을 꽉 죄고 서로 얼싸안는다. 그들은 침대에서 뒹군다! 이윽고 별로 대수롭지 않은 조그만 유희에 이어 신경상의 국부적인 흥분이 오는데, 이것은 중심부의 매개를 통해 신속하게 서로의 생식기에 반향을 나타낸다. 이러한 현상은 오럴적 유희가 주는 기쁨에 아직 싫증이 나지 않은 마레인들일 경우, 매우 진전되어 아주 흔하게 쾌락적인 강한 느낌이 여자와 남자에게 일어난다. 때로는 국부적인 접촉이나 마찰 없이도 남자가 진짜 사정을 하는 경우가 있다는 주장까지 나온다."

"어떤 이들이 주장하는 바에 따르면, 일정 순간이 오면 젊은 처녀는 더 이상 저항하지 못하고 사내에게 자신을 맡겨 버린다는 것이다. 사내는 이러한 조건에서 다양하게 반복해서 그녀에게 수음을 해줄 수 있다고 한다. 그것도 여러 시간에 걸쳐 거의 쉬지 않고……. 또한 사람들이 말하는 바에 의하면, 젊은 처녀 자신이 애인의 음경을 만지는 일에 열중한다는 것이다. 그러나 나는, 실례지만 일반적으로 합의된 관점에서 이와 같은 특별한 수음에 의심이 간다."[25]

마레쉬나주의 예는 여러 이유로 흥미가 있다. 우선 이해해야 할 것은 이러한 전통이 19세기의 보수적이고 매우 가톨릭적인 방데 지방의 중심부에서 관찰된다는 점이다. 이 지역은 사제가 지배하지만 지방적인 옛날의 자유로운 행동들이 혁명에 의해 완전하게 뿌리뽑히지는 않았다. 그리하여 이 전통은 매우 오래된 농민 문화가 지속되고 있음을 증언하고 있는데, 우리는 보통 이것의 복잡한 풍요로움을 과소평가하고 있다. 다음으로 우리가 알아야 할 것은 사회적·가정적 균형에 있어서 마레쉬나주의 효율성이 분명하다는 것이다. 장 루이 플랑드랭은 1830년대에 방데 지방의 사생아 출생률이 프랑스의 다른 어느 지역보다 낮다고 강조한다. 마지막으로 가치 있는 것으로 주목되는 점은, 이와 같은 친근한 전통을 마침내 금지시키게 되는 것은 제3공화국의 시장들이다.

사부아의 알베르주망(albergement) 역시 사랑의 열정을 고려한 동일한 배려로부터 비롯된다. 그것은 처녀들이 침대에 밤샘하러 온 사내들 가운데 한 명을 받아들여 하룻밤을 보내는 것을 허락한다. 젊은이들은 성교하는 것을 제외하고는 온갖 애무를 서로에게 허락했다. 알베르주망은 1609년부터 금지되어 어길 경우 추방의 형벌을 받게 되었지만, 그것은 아주 천천히 사라졌을 뿐이다.

다른 지역들도 유사한 풍속을 경험했던 것 같다. 이 풍속은 광범위하게 실행되었지만 상대적인 신중함으로 여전히 둘러싸여 있었다. 따라서 역설적으로 우리가 그것의 존재를 알게 되는 것은 그것을 비방하는 이들의 증언 덕분이다. 그리하여 1877년에 도버 해협의 젊은이들이 누렸던——매우 극단적으로 치달았던——전통적 연애 행각을 묘사했던 것은 여성의 수음을 반대하는 의학적 팜플렛이다. "하층 계급의 시골 젊은이들이 결혼할 때면, 결혼식에 모인 젊은 처녀들과 사내들은 피로연이 끝나고 무도회가 시작되기 전에 둘씩 짝지어 네다섯 또는 여섯 개의 그룹이 함께 하나의 방으로 숨어든다. 그곳에서 수상한 취미의 야유 같은 것을 나눈 뒤, 그들은 능란하게 어둠 속에 잠긴다. 이때 사내들은 동반한 처녀들을 자신들의 무릎에 안는다. 사랑하는 연인들을 지배하기 위해 자신을 거의 내맡기지 않았던 처녀들은 자신들의 정숙함이 유연한 만큼 기꺼이 손으로 애무를 받는다."[26]

조르주 바타유로 복귀...

유토피아의 실패, 그리고 위반의 행복, 이것이 역사의 진정한 교훈일까? 만약 그렇다면 위반을 쾌락 자체에 결합시키는 관계에 대해 탐구해 보아야 할 것이다. 이 관계는, 우리가 보았듯이 욕망이 해방되는 것과 비례하여 욕망의 강도가 약화되는 것을 보고 질겁한 현대성의 불안을 부추겼던 것이다. 이와 관련하여 조르주 바타유에 대한 호기심의 부활과, 오늘날 그의 작품이 눈에 띌 정도로 관심의 대상이 되어 다시 읽히는 현상은 아마 결코 우연이 아닐 것이다. 60년대 성의 혁명이 한창일 때, 바타유는 우리의 가장 위대한 위반자들(사드·조이스 또는 니체와 더불어) 가운데 한 명으로 추앙되었다. 30년이 지난 지금, 이제 전적으로 그런 것은 아니다.

과거에 신학생으로서 그리스도교와 그가 '젊은 날의 신앙' 이라 불렀던 것에 사로잡힌 바타유는 금지된 것의 존재와 금지의 위반이 욕망 자체의 토대를 이룬다는 관념에 동의한다. 그는 욕망이 비극적 차원을 실어 온다는 확신을 가지고 있었다. "우리가 금지된 것을 준수하면, 그것에 복종하면 그것에 대해 더 이상 의식을 하지 않는다. 그러나 우리는 위반의 순간에 불안——이 불안이 없다면 금지된 것은 존재하지 않는 것이라 할 것이다——을 느끼는데, 이것이 죄의 경험이다. 이 경험은 위반의 완수와 성공으로 이끌고, 이 성공된 위반은 금지된 것을 유지하면서 위반을 즐기기 위해 금지를 유지시킨다."[27]

그러므로 그는 금지 사항들이 사라지게 될 경우, 이것이 그에게 불러일으키는 전적인 공포를 여러 번에 걸쳐서 표현하고 있다. 그가 위반을 설파하고 그 자신의 도발에 열중하고 있을 때(예를 들어 자기 어머니의 시체 앞에서 수음을 하면서)에도 말이다. 그가 사드나 니체에게 반복해서 보낸 경의를 넘어서, 우리는 그의 글 속에서 그가 단절코자 하는 그리스도교로부터 직접적으로 물려받은 주제들과 만난다.

예를 들어 성적 욕망의 속성은 인간의 의지와 이성을 벗어나는 것이라는, 반은 공포에 사로잡히고 반은 매혹된 확인 같은 것이다. 이는 아우구스티누스로부터 곧바로 온 것으로 바타유가 격분하여 그 의미를 전복시키고 있는 관념이다. 바타유는 이렇게 쓴다. "사랑의 행위와 희생이 계시하는 것은 **육체**이다. 희생은 동물의 기관들이 지닌 맹목적 충동을 질서가 잡힌 삶으로 대체시킨다. 에로틱한 충동도 마찬가지이다. 그것은 다혈질적인 기관들을 해방시키고, 이 기관들의 맹목적인 유희는 연인들의 심사숙고된 의지를 넘어 계속된다. 이 심사숙고된 의지에 피로 부풀어오른 이 기관들의 동물적 운동이 이어진다. 이성을 더 이상 통제하지 못하는 어떤 폭력이 이 기관들에 활력을 불어넣어 폭발하도록 만든다. 그리하여 갑자기 이와 같은 폭풍의 초월에 무너지는 마음의 즐거움이 온다. **육체**의 움직임은 의지가 없는 상태에서 어떤 한계를 넘어선다. 우리 안에 있는 **육체**는 점잖음의 법칙에 대립되는 그 과도함인 것이다."[28]

바타유에게 쾌락은 그것이 우리 내부에서 일깨우는 그 동물성의 부분과 한편인 것이다. ("우리를 가장 격렬하게 반항케 하는 것은 우리 안에 있다.") 그는 "사랑이 주는 유일한 최상의 관능적 쾌락은 악을 행한다는 확신 속에 있다"고 단언하는 보들레르(《불꽃》에서)를 기꺼이 인용한다. 《에로티시즘의 역사》의 기막힌 한 대목에서 그가 특히 환기시키는 것은, 바로 쾌락의 순간에 '발견된 비밀을 외치기' 위한 것처럼 '추잡한' 단어들을 우리로 하여금 발설하도록 부추기는 그 억제할 수 없는 반사 작용이다.

보다 의미심장한 것은 그가 그리스도교 공동체 초기 시대에 엔크라티스트 종파들이 사용한 어휘를 거의 한 자도 틀리지 않고 재발견하여, 자연의 통음난무적이고 지칠 줄 모르는 소용돌이 앞에 선 인간의 공포를 묘사하고 있다는 것이다. 바타유에게 성적 금지 사항이 나타내는 것은 인간이 자연의 엄청난 번식적 **낭비에** 굴복하는 것을 거부하는 일이다. 이 자연은 죽음을 지칠 줄 모르고 재처리시켜 생명을 만들어 내고, 죽음을 재생의 조건으로 삼는 괴물 같은 솥 속에서 존재들과 물질을 휘저어 섞는다. 인간의 공포와 그가 갑자기 분명히 발설하는 '아니야'라는 부정은, 이와 같은 무서운 우주적 운동에 복종하지 않으려는 의지로부터 비롯된다.

"성과 죽음은 자연이 무궁무진한 수많은 존재들과 더불어 거행하는 축제의 날카로운 순간들에 지나지 않는다. 그것들이 지닌 의미는 자연이 각각의 존재가 지닌 지속코자 하는 속성인 욕망과는 반대로 실행하는 무한한 낭비이기 때문이다. (……) 마치 인간은 존재들의 까다로운 본성(우리에게 **주어진 것**)이 지닌 불가능한 것을 무의식적으로 단번에 포착한 것처럼 말이다. 이 본성은 존재들로 하여금 인간에게 생기를 불어넣으면서도 어떤 것도 만족시킬 수 없는 그 파괴의 광란에 참여하도록 부추긴다. 자연은 그들이 굴복하기를 요구했다. 그보다 자연은 그들이 달려들기를 요구했다. 인간의 가능성은 극복할 수 없는 현기증에 사로잡힌 한 존재가 **아니야**라고 대답하고자 노력했던 그 순간에 달려 있었던 것이다."[29]

　니체적인 반항으로 기울었던 바타유는 원초적인 동물성의 이와 같은 거부, 다시 말해 그가 '실추의 순간'으로 규정했던 교화적인 거부를 비난했다. 그가 권고한 것은 수천 년 동안 '사유의 질서'처럼 축적되었던 것을 우리 세계에서 제거하여 다시 무질서를 도입하는 것이다. 그는 "목표를 가지는 습관을 자신 안에서 파괴하라고"[30] 우리에게 압력을 가한다. 그러나 자신의 시대(50년대)와 나란히 하면서도 전후의 그 엄청난 구역질에 그 어느 누구보다도 민감했던 그는 적어도 이 모든 것에서 **무엇이 문제인지**를 정확히 알고 있었다.

11

'불멸성의 계획'으로부터 인구통계학적 공포로

결국 누가 엄격주의와 자유주의의 이 거대한 밀물과 썰물에 의해 동요되지 않을 수 있겠는가? 이 밀물과 썰물은 역사에 리듬을 주고, 도덕을 만들었다가 해체시키며, 우리의 유토피아를 자극했다가 좌절시키고 있는 것 같다. 그것도 아주 먼 태초부터 그렇지 않은가? 잘 생각해 보면, 누군들 어떤 측면에서 역사적 수수께끼에 속하는 것에 열광하지 않겠는가? 우리가 이 문제에 대해 규범적인 담론——판단하고 고발하고 정당화하는 등의 담론——을 뛰어넘자마자 대단한 호기심이 앞서게 된다. 그러나 그것은 이번에는 어둠에 부딪친다. 이와 같은 끊임없는 운동을 조직화하고 구조화하는 인류학적인 어떤 숙명성이 존재하는 것일까? 엄격함과 온건주의의 이러한 교대 현상은 보이지 않는 논리에 의해 다원적으로 결정되는 것일까, 아니면 그것은 단순히 이데올로기의 우연과 믿음의 왕래에 따르는 것일까?

이론적으로 보면, 하나의 설득력 있는 대답만 나온다면 시대 속에 울려 퍼지는 대부분의 표면적인 격론·노갈(怒喝) 또는 격투를 헛되게 만들어 버릴 수 있기 때문에 문제는 그만큼 더 근본적인 것이다. 성도덕의 토대를 이루는 것을 소홀히 하면서 성도덕을 논의할 수 있겠는가? 상징적인 표상들이 동반하는 사이클에 대해 탐구하지 않고 이 표상들의 변화를 검토할 수 있겠는가? 그렇다면 시작해 보자!

시대들의 연결 관계를 잘 살펴보면, 우리는 물론 하나의 설명적 요소를 엿볼 수 있다. 그러나 우리는 무한한 주의를 기울이지 않고는 이 요소를 다룰 수 없을 것이다. 그것은 다름 아닌 **인구통계학적 구속**으로서, 종(種)을 영속화시키려는 그 의지이다. 이 의지를 플라톤은, 우리가 보았듯이 '자손에 대한 염려'라고 부르고 있다. 그것은 인류에게 '세대를 통해서 불멸성에 참여시키도록' 만드는 것이다.(《법률》, IV : 721) 달리 말하면, 하나의 사회는 언제나 인구통계학의 도덕을 어느 정도 갖는다는 것이다.[1] 조건적 표현이 아니면 이러한 가능성을 내세우기는 어렵다. 이 문제에 대해 각별한 관심을 기울인 사람이면 누구나 그것이 얼마나 불완전하게 연구되었는가를 확인하고는 놀라게 된다. 아날학파의 몇몇 역사적 업적이나 장 루이 플랑드랭, 또는 필리프 아리에스 같은 이들의 자극적인 몇몇 주목에 비해 볼 때, 얼마나 많은 영역이 황무지 상태에 있는가? 미확인된 인과 관계와 단견으로 끝나는 추측은 또 얼마나 많은가? 사실 인구통계학자들은 자신들의 학문이 지닌 불완전성을 맨 먼저 강조한 자들이다. 1946년에 이 학문의 창설자인 알프레드 소비는 그것을 '미개한' 것으로 규정했다. 그들이 자주 주장한 것은, 특히 성장과 쇠퇴의 계속적인 사이클에 관해서 자신들이 제안하는 설명이 필연적으로 불확실한 성격을 지닌다는 것이다. 이로부터 그들이 이 문제와 관련된 법칙들을 모험적으로 발표하는 데 있어서 무한한 신중성이 나오는 것이다. 인구통계학적 문제들의 정치화에 대해서는 말할 것도 없다. 이 정치화는 다른 데서보다 프랑스에서 더 예민하다.[2]

로마와 쇠퇴의 불안

그러나 우리는 어떤 인구통계학적 사건이 성도덕의 의미심장한 변화로 분명하게 나타난 매우 오래 된 경우들을 알고 있다. 일정한 인구를 몰살시킬 수 있고, 따라서 얼마 동안 출생률을 높여야 한다는 강박관념을 격화시킬 수 있는 일부 대(大)전염병들의 경우가 그런 것이었다. 그리하여 우리가 앞에서 언급한 바와 같이[3] 고대 중국의 상대적인 무심은 적어도 두 번에 걸쳐 이런 유형의 재앙에 의해 교란되었던 것이다. 이 재앙들은 여기에서 매독이란 큰 전염병으로서 16세기초와 1630년대를 중심으로 창궐했다. 그것들은 본질적으로 지나친 정숙과 '가정주의'의 부활을 조장했다. 비록 이와는 반대로 인구의 일부가 더욱 광적으로 쾌락에 몰두하면서, 이와 같은 병적인 불안에 반응을 나타낼 수 있었지만 말이다.

그리스도교의 초기에 이교도·그리스도교도·유대인, 로마의 법률가를 한데 참여시킨 신학적·철학적 대토론들 역시 우리가 생각할 수 있는 만큼 인구통계적인 현실로부터 초연한 것이 아니었다. 출생을 높이려는 불안은 기원후 초기 두 세기 동안(이 두 세기는 인구의 엄청난 증가에 의해 특징지어졌다)은 대수롭지 않았으나, 4세기부터 아주 중요한 역할을 수행한다. 사실 로마 제국에서 평균 수명은 당시 25세를 넘지 않는다. 감소된 인구의 부활을 보장하기 위해 여자마다 평균하여 5명의 아이를 낳아야 하는 것이다. 결혼 적령은 약 15세이다.[4] 로마 사회는 인구통계상의 모든 리듬 변화에 극도의 취약성을 노정하며 시달린다. 로마 군단의 병사들이 부족한 것에 대해선 말할 필요도 없다. 이런 유형의 상황을 보다 잘 이해하기 위해서 생각해야 할 것은 남반구의 일부 국가들에 나타나는 그 '예비적인 출생률'인데, 이것은 오늘날에도 여전히 가장 가난한 자들로 하여금 아이들을 많이 낳아 자신들의 노후에 생존하기 위한 담보로 삼도록 하고 있다.

우리가 알다시피, 2세기를 중심으로 그리스도교 또한 결혼을 찬양하면서——예를 들면 알렉산드리아의 클레멘스를 통해서——그노시스파나 엔크라티스트들의 경향에 **반대하는** 주장을 펴려고 노력한다. 그런데 로마 제국의 인구통계적 상황은 불안을 야기하는 것은 아니다. 반면에 쇠퇴의 시기였던 4세기와 5세기에는 거친 논쟁들을 통해 로마 당국은 그리스도교 사상가들과 대립하지만, 근대에 비하면 덜 폭력적이다. 출생률을 높이고자 한 염려는 로마인들과 일부 황제들에 해당되는 사항으로서, 이들은 쇠퇴에 대한 불안에 이끌려 인구 증가를 찬성하는 법안들을 가결시키도록 했다. 반대로 그리스도교도들은 필요에 따라서 맬서스의 이론이 나오기도 전에 맬서스적인 고찰에 입각하여 순결과 독신에 가치를 부여하는 경향을 나타낸다. 《처녀성》이란 개론서에서, 크리소스토무스가 주장하는 것은 지구가 이미 만원 상태이기 때문에 더 이상 아이를 낳을 필요가 거의 없다는 것이다. 사실 사모사타(지금의 터키 삼사트)의 루키아노스 같은 이교도 작가도 《연인들》에서 동일한 논지를 이용했는데, 이는 "너무도 높은 인구 밀도 때문에 생식을 해야 한다는 염려로부터 해방된 사회에서 육체적 사랑의 궁극적 세련됨이라 할 수 있는 동성애를 찬양하기"[5] 위한 것이었다. 아리스토텔레스로 말하면, 그는 '아이의 증식이 제한되어야 한다는 것'을 주장하기 위해 지구가 인구로 넘칠 수 있다는 가능성을 제기했다.

그러나 전반적으로 볼 때, 출생률을 높이려는 로마의 염려는 이 시기부터 육체에 대한 그리스도교도들의 불신과 충돌한다. 일부 역사가들의 말을 믿는다면, 로마 세계의 인구통계적인 상황은 당시에 위기를 나타내고 있다. 그런데 그리스도교는 점점 더 영향력이 커지고 있다. 그리하여 "교회는 아우구스투스의 인구 증가를 찬성하는 법안들의 폐지를 선언하고 이를 관철시켰다. 왜냐하면 이 법안들이 독신과 결혼에 있어서 순결의 고취를 방해했기 때문이다."[6] 그리하여 장 루이 플랑드랭에게 그리스도교 교의가 인구통계적인 필요와는 반대 방향으로 가고 있었다는 것은 의심할 여지가 없다. (프랑스의 교회는 우리가 앞으로 보겠지만, 근대에 와서야 출생률을 높이는 데 찬성하게 되었다.)

계제 나쁜 도덕?

성직자들의 독신 원칙에 집착한 교회[7]와 인구 감소(이는 군사력의 상실과 동일시되었다)의 위기 의식에 사로잡혀 있는 세속 권력 사이의 이와 같은 대결은 여러 세기 동안 거의 동일한 상태 속에서 지속된다. 1348-49년의 대페스트가 지나간 후, 도시 인구가 3분의 1로 줄어들고 지속적인 인구통계상의 위기가 시작될 때 출생률을 증가시키려는 강력한 반작용이 주목된다. 이 반작용은 동성애·수음 등과 같은 것들의 고발로 나타난 당시의 교화적인 경직성과 무관한 것이 아니다. 그러나 이 반작용은 종교적이라기보다는 더 세속적인 발상에서 비롯된 것이다. 더구나 그것이 직접적으로 표적을 삼은 것이 성직자들의 독신이다. 자크 로시오는 이렇게 주목한다. "15세기초에 일부 세속 작가들이 성직자들의 독신이나 수도사들의 독신을 고발하고, 처녀성의 우월성에 이의를 제기하는 현상까지 보여진다……. 법률가 기욤 세녜가 1412년에 쓴 《인간성에 대한 한탄》 같은 것이 그런 책이다. (……) 뿐만 아니라 15세기에 프랑스의 부르주아 가정들은 자신들의 딸들을 수도원에 보내는 데 있어서 기꺼운 마음이 전보다 훨씬 덜하다. 이러한 측면은 '아이를 낳아야 한다'는 동일한 범주의 관념 속에서 나타나는 현상이다."[8]

반대로 우리가 강조해야 할 것은 12세기의 사랑스러운 분위기는 성도덕이 완화되고, 쾌락에 대한 기호와 자연에 대한 사랑이 전개되는 현상으로 나타나는데, 이는 유럽 전체에서 인구통계학상 비약의 시기와 일치한다는 것이다. 이 비약은 11세기초부터 시작된 것이다. 따라서 당시에 교회가 금욕과 카타르파에 대항하고, 결혼의 신성한 생식성을 위해 벌인 투쟁은 세속적인 필요에 따른 것이 전혀 아니다. 세속적인 모든 논리에서 본다면, 출산에 대한 보다 적절한 통제와 독신 찬양의 강화가 더 바람직했을 것이다. 그러나 우리가 또한 주장할 수 있는 것은——일부 역사가들이 플랑드랭의 견해에 찬성하지 않고 주장하는 바와 같이——교회가 11세기부터 의례상의 일정표에서 발상을 얻은 금욕 기간들을 줄여 줌으로써 인구통계상의 회복이 수월해졌다는 것이다. 어쨌든 주목해야 할 것은 당황스러운 우연의 일치라는 것이다.

먼 중세의 이교도 공동체들에서 출생률을 증가시키려는 염려는 유아 사망률이 매우 높은 것을 참작하여 도처에 나타난다.

그것은 성관행, 금지 사항들, 그리고 간략히 말해 도덕이라는 것에 대해 직접적으로 영향을 미친다. 하나만 인용한다면, 프랑크족 사회는 생식을 용이케 해야 한다는 배려에 완전히 지배되고 있다. 이 사회에서 아이는 모든 재산 가운데 가장 값진 것으로 간주된다. 그의 죽음은 회복할 수 없는 재앙이다. 그렇기 때문에 그것은 엄격하게 확인되며, 이 확인은 미리 예상하는 것을 포함한다. "아이를 낳을 수 있는 나이에 있는 자유로운 처녀를 죽인 사람은 누구나 6백 수를 지불해야 한다. 왕의 직신(直臣)이라도 그러하다. 그러나 어떤 여자가 폐경 후에 살해되었다면, 2백 수만 내면 된다. 하지만 그녀가 임신 상태에서 맞아죽게 된다면 7백 수의 벌금을 내야 한다. 그로 인해 뱃속의 아이도 죽는다면 이에 대해 1백 수를 더 내야 한다. 6세기에 공트랑 왕은 추가적인 조항을 공포하게 되는데, 이는 아마 이런 종류의 범죄가 증가되었기 때문일 것이다. 이제 임신한 여자를 살해한 경우에 6백 수를 지불해야 하고, 여기다가 죽은 아이가 사내일 경우에는 6백 수를 더 지불해야 하는 것이다. 이보다 더 명료할 수가 있겠는가!"[9]

16세기와 17세기, 출생률과 성도덕 사이의 관계에 대한 규범적 또는 정치적 논쟁이 항상 이와 같은 정연한 논리를 지니는 것은 아니다. 생식의 메커니즘이 아직 제대로 알려져 있지 않고——우리가 갈레노스와 아리스토텔레스를 관련하여 보았듯이, 서로 다른 해석들을 내놓는 사회에서 어떻게 다른 상황이 있을 수 있겠는가? 이 시기에, 예를 들어 로랑 조베르(《민중의 오류》, 1587) 같은 작가들은 너무 잦은 성생활이 **불임의 원천**이라고 생각하고 있다. 이런 종류의 주장들은 그것들이 절제라는 아리스토텔레스적인 이상과 그리스도교적 순결의 이상과 동시에 합치하기 때문에 그만큼 더욱 잘 수용된다. 그것들은 여러 측면에서 섭리적인 것처럼 나타난다. 그 이유는 우선 그것들이 출생률에 대해서 태곳적부터 내려온 이교도적 강박관념과 성적 규율에 대한 그리스도교의 염려를 화해시키기 때문이다. 다음으로 그것들이 세속 권력과 교회——이 둘은 자주 갈등 관계에 있다——에 화합의 영역을 발견하게 해주기 때문이다. 부부간의 열정을 조절함으로써 그리스도교 도덕은 이제부터 인구통계의 적으로만 인식되지는 않게 된다.[10]

희망의 인플레이션

그뒤로 사정은 보다 이해하기 쉽게 된다. 역사가들은 계몽주의 시대와 금세기초 사이에 두 개의 커다란 모순적인 인구통계상의 반전을 지적하는 습관이 있다. 하나는 18세기 중반부터의 갑작스러운 비약이고, 다른 하나는 19세기말경에 맹렬해지는 추락이다. 이 두 개의 단절을 풍속 및 법률의 변화와 비교 대조하여 논하는 것은 시도할 만하며, 이는 충분히 정당하다고 할 것이다.

첫번째 양상에 관해서 엠마누엘 르 로이 로드리는 '희망의 팽창적인 상승'이라는 기막힌 표현을 사용하고 있다. 그가 1740-50년경에 확인되는 인구통계상의 비약 속에서 보는 것은 근대성을 예시하는 일종의 낙관론적 불꽃이다. 실제로 갑작스럽게 출생률이 사망률의 수준에 이르는 경향을 보인다. 인구통계가 개선될 뿐 아니라 평균 수명도 길어진다. "25세경에 결혼하는 이는 이제 앞으로 약 35년간의 삶이 있었다. 그런데 그의 조부모나 증조부모는 그것을 20년에서 25년밖에 가지지 못했던 것이다. 오랫동안 다소간 규칙적으로 인구를 몰살시켰던 전염병들은 퇴치된 것 같았다. 가장 최근의 페스트는 1710년 마르세유를 강타했다. (……) 요컨대 개인주의의 생물학적 조건들이 획득된 것이다.”[11]

대단한 규모와 중요성을 지닌 이러한 현상은 의심할 여지가 없다 할지라도, 그것에 대한 역사가들의 해석은 아직 통일되어 있지 않다. (필리프 아리에스는 이 현상의 원인을 실질적으로 설명하는 것이 불가능함을 강조하고 있다.) 어쨌든 우리는 가정의 단계에 머물러 있다. 이 현상이 현재 통용되는 도덕에 미친 영향과 관련하여, 우리가 주장할 수 있는 것은 이와 같은 인구통계상의 비약이 출생률을 증가시키기 위한 강박관념의 압박을 줄여 줌으로써, 17세기 이래 존재하고 있던 금욕주의에 대한 경향을 조장했다는 것이다. 이 금욕주의는 얀센파의 금욕주의로서, 자제하고자 고심하는 태도를 지배적으로 나타냈는데, 차례로 두번째 단계인 쇠퇴를 준비했다고 볼 수 있다. 이 쇠퇴는 19세기말에 일어나게 된다. 이웃 국가들과 비교해 프랑스는 실제 피임에서 선구적인 국가로 나타난다. 이 피임은 당시에 정확히 ‘자제’에 토대를 두고 있다. “역사적 인구통계학의 업적은 출생을 제한하려는 매우 조숙한 의지인 프랑스인의 독특함을 강조하고 있다. 30년 전부터 수행된 연구 덕분에 확증할 수 있는 것은, 프랑스인 부부들이 혁명 이전에 자손을 제한하려 시도했다는 것으로서, 이는 이웃 민족들보다 한 세기가 앞선 것이다.”[12]

인구통계상의 이와 같은 긴 봄——17세기 중엽부터 19세기 초까지——이 나타나게 된 최초의 원인들이 잘 알려져 있지 않다면, 도덕적 논쟁에 미친 그것의 결과는 약간은 보다 잘 알려져 있다. 물론 프랑스의 교회는 이혼의 복원을 반대했다.[13] 그러나 실제에 있어서 교회는 부부간의 성에 대한 교리적 입장을 완화시켰다. 당시에 사람들이 공감을 느낀 두려움이 있다면, 그것은 오히려 인구 과잉에 대한 두려움이었다. 프랑스는 유럽에서 인구가 가장 많은 나라였다. 나폴레옹 치하에서 그의 군대는 대륙의 거대한 동맹군에 버틸 수가 있었을 정도였다. 프랑스가 누린 인구통계상의 압도적 우위는 나폴레옹의 서사적 원정을 설명하는 열쇠 가운데 하나가 되기까지 한다. 나폴레옹 황제는 자신이 마음대로 사용할 수 있는 예비 병력에 쉽게 호소했던 것이다. 그가 인간의 목숨을 아끼지 않는 모습을 보였다고 말하는 것은 대수로운 일이 아니다. 예를 들어 1812-13년에 러시아 원정 하나로 몇 달 만에 나폴레옹 대군 가운데 약 40만 명의 병력이 목숨을 잃었다. 물론 모두가 프랑스인은 아니었다. 혁명 시기와 나폴레옹 전쟁 동안에 누적된 손실 병력은 1백만 명을 훨씬 넘는다. 프랑스는 엄청난 인력 수단을 가지고 있었던 셈이다……

아이를 낳아야 한다는 필요성은 아직 국가적인 긴급 사항으로 간주되지 않고 있다. 전혀 그렇지 않다. 따라서 성적 쾌락을 유일하게 정당화시키는 것은 출산이라고 보는 부부간의 도덕을, 성직자들이 엄격히 강요하는 것을 포기하는 일이 아주 흔히 있었다. "사망률의 하락은 임신과 관련해 교회의 견해를 엄격히 적용하는 것을 견디기 어렵게 만들었다. 프랑스 성직자의 상당 부분이 이 문제를 매우 의식하고 있었던 것으로 나타났으며, 그리하여 그들은 원칙을 적용하는 일을 단념했던 것이다."[14] 교회가 조건부로 피임을 받아들이는 방향으로 일은 진행되었다.

'인구 감소의 위험'

19세기의 4반세기 동안에, 다시 말해 1870년의 프러시아 전쟁이 있고 난 후 얼마 안 가서 모든 것이 전복된다. 인구통계상의 경향이 갑작스럽게 전복되는 현상은 사실 19세기초에 시작되었지만, **스당의 대패 이후 곧바로** 집단적인 불안을 전적으로 야기시키게 되고, 몇 년 안에 결혼·성생활·출산과 관련하여 모든 관점을 뒤집게 만든다. 이제 인구 감소의 위험이라는 강박관념에 사로잡힌 정치 권력과 교회는 때로 민족주의적인 열광이라 할 정도로 출생률을 높이려는 수사를 사용하는 데 서로 경쟁을 하게 된다. 실제 임신의 감소는 세대 교체를 더 이상 허용하지 않았다. 더욱더 심각한 것은 프랑스인들이 프랑스가 인구 변화에 있어서 다른 유럽 국가들——특히 프러시아——보다 뒤처져 있다는 것을 갑자기 알아차렸다는 것이다. 이러한 자각은 거의 1세기 동안 프랑스 역사를 지배하게 되는 진정한 심리적 충격(한 연구자는 이를 '프랑스인의 인구통계적 공포'라고 쓰게 된다)의 발단이 된다. 사람들은 도처에서 '민족적 분발'을 요구했다. 1896년에는 인구증가연맹이 결성되고, 이어서 1900년에는 아이가 많은 가정들을 보호하기 위한 상원위원회와 하원의 단체가 형성된다.

세속적인 측면을 보면, 사람들은 다시 한 번 학문에 도움을 청한다. 새로운 '위험'을 다룬 사회학적 또는 정치적 간행물들이 증가된다. 의학·역사·공화국 도덕이 프랑스인들의 출산

권장에 기여하도록 동원된다. 여자는 어머니가 되지 않으면 여자로서 진정한 개화(開花)를 경험할 수 없다는 설명이 나오고, 그것도 가능한 한 많이 아이를 낳아야 한다는 것이다. 교회도 가만히 있지 않았다. 오래 전부터 교회는 이 문제에 대해 망설이는 자세를 보여 왔고, 출생을 장려하는 입장 표명을 거부했다. 이런 시기는 이제 끝난 것이다. 주교들은 이제 아이들의 탄생을 요구하기 위해 공화국의 목소리에 자신들의 목소리를 합류시켰다. 그들은 이런 일을 서로서로 추진하게 되는데, 그들의 호언장담은 날짜가 분명하게 드러나고 있다. 1872년 7월 14일, 보베에서 스위스의 대주교 카스파르 메르미요는 프랑스 국민에게 이렇게 호소하고 있다. "여러분은 더러운 계산을 하여 요람을 아이들로 채우는 대신 무덤을 팠습니다. 이것이 병사들이 부족한 이유입니다." 1886년에 로마 교황청은 처음으로 고해 신부들에게 명령을 내려 '합당한 의심'이 갈 경우에 고해자들에게 피임을 실시하는지에 대해 질문하도록 조치한다.

　교리적인 차원에서 보면, 인구 증가 계획을 뒷받침하기 위해 일부 신학적 텍스트들이 다시 동원된다. 그리하여 1909년 메르시에 추기경은 토마스 아퀴나스에게 도움을 청하고 있다. 토마스 아퀴나스는 《신학 대전》에서 출산을 다음과 같은 표현으로 신성화했던 것이다. "신은 인간의 출산 행위에 성적 쾌락을 결합시켰다. 음식에 미각적인 만족을 결합시켜 놓았듯이 말이다. 이와 같은 감각적인 환락에 대해 말해야 할 점은 그것이 신이 원하는 질서에 들어갈 때만 합당하다는 것이다. 따라서 성적 쾌락은 그것이 출산의 행위로 방향이 정해질 때만 합당한 것이다. 그것이 합법적인 결혼 상태에서 정상적인 행위와 직·간접적인 관계가 없이 추구된다거나 생식의 행위에 적합치 않은 방식으로 추구될 때는 나쁘고 죄를 짓는 것이다."

이와 같은 출산 장려 운동은 그리스도교 역사상 처음 있는 일이다. 당시까지 로마는 애국적인 관심사에 대해 상대적으로 거의 무심함을 나타냈던 것이다. 교회는 이제 출산의 통제를——그것도 오랫동안——목표로 삼게 된다. "임신을 하지 않으려는 관행의 문제에 대해 교리가 경직화되는 현상은 이처럼 원래 프랑스의 인구통계적 상황과 밀접하게 연결되어 나타난다. 그것은 20세기초에 그 윤곽이 잡혀 지속적으로 두드러지게 표현된다."[15]

이러한 교회의 노력을 몇몇 수완 있는 선전자들이 이어받는다. 예수회 수사인 조제프 오프노, 오를레앙의 생트 파테른 성당의 신부이자 《가정의 해체》(1903)와 《빈 요람》(1917)이라는 환기적 제목을 단 두 책의 저자인 샤를 기비에 같은 자들이 그들이다.

독일과의 대결이 심해지면 심해질수록 사람들은 더욱더 제1차 세계대전에 다가가고 있었으며, 출산 장려를 위한 선전은 더욱더 강화되었다. 1912년과 1914년 사이에 나온 여섯 통의 사순절 편지가 중심 주제로서 인구 감소를 채택하고 있다. 이 편지들 가운데 두 개(앙제와 베르덩에서 발표된 것)가 인구 감소를 '재앙'처럼 말하고 있다. 샤를 기비에 신부——그는 곧바로 베르사유의 주교가 된다——는 출산을 장려하는 옹호문들 가운데 하나에서 주장하기를, 자신의 계산에 따르면 독일은 15년 이내에 우리보다 두 배 이상의 징병 대상자를 가지게 될 것이라는 것이다. 역설적으로 동일한 인구통계상의 불안이 독일에서도 나타난다. 물론 이 불안은 근거가 보다 빈약한 것이긴 하지만 말이다. 1915년에 H. A. 크뢰제 신부는 예수회의 잡지인 《우리 시대의 목소리》에 하나의 기사를 싣는데, 여기서 그는 특히 이렇게 쓰고 있다. "독일인의 출생률 수치가 불안할 정도로 떨어짐으로써 야기된 활기찬 문학적 논쟁 속에서 계속해서 강조되는 것은, 이러한 현상이 독일의 세계적 위상에 대해 나타내는 위험이다."

다음 주제로 넘어가면서 우리가 주목해야 할 것은, 이와 같은 민족주의적인 분위기를 이용하여 프랑스의 출생률 감소와 외국인 이민에 의한 '침입'의 위험성 사이의 관계가 이미 성립되었다는 것이다. 이 관계는 우리가 알다시피 미래에 다루어지게 되어 있는 주제이다. 1903년에 샤를 기비에는 《가정의 해체》에서 다음과 같이 쓸 수 있었던 것이다. "우리 인구가 아직도 3천8백만을 유지하고 있다면, 그것은 우리 사회에 넘치는 외국인들 덕분이다. 지난날 이들은 수백 명에 불과했지만 지금은 수천 명에 달한다. 머지않아 그들은 수백만 명에 달할 것이다. 우리 민족은 낯선 외국인이라는 요소가 점증적으로 침투함으로써 위협을 받고 있다."

'부부 수음'에 대한 부정

거리를 두고 보면, 우리는 19세기말과 제1차 세계대전 사이에 모든 것이——문자 그대로 **모든 것이**——혼연일체가 되어 성과 관련해 출산 장려의 엄격주의적인 도덕을 부각시키고 있다는 사실에 놀라움을 금할 수 없다. 이 도덕이 바로 프랑스에서 60년대초까지 위세를 떨치게 되는 것이다. 쾌락도 쾌락주의도 더 이상 화젯거리가 되지 않는다. 때는 푸른 제복을 입은 병사들을 낳는 침실들, 알자스 로렌 문제, 식민지화, 그리고 독일에 대한 '대복수'[16]의 꿈, 이런 것들이 뒤얽힌 시대이다. 공화국은 아이들, 다시 말해 노동자들과 병사들을 요구했다. 이로부터 요람을 중심으로 우파와 민간 좌파를 하나의 통일된 성스러운 결합으로 결집시키는 그 교화적인 약동이 나온 것이다. 경제적인 차원에서, 우리는 어떻게 이미 산업 혁명이 부르주아의 발상에서 나온 성도덕, 적어도 공적으로는 용의주도하고 엄격한 그 성도덕을 강화시켜 주었는지 고찰한 바 있다. 사태는 여기서 멈추지 않는다. 교회는 공화국의 입장을 받아들이지 않았지만, 애국심과 인구통계의 영역에서 소외되고 싶지 않았다. 따라서 교회는 산아 제한과 '부부 수음'이라 불리기 시작한 것을 악마적 행위로 규정하며 출생 장려와 관련하여 한술 더 뜨게 된다.

출산을 장려하는 이와 같은 이중의 재촉은 맬서스주의적인 경향의 반발을 야기시킨다. 이 경향은 1909년에 '복부 파업'을 하라고 호소하게 되고, 프랑스의 정치적 풍경 속에 지속적으로 뿌리를 내리게 된다. (예를 들어 1968년에 그것은 다시 나타난다.) 부부들에게 보내는 로마의 새로운 메시지는 바로 성직자들의 내부에서 매우 단호하게 받아들여져 실질적인 당혹감을 야기시킨다. 사제들과 고해 신부들은 다음과 같은 딜레마 앞에 놓이게 된 것이다. '부부간의 수음'을 단호히 단죄하고, 횟수를 고해성사에서 고백하라고 요구하며, 그 대신 수음을 단념할 준비가 되지 않은 대부분의 그리스도교들과의 접촉을 단절해야 한다. 아니면 접촉을 유지하기 위해 입을 다물고 지극히 관용적이거나 해이한 것처럼 보이는 것이다. 《성직자의 친구》 같은 가톨릭 잡지는 이와 같이 고통스러운 양심의 논쟁을 죄의식과 혼란을 바탕에 깔고 반영한다. 20세기 중반까지 피임은 어떤 형태이든 배제시키며, 출산을 장려하는 이와 같은 재촉은 '고해 신부들의 십자가'로 간주된다. 요는 성행위가 도덕신학이 요구하는 요소들에 부합하도록 해야 한다는 것이다. 즉 '당연히 들어가야 할 음부'에 삽입시키고, 정액을 사출하여 "이 정액이 자궁 속에 유입되어 적절한 시간 안에 임신을 시켜야 한다"는 것이다.

바로 이 시기에 아우구스티누스의 매우 엄격주의적인 해석이 다시 적용된다. 사람들은 결혼과 색욕에 대한 그의 주장을 즐겨 인용했다. "부부가 그런 지경에 있다면, 그들은 배우자라는 이름을 받을 자격이 없다. 처음부터 그들이 그러했다면, 그들이 결합한 것은 결혼하기 위한 것이라기보다는 간음에 빠지기 위한 것이리라. 두 사람 모두가 그런 것이 아니라면, 내 감히 말하건대 여자는 어떤 식으로든 남편의 창녀이든가, 아니면 남자가 아내의 간부(姦夫)일 것이다."

물론 프랑스인들에게 많은 피를 흘리게 했던 제1차 세계대전은 강박관념적인 이와 같은 엄격주의를 심화시켰을 뿐이다. 그것도 오랫동안 말이다. 전쟁 초기에 겪은 대학살과 군사적 어려움은 프랑스가 인구통계상으로 취약하기 때문인 것으로 돌이켜 생각되었다. 1940년에 패배의 원인이 인민전선의 '비도덕성' 탓으로 돌려졌듯이 말이다. 1919년 드 기베르그 주교는 《가톨릭 의식 앞에 출생률의 위기》라는 책에서 이렇게 쓰게 된다. "아버지들과 어머니들이 자신들의 의무를 이행했다면, 1914년 독일이 전쟁을 감히 선언하지 못했을 것이다. 따라서 비도덕성은 이 전쟁의 첫번째 원인이다. (……) 초기에 우리는 독일군의 압도적인 수적 우세 앞에서 후퇴해야만 했던 것이다."

이때부터 "인구 결핍은 희생양이 되고, 프랑스는 자신의 패배들, 세계적·대륙적 우월권의 상실, (이윽고) 한 제국의 상실과 권력 및 영향력의 준엄한 쇠퇴, 이런 것들을 이 희생양에다 무의식적으로 뒤집어씌웠다. (이와 같은 정신 상태는) 일차적이고 본능적이며, 거의 생물학적인 방어적 반작용의 태도를 취했고, 이는 생존 경쟁에 돌입한 유기체의 반작용 같았다."[17]

1919년 9월, 낭시에서는 상공위원회의 주관으로 제1회 전국출산장려대회가 조직되었다. 더욱 의미심장한 것은 그 이듬해 압도적인 다수(찬성 500표, 반대 73표)로 하원은 1920년의 유명한 법안을 통과시켰다. 이 법안은 낙태에 대한 직·간접의 모든 선동을 제재하며, **피임에 대한 모든 정보마저도** 제재를 가하도록 되어 있다.[18] 이 법안은 1967년까지 유효하게 되는데, 이 해에 피임을 허용하는 뇌비리트 법안이 통과되었던 것이다. 교권에 반대하는 정당들이 앞장서 1920년의 법안에 찬성표를 던졌다. 이는 인민전선이 다수를 차지한 의회가 1939년 7월 29일 가정법을 통과시킨 방법과 같다. 가정법이 탄생한 것을 때때로 비시 정권으로 돌리고 있는 이들이 있는데 이는 지나친 것이다. 이처럼 인구를 증가시키겠다는 의지주의는, 특히 프랑스인들의 합의가 되었다.

성도덕은 지난 세기들의 성도덕과 비교해 볼 때 그 어느 때보다 더 억누르는 것이 되었다. 아주 오래 전부터 그리스도교도들을 포함해 프랑스인들이 실시해 온 피임을 단지 교회만이 '오난의 죄'와 동일시한 것은 아니다. 공화국이 볼 때도 피임은 형법적으로 처벌해야 할 범죄의 잠재적 원천이 된 것이다. 인구 증가의 수단과 이것에 결부된 환상이 이번에는 공식적인 도덕에 대한 직접적인 중대 결과를 야기하고 말았다.

기만자들을 고발하라!

　제1·2차 세계대전간이 ——비시 정권과 더불어—— 이와 같은 교화적인 국면의 절정을 나타낸다는 것은 의심의 여지가 없다. 돌이켜볼 때, 이와 같은 과도한 현상은 거의 믿을 수 없을 정도이다. 민간 쪽을 보면, 의학적 담론은 아이가 없는 여자들을 환기시키자마자 종말론적 말투를 쏟아내고, 사람들은 이 여자들이 이제 온갖 종류의 질병을 앓을 것이라고 단언한다. 20년대에 보르도의 한 의사(로레)는 출산 장려를 위한 지역회의에서 "여자는 생리학적인 충만감을 임신과 수유 기간 동안에만 느낄 수 있다"고 주장했다. 1929년, 브뤼셀의 의사 R. 드 귀슈트네르는 《산아 제한》에서 피임이 여자의 결정적 불임을 가져올 위험이 있으며, 섬유종과 신경질환을 유발시키게 할 수 있다고 발표한다. 1930년에 자크 세디요 박사는 '기만자들의 신드롬'이라는 더욱 기괴한 개념을 도입한다. 그의 설명에 따르면, 신경성 부인병은 왕성한 생식 능력을 가진 여자가 남자의 정액을 받아들이는 것을 소홀히 할 때 올 수 있다는 것이다. 이보다 앞서 인용한 귀슈트네르 박사는 1931년에 새로운 가정을 주장하게 되는데, 이에 의하면 임신 거부는 자궁암을 조장할 수 있다는 것이다.

　교회 쪽을 보면, 30년대에서 50년대까지 '부부간의 수음'에 반대하는 투쟁이 마치 십자군 전쟁 같은 양상을 띠었다. 그리하여 산아 제한에 대한 논쟁은 전면에 등장하고, 로마는 경직되어 비타협적인 자세를 고수했다. "부부간 잠자리는 정숙해야 한다고" 환기되었고, 이 정숙함이 '모독'되는 경우는 비난받았다. 그러나 일부 그리스도교도들——특히 지식인 그리스도교도들——은 항의하기 시작했고, 부부의 행복과 자유에 보다 주의 깊은 신학을 주장했다. 30년대 초반부터 두 명의 부인과 의사인 오지노와 크노스는 새로운 피임법에 대한 연구 결과를 발표했는데, 이 방법은 월경 주기에 따른 기질 변화의 고찰에 근거하고 있다. 세부적인 일이지만 의미 있는 것은 그들의 안내 책자를 쿠블비(이제르에 있다)의 수도원장이 배포했다는 것이다. 그런데 이는 상당한 과감성을 드러낸 것이다. 왜냐하면 이 책자는 이론적으로 1920년의 법안에 저촉되어 저자들이 고발될 수 있기 때문이다.

그러나 1930년 12월 31일 교황 피우스 11세가 발표한 유명한 회칙 '카스티 쿠누비'(순결한 결혼)는 그리스도교도들 사이에 태어나려 했던 자유주의적인 희망에 종말을 고하게 만들었다. 이 회칙은 바티칸이 어떤 피임도 적대적이라는 것을 재확인시켜 주었다. 슬로건은 여전히 '성장하여 번식하라'는 것이었다. 교황 피우스 12세가 산아 제한의 원칙을 암시적으로 받아들이기까지 아직도 20년을 더 기다려야 했다.[19]

우리가 과소평가해선 안 되는 것은 로마의 이와 같은 보수주의가 가져온 불행한 결과이다. 많은 그리스도교 커플들이 조화로운 성생활을 하면서 자신들의 종교적 신앙과 임신을 제한하고자 하는 의지 사이에 찢어지는 아픔을 느꼈다. 이 시기에 쌓인 증언들과 교구 신도들이 자신들의 고해 신부에게 보낸 편지들은 감동적인 고백들을 담고 있다.[20] 은밀한 고통과 떠안은 슬픔, 억제된 쾌락, 상실된 사랑이 얼마나 많은가? 마르틴 세브그랑은 이렇게 평가한다. "이와 같은 질문들 뒤에서는 '고집불통'으로 규정된 교회에 대한 은연한 반항의 윤곽이 뚜렷이 드러나고 있었다. 교회는 불가능한 것, 실현 불가능한 것을 명령했고, 가장 확신에 찬 그리스도교 가정들에 부조리한 선택을 하도록 만들었다. 세 아이를 둔 한 아버지는 1936년에 비올레 신부에게 편지를 써 '구원을 요청했다.' 그는 자신의 의식 상태를 이렇게 설명했다. "저는 현재로선 모든 성적 접촉을 삼가야 한다는 것을 알고 있습니다. 그러나 노력을 해도 그렇게 할 수가 없습니다. 아니 그보다 내가 그렇게 할 수 있을 때 나는 큰 슬픔, 사는 것에 대한 깊은 혐오를 맛봅니다. (……) 요컨대 한편으로 제가 신성한 법을 따르면 삶에 대한 애정과 취향이 파괴되어 버립니다. 다른 한편으로 제가 기만적인 관계를 가지며 불복을 하면 나머지 모든 게 잘 됩니다."

그런데 역사의 아이러니와 '위반'의 새로운 복수라 할 수 있는 것이 보여진다. 그것은 다름 아닌 당시의 통계들이 바티칸의 경직성에도 불구하고 그리스도교도들이 계속해서 피임을 하고 있다는 것을 보여 준다는 것이다. 임신율의 하락은 30년대에도 지속되었다. 그리고 더욱 의미심장한 것은 가톨릭의 영향이 강한 지방의 도(道)들에서 전체 임신이 무신앙 지역의 그것과 접근하고 있다는 것이다. 사실 역설적인 것은, 필리프 아리에스가 보여 준 바와 같이 출산을 제한하려는 고심이 근본적 가치로서 가정에 대한 애정과 항상 양립하는 것은 아니라는 점이다. 그의 설명에 따르면, 당시의 모델은 "한두 명의 아이의 보다 나은 미래를 준비하는 데 몰두한, 신중하고 계산적이며 예측적인 가정의 모델이었다. 이러한 조건들 속에서 출산의 감소가 어떤 쾌락주의의 부상과 부합했던 것은 아니다. 그것은 반대로 삶에 대한 금욕주의적 견해와 일치했다. 이러한 견해 속에서 성적 쾌락을 포함해 모든 것은 인내를 가지고 다음 세대를 기르는 일에 희생되었다."[21]

　출생을 장려하는 이데올로기, 가정의 추락, 성에 관한 정숙한 엄격성, 이 모든 것이——협력한 것은 아니지만——말하자면 비시 정권하의 분위기를 미리 그려내고 있었다. 1940년의 패배 이후, '노동·가정·조국'이란 슬로건을 내세운 필리프 페탱의 프랑스 국가는 프랑스의 현상을 잘못 해석한 것이 전혀 아니었다. 어쨌든 이 영역에서 프랑스는 그보다 훨씬 이전의 전체적 분위기 속에 자리잡았다. 이러한 관점에서 페탱주의는 페탱을 폭넓게 앞서 버리게 되었다.

　바로 이 시기(1938)에 《사랑과 서양》이란 책이 나온다. 이 책은 개신교도인 드니 드 루즈몽이 쓴 것으로, 많은 점에서 예언적인 뛰어난 저작이다. 그는 이 저서에서 특히 정념이라는 매우 서양적인 관념에 대해 고찰한다. 이 정념은 이졸데를 사랑하는 트리스탄이 구현하는 것으로, 그것의 도덕은 안정과 영속성을 전제하는 결혼의 도덕과 대립된다. 루즈몽의 분석은 60년대의 개인주의적인 대논쟁을 예고하고 있다.[22]

1942-43: 예기치 않은 반전

　상당히 기현상이라 할 수 있지만, 프랑스의 인구통계가 다시 반전하게 되는 것은 제2차 세계대전이 한창인 때로서 독일군에 점령된 가장 어두운 시기였다. 출산율은 19세기말에 서서히 쇠퇴하기 시작하여 1914-18년의 대살육으로 인해 통계적으로 악화되었는데, 이것이 현저한 재상승으로 바뀌게 된 것이다. 이 재상승의 움직임은 1942년에 시작된다. 그것은 우리가 알다시피 독일군으로부터 해방에 이은 2년 동안 강화되는데, 그것도 매우 갑작스럽고 광범위하게 이루어져 이 현상을 지칭하기 위해 **베이비 붐**이란 표현이 만들어지게 된다.

이와 같은 새로운——그리고 엄청난——인구통계상의 반전은 수십 년 동안 프랑스 사회의 운명을 결정짓게 된다. 그것의 결과는 오늘날까지도 느껴진다.[23] 그것은 사람들이 상상하는 것처럼 그렇게 단순한 현상이 아니며, 예를 들어 포로들의 복귀와 유일하게 연결될 수 있는 현상도 아니다. 필리프 아리에스는 이와 관련하여 '세기의 변화에 있어서 놀라운 단절'을 이야기하고 있다. 장 마리 푸르생은 이렇게 평가한다. "오늘날도 **베이비 붐**은 모든 인구통계학자들에게 수수께끼로 남아 있다."[24] 그것은 아마 집단적 정신 상태(예를 들어 미래의 구상에 대한)가 드러낸 복잡한 변화의 결과일 것이다. 이 변화는 물론 오랜 전에 시작된 것이다. 우리가 상기해야 할 것은 **베이비 붐**을 일으킨 부모들이 20년대에 태어난 세대들이라는 점이다. 따라서 이와 같은 부흥에서 세기초에 나타난 집요한 출산 장려의 문화적 결과——필연적으로 다른 데로 간 결과——를 본다고 해서 터무니없는 일은 아니다.

성도덕과 관련해서 전쟁 직후에 많은 자손들을 낳는 현상의 관점에서 본다면, 논리적으로 논쟁의 표현은 수정되어야 했을 것이다. 왜냐하면 '인구통계적인' 위험은 이제 추방되었기 때문이다. 그런데 사정은 그렇지 않았다. 문화적으로 볼 때 전후의 분위기는 여전히 출산을 다그치고 있었다. 사실 프랑스는 재건되어야 했고, 기적적인 경제 성장은 미래에 대한 새로운 신뢰를 가져왔다. 드골 장군이 1962년까지 1억 인구를 지닌 프랑스를 만들자고 요구했을 때 그는 다수의 지지를 획득하게 된다. 가장 비종교적인 당인 공산당을 포함해 좌파의 정당들 역시 이에 못지않게 출생률과 가정 도덕에 관심을 표명했다. 공산당 쪽을 보면, 자네트 베르메르슈는 프랑스 혁명 당시의 국민회의의 어조나 30년대의 러시아 볼셰비키의 어조를 되찾는데, 이는 낙태를 '대부르주아 계급에 속하는 여자들의 악덕'으로 지칭하기 위한 것이었다. 알프레드 소비 같은 영향력 있는 사회학자도 방관적인 입장을 취하지 않았다. 1956년, 그는 임신을 반대하는 선전을 처벌하게 되어 있는 1920년의 3조와 4조 법안을 폐지하면 프랑스의 인구 재건에 문제가 생길 것이라고 두려움을 표명했다.

국립인구문제연구소(1945년 10월에 드골이 설립)의 인구통계학자들 사이에 의견이 분분했다. 1950년에 폴 뱅상은 단도직입적으로 이렇게 선언했다. "우리 사회의 현상태에서 (……) 인구의 균형은 (……) 깨지기 쉬울 수밖에 없다. 왜냐하면 그것은 본질적으로 대부분 본의 아니게 아이를 많이 낳게 된 가정들의 존재에 의존하고 있기 때문이다."[25] 따라서 처벌적인 이 예외적인 법안은 유지되게 된다.

그리하여 50년대와 60년대초는 가정적 분위기에 지배되었고, 성적 쾌락주의에 지배된 것이 전혀 아니다. 사마리텐이라는 백화점 설립자에 의해 1920년에 제정된 코냑 제이 상은, 아이가 많은(9명 이상) 가정들을 포상하기 위한 것으로서 높이 평가되었다. 그것은 텔레비전 덕분에 대중적 인기까지 누리게 되었다. 물론 가정이 찬양된 것은 20년대나 30년대와는 현저하게 다른 (그리고 덜 불안한) 이유들 때문이었지만, 결과는 대동소이했다. 필리프 아리에스는 이렇게 쓰고 있다. "베이비 붐은 삶 앞에서 드러나는 태도가 정신 상태를 얼마나 잘 나타내는 현상인지를 보여 주고 있다. 19세기의 피임 지향적 태도는 특별히 심리적인 풍토에서 전개되었는데, 이 풍토는 40년대에 사라졌다. 다른 풍토가 그것을 이어받았는데, 이전의 신중한 계산은 풍요로운 미래에 대한 믿음의 분위기에 의해 소멸되어 더 이상 설 자리가 없게 되어 버렸다. 그래서 행복의 장소가 된 가정, '행복한 가정'[26]을 약간 증가시키는 데 더 이상의 장애물은 없었다.

'가정주의'의 승리

가정적인 가치들을 우선시하는 이와 같은 합의는 프랑스에만 고유한 것은 아니다. 그러므로 그것은 특별히 정치적인 상황과 연결된 것이 아니다. 전후의 피폐해진 유럽 전체가 **만회하려는** 엄청난 본능에 따르는 현상인 것 같다. 결혼은 황금 시대를 누리고 있었다. 에블린 쉴르로는 이렇게 주목한다. "유럽 전체가 전적인 결혼의 열병을 앓았다. 물론 전쟁이 치러진 그 몇 년간 많은 사람들이 결혼할 수 없었거나 죽음으로 인해 결합할 수 없었기 때문에, 이 결손을 만회하려는 것이었다. 그러나 바로 1950년 이후부터 1965년까지의 결혼 지수들은 프랑스·영국·벨기에·네덜란드·스웨덴·독일·덴마크·이탈리아 등에서 모든 기록을 경신했다. 아일랜드에서조차 독신자들은 눈 녹듯이 사라졌다. 사람들은 결혼을 했고, 그것도 상당히 일찍이 결혼을 하였다. 당시 사람들은 이것을 '가정의 근대화'라 불렀다."[27]

사실 이와 같은 정신 상태는 유럽의 국경을 넘어서 선진국들 전체와 관련되어 있었다. 미국에서 전쟁 전의 여권주의는 유행이 지나가 버린 것 같았다. 1948년에 공포된 인권 선언까지 이와 같은 분위기를 반영했다. 왜냐하면 그것의 첫째 항이 가정 제도를 사회의 근본적 요소로서 환기시키고 있기 때문이다. 60년대초까지, 데이비드 리스먼 같은 저명한 에세이스트들은 ‘서구 나라들에서 가정주의적인’[28] 감성이 우세를 떨치고 있음을 강조한다.

프랑스에서 피임에 대한 논쟁은 여전히 지속되었으며 그리스도교도들을 분열시켰다. 그것은 당시까지 거의 중요치 않았던 추가적인 변수를 끌어들임으로써 복잡하게 되었다. 이 변수는 지구의 인구가 과잉되었다는 감정으로, 옛 식민지들의 저개발 상태를 발견함으로써 격화된 감정이었다. 산아 제한을 주창하는 자들은——좌파를 포함해——점점 더 자주 피임으로 비난을 받게 된 한편, 교회의 출산 장려적인 교의는 가난한 나라들에 유리한 것으로 제시되었다. 그리하여 피임에 대해 매우 적대적인 교황의 두 회칙 《어머지와 가정주부》(1962)와 《인간다운 삶》(1968)이 발간되고 난 후, 제3세계의 일부 그리스도교도들은 가장 가난한 자들까지 포함해 생명에 부여된 이와 같은 우선권을 기뻐한다.[29] 1968년 11월에 월간지 《신생국들의 성장》은, 예를 들어 라틴아메리카가 교황의 회칙 《인간다운 삶》을 대환영했음을 알고 기뻐했다. 왜냐하면 “파울루스〔바오로〕 6세는 가난한 자들을 옹호하고 있기 때문이다. 인생의 향연에서 (……) 가난한 자들도 그들의 자리를 가질 권리가 있으며, 우선 태어나 살 수 있는 권리가 있는 것이다. 삶은 금전적 이해 관계에 의해 통제될 수 없으며, 오히려 이 이해 관계가 삶에 봉사하도록 해야 하는 것이다.”

파리 해방에 뒤이은 20년 동안 교회의 경직화는 가장 현저했으며, 중대한 결과를 가장 많이 가져왔다. 실제 그리스도교도들 사이에서는 반항이 태동하고 있었다. 진정한 도덕적 위기의 징후들이 알아차릴 수 있는 정도까지 나타났다. 사람들은 바티칸의 경직적 입장을 점점 덜 받아들였다. 사제들이 작성한 비밀 보고서들은 신자들 사이에 로마의 이와 같은 보수주의에 대한 저항이 확산되고 있음을 강조하고 있다. 1950년초에 벨기에의 도덕주의자 자크 르클레르는 《사제와 가정》이라는 잡지에서 센세이션을 일으키는 솔직함으로 이와 같은 위기를 환기시켰다. 같은 해, 당텍 신부의 보고서는 결혼에 대한 가톨릭의 도덕이 성사(聖事)에의 불참을 야기하고 있다고 주장했다. 1951년에 부아즐로 신부의 보고서도 같은 방식으로 다음과 같이 말하고 있다. "많은 사람들이 수음의 이유로 그리스도교의 관행으로부터 멀어져 가고 있다." 마르크 오레종 같은 진보주의적인 젊은 신부들은 이와 같은 항의의 뒤를 잇는 책들을 출간하고, 카레 신부 같은 보수주의적인 사제들에 반대한다.

그래도 아무런 소용이 없었다. 피우스 12세는 1951년부터 다시 개입해 성교육용의 모든 가톨릭 문학을 비난했다. 이 문학은 '추락된 인간의 가장 천박한 본능들'을 악이용하는 에로틱하고 외설스러운 출판물과 더 이상 구분이 안 된다고 의심을 받은 것이다. 마르크 오레종의 《그리스도교적 삶과 성의 문제들》은 1955년에 금서로 지정되었다. 1951년에 그리스도교도인 폴 샹송은 그의 《사랑의 기술과 부부간의 절제》에서 불교도들이 실천하는 사정하지 않는 교접에 바탕을 둔 피임을 설파하였는데, 그의 입장과 같이 온건한 입장조차도 가톨릭 조직 내에서 빈축의 대상이 되었다. 샹송이 권장한 방법은 1952년 6월에 경고의 대상이 되었다. 마르틴 세브그랑은 이렇게 평가한다. "피우스 12세에서 시작되어 축적된 처벌 조치들은 쾌락주의적인 흐름에 대한 강박관념적인 두려움을 증언할 뿐 아니라, 성의 묘사 앞에서 느끼는 불안, 나아가 번민을 증언하고 있다."[30]

이 긴 기간 동안, 그리고 바티칸 제2공의회 때(1962)까지 교회는 기억을 상실한 것 같은 인상을 주었고, 전후의 세계에 직면하여 피우스 9세의 못마땅한 자세를 되살리는 것 같았다. 피우스 9세는 1864년 그의 《교서요목》(우리 시대의 주요 오류들을 나열한 80조목)에서 현대적 사고를 단죄했다.

1965년의 대단절

이와 같은 맥락에서 60년대 중반에 새로운 인구통계상의 반전이 이루어진다. 그것은 이전의 두 반전보다 더 전격적이었고 더 일반화되었다. 오늘날까지도 인구통계학자들은 이 강력한 '신호'에 대해 탐구하고 있다. 이 신호는 1964년과 1965년에 서구 전체를 휩쓸고 지나갔다. 그것이 야기한 통계적인 재앙은 사회학자들을 얼빠지게 만들었다. 갑자기 모든 인구통계적 매개 변수들이 동시에 뒤집어졌다. 임신과 결혼율이 낮아지고, 여자들의 독신 기간이 길어지며, 이혼율이 급격히 증가하고, 가정당 아이의 수가 줄어드는 현상들이 나타났다. 몇 년 안에 출산율은 가장 낮은 수치로 떨어졌다. 1975년부터 임신은 세대들을 교체하는 수준 아래로 내려가게 된다.

다시 한 번 이러한 현상이 서구 전체에 일어났으며, 그것의 동시성으로 인해 충격을 주었다. 에블린 쉴르로는 이렇게 쓴다.

"1964년에 드디어 아연실색케 하는 단절이 일어난다. 20년 이래 처음으로 출산율이 뒷걸음치고, 같은 해 서독·벨기에·덴마크·스페인·프랑스·그리스·이탈리아·네덜란드·포르투갈·영국·스웨덴·스위스…… 등 대부분의 나라들에서 하락이 시작된다. 1964년부터 1967년까지 연이은 3년 동안, 프랑스·영국·독일은 1천 명당 1.3명씩 출산이 줄어든다. 네덜란드와 이탈리아는 1.8명, 벨기에는 2명이 줄어든다."[31]

사람들은 이에 대해 여권주의의 진보와 여성들의 노동 시장 진출 러시를 환기시킨다. 피임의 ── 과학적·사회학적 ── 진척이 강조되기도 한다. (그러나 이것이 조사에서 나타난 바대로 원하는 어린아이들 수의 일반적인 감소를 이해하게 해주지는 못한다.) 50년대말의 대규모의 도시화를 이유로 들기도 한다. 리처드 이스터린 같은 일부 저자들은 이른바 장기 사이클 이론을 제시한다. 이 이론에 의하면 인구통계적 리듬은 두 세대마다 거의 기계적으로 반전된다는 것이다.

현실적으로 어떠한 분석도 그것만으로는 충분치 못하다. 이러한 반전은 훨씬 더 심층적인 문화적 지진에 앞서 나타나며, 그것을 예고하는 것이다. 그것은 장기적인 인류학적 논리에 따르는 것으로, 이 논리를 올바르게 분석하려면 여러 해가 걸린다. "중심축을 이루는 이 해(1965)는 전쟁 말기나 전쟁 직후에 태어난 세대들이 성인이 되고, 자신들의 가정을 형성하기 시작하는 때이다. 이들 집단은 전쟁을 전혀 경험하지 않았거나 거의 경험하지 않았다. 그들은 어린 시절을 상대적으로 안정되고 사회적 복지가 향상되는 분위기 속에서 보냈다. 그들은 재앙이나 박탈을 당하지 않았다. 그리하여 고용 시장은 그들 앞에 넓게 열려져 있었다. (……) 그들은 그 부모들과는 다른 가정의 전기를 구축하기 시작한다."[32]

  50년대라는 괄호가 닫히고 있는 것이다. 이제 사람들이 예감하는 것은 개인적 가치들을 위해 공적 가치들이 점진적으로 하락된다는 것이다. **베이비 붐으로 태어난 자들은**——이들은 수적으로 많고 참을성이 없는 세대이다——산업화된 모든 나라들에서 성인의 나이에 도달했다. 그들은 그들 이전의 세대가 공유했던 가치들을 본능적으로 거부한다. 이전 세대는 전쟁·패배·궁핍·파괴의 관념에 여전히 사로잡혀 있었다. 그런데 60년대 중반의 서양은 역사에 전례 없는 두 개의 새로운 현상을 문화적으로 누린다. 우선 당시까지 어떠한 인간 공동체도, 신세계의 황금을 통해 인위적으로 풍요로워진 16세기의 스페인조차도 경험하지 못한 비상한 경제적 풍요가 그것이다. 전후 그 기간 동안의 번영은 30년도 안 되어 구매력이 네 배로 늘어났을 정도다. 이와 같은 성장은 매우 기적적이었기 때문에 사람들은 그것이 결정적으로 정착된 것으로 믿었다. 미래에 대한 구상은 그 어느 때보다 낙관적이었고, 당시 서구 경제의 기능작용을 지배했던 케인스 이론과 인플레이션을 정당화했다. 둘 다 미래에 대한 어음을 발행했으며, 신중함과 절약에 관한 어떤 관념에도 반대하면서 젊음·운동·희망에 특권을 부여했다. 경제학자들은 이렇게 말했다. 인플레이션, 그것은 '연금생활자들의 안락사' 같은 것이다. 그것이 의미하는 것은 내일은 태양이 뜰 것이니 낡은 세계는 꺼져라! 같은 것이었다. 당시는 전에 상상도 할 수 없었던 문화적——그리고 도덕적——사치를 부유한 유럽에 선사했다. 선견지명은 없지만…… 위험은 없는 그러한 사치를.

  두번째 새로움은 유럽 국가들이 매우 오랜 기간 동안 군사적인 평화 속에 무심하게 정착했다는 것이다. 이 평화는 핵 현상 때문에 이루어지지 않을 수 없었던 것이다. 전쟁은 이미 제3세계라 불리는 남쪽의 국가들을 황폐화시키는 부대 현상에 불과했다. 유럽은 평화를 누릴 뿐 아니라, 집단적 의식으로부터 전쟁의 개념 자체와 이 개념이 함축하는 모든 신중함을 추방시키는 데 익숙해졌다. 결국 일어난 일은 전체주의가 현저히 가벼워진 것으로서 이는 단체의 생존과 응집에 양보하고, 개인-왕의 제국주의라는 새로운 '제국주의' 이익에 양보한 것이다.

거리를 두고 보면, 이 믿을 수 없는 1964-65년의 단절은 여러 가지 이유로 생각에 잠기게 한다. 우선 당시의 변화가 법률적 차원에서 구체화되는 현상이 거의 즉각적이었다는 점이 인상적이다. 사회적·가정적 '배분'을 전복시키는 대부분의 개혁(피임·낙태·결혼·이혼 등)이 그 당시 몇 년 사이에 도입되었다. 당시 민법을 다시 쓴 장본인의 한 사람이었던 법률학자 장 카르보니에의 평가에 따르면, 프랑스는 비상한 '법률적인 봄'을 경험했다. 그는 이렇게 말한다. "풍속의 변화에 있어서 전환점은 1968년이 아니라 1964년이다."[33]

다음으로 우리가 확인하고 놀라지 않을 수 없는 것은, 이 엄청난 변화에 대한 엄밀하게 문화적이고 정치적인 표현이 일이 벌어지고 난 다음에야 나왔다는 것이다. 68년 5월, 빌헬름 라이히와 허버트 마르쿠제의 발견, 성적 쾌락주의와 (제재를 거부하는) 자유주의의 요구, 즉각적인 쾌락에의 격정적인 동경 등, 풍속의 혁명이 드러낸 이와 같은 파괴적 과시는 실질적인 성취에 앞서 나온 것이라기보다는 실질적인 성취를 뒤따르는 것이었다. 1968년 5월에 사람들은 이미 승차권을 소지하고 대담한 여행을 떠난 것이다.

30년이 지난 이제, 되돌아오는 여정 ——이번에는 승차권도
없이 ——이 프로그램화된 것일까?

III

고독의 논리

"사랑의 담론은 오늘날 극도로 고독하다."

롤랑 바르트, 1977

12

판사와 의사 사이에서

30년이 지난 이후, 우리는 지금 괴상한 모순에 사로잡혀 있다. 지난날 자유를——지나치게?——꿈꾸었기 때문에 우리는 오늘날 불합리한 두려움에 부딪치고 있다. 우리는 모든 두려움을 동반하는 처벌적인 강박관념에 집단적으로 잠겨 있다. 사회는 폭력과 위협, 상상할 수 없는 위험이 도사리고 있음을 갑자기 느끼고 있다. 어린이들은 변태로부터 더 이상 안전하지 못한 것 같다. 여자들은 구타와 강간에 노출되어 있으며, 제재를 거부하는 자유주의적 태도는——벨기에와 다른 곳에서——악몽으로 화하고 있는 것 같다. 교사나 교육자 같은 우리의 가장 가까운 이웃이 성적 범죄자일 **가능성이** 높다는 것이다. 우리가 이 범죄자들로부터 보호받기를 원하고 있는데 말이다. 우리가 보았듯이, 이러한 폭력은 범죄의 통계가 현저히 증가한 사실로부터 알 수 있는 것이다.[1] 그것은 사회적 상상력의 세계라는 영역에서 보다 잘 인지될 수 있다. 이 사회적 상상력의 세계에서 그것은 다른 모든 환상들을 조금씩 조금씩 대체하고 있는 것이다.

성적인 성격을 지닌 다양한 잡보들이 매체의 현대성을 드러내는 반복적 시나리오가 되고 있다. 우리가 그와 같은 것들에 달려드는 그 불안한 성급함이 우리에게 위험을 알리지 않을 수 없게 되는 것이다. 모든 집단적 두려움은 이 두려움을 키우는 데 기여하는 것에 동일한 매혹을 느끼도록 유도한다. 각각의 새로운 의사소통의 도구는 이와 같은 돌이킬 수 없는 공포를 확산시키는 데 기여한다. 손님끌기와 범죄에 의해 지배된 미니텔 이후, 인터넷은 이미 불안의 대(大) '확산자'로 배턴을 이어 받고 있는 것 같다. 30년 전에 우리는 광범한 독자가 되어 출간된 사드 후작의 작품을 읽었다. 이제 '참말로' 우리는 일상적으로 사디슴적 범죄를 만나고 있다. 이 범죄는 대중 매체들이 계속해서 지칭하는 '소름끼치는 공포'나 '악몽'의 경계를 끊임없이 넓히고 있다. 1996년 8월 13일, 뮌헨의 경찰은 인터넷에 나체의 여자가 톱으로 남자를 참수하는 일련의 사진이 실린 뒤, 조사에 착수하겠다고 발표했다. 호놀룰루로부터 인터넷 토론 광장에 보내진 이 사진들에 대한 설명에 따르면, 문제의 장면은 미국에서 한 남자를 방금 죽인 한 쌍의 성도착자 커플이 80년대 초반에 불멸화시킨 것이라 한다.[2]

1996년, 유니세프 프랑스 지국장인 클레르 브리세는 이렇게 설명했다. "오늘날 사람들은 인터넷이나 미니텔 같은 경이적인 기술공학 덕분에 미성년자를 주문할 수도 있다. 젖먹이들을 등장시키는 포르노 비디오들이 유럽 전체에 유통되고 있는데, 그 가운데 어떤 아이들은 그와 같은 취급을 받아 죽었다."[3]

두려움과 호기심은 서로 부추긴다.

35년 전 우리는 위반의 대단한 대담성을 발휘하여 역사에 나오는 비상한 성도착자들, 예를 들면 우리의 푸른 수염〔Barbe-Bleue, 7명의 아내를 죽인 잔인한 남편에게 붙여진 별명〕인 질 드 레 같은 자들의 경우를 신기하게 고찰하면서 우쭐해했다. 오늘날은 바로 대중 매체들이 매일같이 이에 못지않은 모든 경우들을 자세하게 다루고 있다. 1440년 가을에 그에 대한 재판이 열렸을 때의 질 드 레의 고백을 통해 판단해 보자. "어린이가 방에 들어오자 일은 서둘러 이루어졌다. 질은 손으로 자신의 '성기'를 잡고, 그것을 '문질러 발기시켰다.' 또는 그것을 희생자의 배에 내밀었다. 그는 어린이들의 배에 그것을 밀착시키고 비비댔다. (……) 그는 황홀했고 너무 달아올라 정액을 이 어린이들의 배위에 분출했다. 그렇게 해서 그는 해서는 안 될 범죄를 저지른 것이다. 각각의 아이들과 질은 한 번 내지 두 번만 목표에 도달했으며, 그런 다음 그는 그들을 살해하거나 (……) 살해하도록 시켰다."[4]

이런 종류의 묘사는 자극을 유발시키는 작가들의 관심을 더 이상 끌지 못한다. 그러나 그것은 중죄 재판소의 서기들을 전율케 한다. 사람들은 이와 거의 똑같은 고백을, 벨기에의 어린이 유혹자인 마르크 뒤트루나 그와 유사한 다른 '괴물'로부터 기대했다. 그렇다. 규정할 수 없는 어떤 공포가 오늘날 서구 사회에 자리잡고 있다. 5집정관 정부 말기의 파리나 30년대의 모스크바처럼, 또는 동로마 제국하의 로마처럼 성의 유토피아는 그것을 호위하는 폭력의 관념과 정신질환에 부딪치고 있는 것이다.

형벌의 표류

정신질환이라고? 한 가지는 분명하다. 그것은 현실적이든 환상이든 성폭력이 우리를 형벌의 표류 속으로 끌어들이고 있다는 것이다. 우리가 거침없이 이야기하는 것은 실적을 많이 올리는 경찰이자 가차없는 처벌이며, 현행범이 재판받는 '경범 재판소'의 장관(壯觀)이고, 결정적인 격리이거나 안전형이라는 형벌이다. 매체를 통한 유동적 감정에 지배를 받는 우리의 새로운 여론 사회가 재판관과 입법자에게 요구하는 것은 즉각적으로 보호를 증가시키고 강화시키라는 것이다. 우리는 이러한 보호를 다소간 받고 있지만, 그것은 법적이고 징계적인 심각한 처벌을 대가로 한 것이다. "법조문에서 형벌에의 의존은 궁극적인 방법으로 점점 더 자주 이용되고 있는데, 이것은 사회 생활에서 어떤 활동 영역이나 어떤 분야의 경계를 제한하기 위한 것이며, 이제 막 공포된 규범의 중요성을 부각시키고 이 규범이 존중될 수 있는 수단의 확보를 시도하기 위한 것이다. (우리가 확인할 수 있는 것은) 자유를 보다 많이 보호하고, 개인들의 신체적 보전을 보다 많이 추구하는 방향으로 서구의 민주주의가 진보하고 있다는 사실과, 동시에 구속을 이용하는 의존도가 높아지고 있다는 현상 사이에 모순이 있다는 것이다."[5]

형법은, 그리고 형법만이 이제부터 우리의 공통적 신뢰의 방법을 확보하는 임무를 띠게 되었다. 우리는 더불어 잘 살고자 하지만, **타자**로부터 보호받는다는 조건이 붙는다. 우리에게 시급한 것은 사회를 변화시키는 것보다 사회를 **안전하게** 만드는 것이다. 사회적인 현상이 삐걱거리고, 소속감을 나타내는 지표들과 연결고리들이 사라진다는 것은 앙투안 가라퐁과 드니 살라가 이름 붙인 '공화국의 형벌화'에 이르게 된다. 이것이 의미하는 것은 우리가 형법으로 하여금 적법적인 것과 불법적인 것을 결정짓고, 사회적 평화를 보장하며, 금지 사항들을 관리하도록 요구한다는 것이다. 따라서 이런 것들이 자유와 개인주의를 토대로 확립되었는데도, 포스트모던한 우리 사회는 성과 관련된 것을 포함해 대부분 전통적 사회들보다 더 처벌적이 되고 있다. 이것이 바로 우리가 정면으로 바라보고 싶지 않은 현실이다. 그만큼 이 현실은 우리의 담론들을 부정하는 것이다. 우리는 계속해서 값싸게 '지난날의 끔찍한 처벌들,' '소돔의 장작더미,' 또는 이른바 중세의 잔혹함을 내세우고 있다. 그러나 오늘날 우리의 감옥을 보라. 얼마나 가득 차 있는지!

미국 교정국의 통계 부서에 따르면, 미국 수감자의 수는 1996년에 1백63만 9백40명이며, 이는 인구 10만 명당 6백15명이 죄수임을 나타내는 것이다.[6] 이와 같은 비율은 기록을 깨뜨릴 뿐 아니라, 미국에서 형사범 인구가 전례 없이 증가하고 있다는 것을 나타낸다. 실제 형사범 인구는 1960년 29만 명에 불과했지만, 1984년에는 49만 4천 명, 1985년에는 74만 4천 명에 달하였다. 이러한 현상이 의미하는 것은, 이 수치가 40년도 **안 되어 5.5배나 증가하였다는 것이다.** 동시에 형벌의 엄격성도, 특히 풍속사범에서 많이 강화되었다. 사람들은 이제 무자비한 형벌에 대해 이야기하고 있다. 1994년부터 미국에서는 성과 관련된 경범죄에, 재범일 경우 같은 죄를 처음 저질렀을 때에 비해 두 배의 형량을 선고하도록 되어 있다. 1996년 5월에 **미건법**은 성 경범자가 석방될 경우 이웃들에게 이 사실을 알리도록 하고 있는데, 이는 미국 전역에 확대되었다. 현재 성경범자들을 분류하는 카드 색인표가 만들어지고 있는 중이다. 1996년 8월말에 캘리포니아 주는 최초로 재범자들의 화학적 거세를 허용하였다. 중세에도 그런 일을 하지 않았는데 말이다……

물론 프랑스의 상황은 이와 비교할 만한 것은 아니다. 그러나 **추세**는 엄격성이 많이 강화되고 있다. 어떤 법률가들은 이렇게 평가하고 있다. "이제 형사 처벌을 받는 사람들의 수가 증가하고 있다는 것은 기정 사실이다. 이는 단순한 투옥보다는 형벌이 길어지고 있다는 사실에서 비롯된다. 그런데 이와 같은 장기형에서 간통과 성폭력이 상당 부분 차지하고 있다."[7]

우리는 과거를 다시 상기하자마자 이와 같은 특이한 상황에 동요되지 않을 수 없을 것이다. 60년대 중반에 우리는 공공의 이익을 책임지고 있던 사제·도덕주의자·정치가를 해고시켰다. 우리는——역사적으로 전례가 없이——집단에 대한 개인의 결정적 우위를 부여할 수 있는 능력을 느꼈다. 우리는 구속에의 양보, 한없는 집단적 농간, 그리고 온갖 종류의 타협 같은 아주 오래 된 그 신중한 자세들을 거부할 수 있는 힘을 부여받았다고 생각했다. 인간 사회는 이런 타협들을 통해서 쾌락에의 동경과 공동체의 절대적 명령을 그럭저럭 결합시켰던 것이다. 35년 전, 우리는 성과 관련해서 이전의 과거 어떤 사회보다 더 대담하게 건설주의적이었다. 개인에 대한 극도의 찬양과 개인 해방의 마무리는 서구 현대성의 진정한 정복을 나타냈다. 우리는 이제 과거의 미신을 버릴 수 있을 만큼 충분히 부유하고, 충분히 박식하며, 충분히 합리적이다. 그리고 마지막으로 이 미신들의 은밀한 횡포를 고발할 수 있을 만큼 충분히 자유로운 것이다.

　이성은 종교가 신망을 잃도록 하지 않았던가? 민주주의는 구속을 정치적으로 영속화시키는 것이 통용되지 못하게 만들지 않았던가? 지식은 종(種)이 지닌 지난날의 숙명성에 대한 지배를 보장해 주지 않았던가? 과학은 우리에게 생식 자체의 열쇠를 넘겨 주지 않았던가? 진보에 대한 확신은 전통에 충실해야 한다는 우리의 두려움을 없애 주지 않았던가? 끝으로 보편적인 것에 대한 신념은 인류 문화들이 드러내는 전체주의적인 예방책들 및 터부들과 더불어, 이 문화들이 지닌 '특수한 페이소스'를 측정할 수 있도록 해주지 않았던가? 마치 이 문화들이 듣기 좋은 민담들이라도 되듯이 말이다. 우리는 쾌락에 대한 권리를 기막힌 역사적 보상으로 부여했다. 실제로 이 권리는 그러한 **보상**이었다. 이와 같은 낙관주의를 되돌아보고 조소한다면 그것은 분명 잘못일 것이다.

우리가 오늘날 동요되고 있다면, 이와 같은 장대한 계획이 결국 이것에 앞서 나왔던 모든 유토피아들과 동일한 장애물들, 동일한 모순들, 특히 동일한 치명적 위험들에 부딪치는 것을 보고 있기 때문이다. 작금의 '풍토,' 수면 위로 부상하는 위험들, 그리고 주변에 감도는 공포들, 이런 것들은 세세한 것은 제외하고 우리로 하여금 이미 역사에서 체험했던 상황들을 되돌아보게 한다. 옳건 그르건간에 우리 주변에서 느끼는 다양한 형태의 그 폭력, 우리를 법률적인 공황으로까지 몰고 가며 목을 죄는 안전상의 그 현기증, 이것들은 분명——우리가 앞의 장들에서 보았듯이——과거의 사회들이 집요하게 획책했던 것이다. 우리가 단호히 인정해야 할 것은 이와 같은 전통 문화들, 우리가 오만하게 초월코자 하는 그 문화들도 성과 폭력 사이에 뒤얽힌 불가분의 복잡한 관계를 나름대로 잘 이해하고 있었다는 것이다.

우리가 기억해야 할 것은 바로 25년 전 르네 지라르가 여자들의 월경과 관련된 터부, 대부분의 문화에서 준수된 그 터부와 관련하여 지적한 것들이다. 그는 자문한다. 그런데 왜 이 불순의 관념이 존재한다는 것인가? "월경을 출혈이라는 보다 일반적인 범주에서 생각해야 한다. 대부분의 원시인들은 피와 접촉하지 않기 위해 비상한 예방책을 취한다. (……) 의례상의 불순은 폭력이 두려움을 자아낼 수 있는 곳이면 어디에나 있다. (……) 우리가 믿고 싶은 것은 폭력이 성과 관계되기 때문에 불순하다는 것이다. 반대의 명제는 다만 구체적·독서적 지식의 차원에서만 효과적이다. 성은 그것이 폭력과 관계되기 때문에 불순하다."[8]

우리 사회에 갑자기 되돌아오고 있는 이러한 폭력은 지라르의 주장이 옳다는 것을 말하지 않는 것일까? 우리가 덧붙일 것은 《폭력과 성스러운 것》의 동일한 장(章)에서 지라르가 약간의 아이러니를 섞어 이렇게 고찰하고 있다는 점이다. "전인류의 믿음들이 방대한 속임수에 불과하며, 적어도 우리가 이 속임수로부터 벗어난 거의 유일한 존재들이라는 생각은 시기상조이다." 어쨌든 오늘날의 상황은 여러 가지 이유로 전대미문이다. 사제, 도덕주의자, 그리고 믿음까지도 추방함으로써 우리는 금지된 것들을 보다 오랫동안 내면화하는 것을 거부했다. 우리는 그것들을 밖으로 던져 버렸고, 경제학자들이 통화 긴축에 대해 말하는 것처럼 '외부로 유도했던 것이다.' 그런데 우리는 이제 그것들의 관리를 판사와 의사라는 새로운 두 권위자에게 신속히 맡기지 않을 수 없는 것이다. 이들은 당연히 세네카나 마이모니데스의 정묘함도, 십자가의 성 요한네스의 정묘함도 지니지 못한다. 결국 눈 딱 감고 우리의 공포와 자유까지 맡겨야 할 사람들은 그들인 것이다. 이런 선물을 받아 봐야 그들은 귀찮을 뿐이라고 말하는 것은 하나마나한 이야기이다……

이 단계에서 성경범죄와 관련한 형벌의 표류에 대해 이야기하는 것만으론 이제 더 이상 충분치 못하다. 성범죄에 포위되어 있다고 느끼는 이러한 공포와 이로부터 비롯되는 **안전에 대한** 강렬한 요구는, 때때로 충격적인 면을 넘어서 **정의와 권리에 대한 우리의 견해**까지 수정하게 만들고 있다. 불과 얼마 전부터 고등사법연구원에 활기를 불어넣는 법률학자들이 탁월한 명철성을 발휘하며 고찰하고 있는 것은, 바로 이와 같이 엄청난 법률적 도전이다.[9]

위험에 대한 공포

첫번째 확인되는 것은 두 개의 개념이 최근 몇 년 동안 권리의 세계에 몰려왔다는 것이다. 그것들은 폭력의 개념과 **안전**의 개념이다. 1993년에 공포된 새로운 형법만으로도 이를 증언할 수 있다. "새 형법에서 성폭력에 관한 장(章)의 제목이 바뀌어 있다. 그것은 1810년 이래 텍스트가 원했던 것처럼 더 이상 '풍속범죄'가 아니라 '성폭력'이다. 이는 정숙에 대한 암시가 아니라 폭력에 대한 배타적 암시를 나타낸다."[10]

시대의 징후를 나타내는 것은, 성문제들이 1991년 6월 이 새로운 형법의 검토에 할애된 의회의 논쟁에서 우선적인 위치를 차지했다는 것이다. 물론 법안의 보고자인 미셸 프제는 처음부터 이렇게 선언했다. "문제는 성행태와 관련해서 도덕적 혹은 종교적 규범에 속하는 것과 형법에 속하는 것을 구분해야 한다는 점입니다." 그러나 현실을 보면, 처벌적 측면이 광범위하게 위세를 떨치고 있다. 이는 사람들이 공감된 믿음을 중심으로 규합되기가 점점 더 어려워졌기 때문이 아닐까? 하나의 도덕, 좋다. 그런데 어떤 도덕인가? "문제에 대한 의회의 논쟁은, 역사의 한 시기에 우리가 기준으로 삼을 수 있는 하나의 규범을 찾아내기가 어렵다는 것을 나타내는 현대적 징후였다. 이 시기는 남자들과 여자들이 차지하는 각각의 위상이 뒤죽박죽되었고, 그들의 관계도 **선험적인** 답이 없는 문제가 되었다."[11]

당시의 법무장관인 자크 투봉이 성희롱에 대한 조항과 관련하여 보여 준 원칙적인 항의에도 불구하고("본인은 형벌화보다는 인간의 행위를 훨씬 더 믿고 있습니다") 이 새로운 형법은 강력한 하나의 진실을 표현했다. 알랭 에렌베르크는 이 진실을 이 렇게 강조하고 있다. 그것은 "프랑스 사회에서 형벌의 문화가 차지하는 위치가 상승하고 있다는 것이다."

철학자 필리프 레이노는 이보다 더 멀리 내다본다. 폭력과 불안전은 어떤 형태든(단지 성과 관련된 경범죄뿐만 아니라) **형 벌적으로** 뿌리뽑겠다는 이 강박관념적인 의지 뒤에서, 그는 자 신이 명명하는 '새로운 보건주의'가 존재함을 간파하고 있다 고 생각한다. 그가 이러한 현상을 통해 지적하고자 하는 것은, "규범이 '전통적'이거나 '권위적인' 유형의 모든 교화적 명령 과는 관계없이 제시되는 새로운 모형이다. 이 규범은 그 자체 로서 분명한 공공의 이익과 보편화할 수 있는 가치들을 고려 한 단순한 결과로서 제시된다. 금지 사항은 객관적으로 간파할 수 있는 **위험**으로부터 비롯되고, 관점은 희생자들의 관점인 것 이다."

이 점이 의미하는 바는 우리가 의학으로부터 기대하는 것을 형법으로부터도 기대하고 있다는 것이다. 그것은 안전을 최대 로 보장받는 것이고, 위험을 제로 등급으로 설정하는 것이며, 상상할 수 있는 각각의 침해에 대해 보험을 확보하는 것이다. 왜냐하면 우리는 두렵기 때문이다……. 우리는 여기서 공공 질 서와 관련하여 앞에서 환기한 '완전한 건강'에 대한 현대인의 강박관념과 다시 만난다. 이 강박관념이 지닌 유토피아적('커 뮤니케이션'으로서)이고, 고유 의미에서 **이데올로기적인** 위상은 뤼시앵 스페즈가 분석한 바 있다.[12] 모든 관점(성적인 관점 등) 에서 **안전한** 사회, 그것은 우리가 바라보는 새로운 지평이다. 처벌적인 무기는 이것의 도래를 재촉하는 임무를 띠게 된다. 그리하여 간단히 말해 권리의 버팀목인 형벌적인 것은, '방향이 빗나가고' 매일같이 더욱 불안해지는 '사회에서 유일한 준거'가 된다. 공적인 삶은 매체 작용의 도움을 받아 관계당국에 호소하는 그칠 줄 모르는 주술의 형태를 띠어 가는 경향이 있다. 사람들은 관계당국에 벌을 주고 보상을 하고 안심시키게끔 압력을 가하며, 위험이 나타날 수 있는 모든 전선을 감시하게끔 압력을 가한다. 이러한 관점에서 앙투안 가라퐁과 드니 살라가 새로운 형법에 내린 해석은 우리를 더욱 불안하게 만든다. 이 형법은 그들이 명명하는 '불안전의 새로운 모습'을 지니고 있는 것이다.

새로운 형법의 교의는 다음과 같이 요약될 수 있을 것이다. 그들은 이렇게 쓰고 있다. "아이들아, 너희 부모를 조심하라. 너희들을 학대하고 농락할 수 있으니. 아녀자들이여, 당신들의 남편을 조심하시오. 폭력적인 모습을 보일 수 있으니. 고용된 자들이여, 당신들의 업주들을 조심하시오. 당신들을 괴롭힐 수 있으니. 식당 이용자들이여, 이웃 손님들을 조심하시오. 담배를 피울 수 있으니. 당신의 섹스 파트너를 조심하시오. 당신을 에이즈에 감염시킬 수 있으니. 도로 이용자를 조심하시오. 당신을 죽일 수 있으니 등등. 우리는 얼굴 없는 적과 전쟁을 치르고 있는 것이다. (……) 새로운 형법은 현대 개인주의가 지닌 모순적인 두 논리의 관계를 본의 아니게 보여 주고 있다. 이 두 논리는 다름 아닌 권리의 무한한 주장과 보호 요청의 무한한 주장이다."[13]

폭력 앞에서 이처럼 증가하는 불안, 사회적 위험에 대해 밀려드는 공포는 그것들의 형태가 어떠하든간에 여러 번에 걸쳐 고발된 그 사회적인 분열, 그리고 '공동 이익'의 점진적 파편화와 관계가 없지 않다. 중간적인 연결고리가 없고, 충분히 강력한 가정적·정치적 또는 결합적 소속을 상실한 원자화된 사회는 과연 경쟁적인 욕망들의 끝없는 대결장이 되어 무수한 ‘침해’를 낳게 되고, 각자는 이에 대한 배상을 요구한다. ‘더불어 산다는 것’은 조만간 끊임없는 영역 ‘다툼’으로 귀결되고, 물신화된 권리는 매일같이 이 다툼을 대중 매체의 시선 아래서 중재해야 하는 것이다. 고등사법연구원의 법률가들이 이와 같은 새로운 사회의 모습에서 르네 지라르가 명명한 ‘모방적 위기’나 모두가 모두에 대항해 싸우는 투쟁의 예를 간파한 것은 틀리지 않았다.

조금씩 조금씩 ‘조직화’되는 불안에 대한 이와 같은 묘사에 덧붙여 이 불안을 더욱 격화시키는 것, 즉 우리 민주 사회에 복귀하고 있는 사회적 불평등에 대해 몇 가지를 지적해 보자. 우리가 알다시피, 지난 20년 동안 서구 사회에서 불평등이 악화되었을 뿐 아니라——특히——소요를 야기할 정도로 눈에 띄게 심화되었다. 공포에 불의, 철저한 고독, 부러움의 감정이 은연중에 덧붙여졌으며, 그 결과 우리가 알고 있는 요구들이 나타나게 되었다. 형벌적인 것에의 광포한 의존이 궁극적인 의존으로, 위안을 주는 보답으로 체험되고 있다. 대담한 어린 판사와 조사를 받는 업주(그보다는 투옥된 업주)는 서로 맞붙는 인물들이 되고, 이들의 극적인 대결은 이전의 사회적 투쟁을 대체하고 있다. 형법은 사회적인 것에 대해 우리에게 복수를 할 것이다……. 사회 전체가 이중의 위험이 영속화되는 밀림처럼 점점 인식되어 가고 있다. “우선 분명한 것으로, 자유의 희생물들을 다양화시키는 개인적 힘의 관계에 방치된 가장 힘이 약한 자들을 보게 되는 위험이다. 다음으로 각자의 책임이 (현기증나게) 증가한 것으로, 이는 각자가 한계를 모르는 채 풍속의 자유를 누리게 된 데서 온 반대 급부적 산물이다."[14]

이와는 반대로 이번에는 하층 계급으로부터 오는 위험으로서, 도처에 존재하면서도 예측할 수 없는 사회적 위험에 대한 강박관념이 마땅히 '특권 계층'이라고 불러야 할 계층을 조금씩 파괴하고 있다. 사실 이 계층이 소위 침묵을 지키는 다수를 구성하고 있다. 변두리, 실업자들, 또는 거주불명자들은 이미 19세기 사람들이 지녔던 상상력의 세계에서 '위험한 계급들'이 차지했던 위치를 유지하고 있다. **안에 있는 사람들은 밖에 있는 사람들**에 의해 포위되어 있음을 느끼는 것이다. 여자들이나 고립된 아이들을 숨어서 기다리는 성도착자는 변화무쌍한 이 위협의 변주를 나타내는 것에 불과하다. 모든 것이 결합해 안전에 대한 갈망이 다른 모든 고려에 우선토록 하고 있다. 우리가 알아야 할 것은 12만 명의 경찰과 90만 명의 헌병들 이외에도 이미 1996년에 프랑스에는 사설경관이 10만 명이었다는 것이다.

우리는 이 숫자가 더 늘어날 것이라고 단언할 수 있다…….

'더러운 놈'의 복귀

이와 같은 공포의 첫번째 결과는 상당히 분명하다. 그것은 우리 사회가 처벌의 문턱에 점차적으로 익숙해지고 있다는 것이다. 이 문턱은 지난날 같으면 어떤 시민이라도 분개하게 했을 것이다. 오늘날 사람들은 죄인을 단지 벌주는 것만을 요구하는 것이 아니라 그를 결정적으로 격리시키는 것, 다시 말해 다시는 어쩔 수 없도록 추방시키는 것을 요구하고 있다. 미국에서는 믿을 수 없을 정도로 가혹한 규정이 발효되었다. 왜냐하면 그것은 전에 유럽에서 실행된 옛날의 유형(流刑)을 되살리고 있기 때문이다. 그것이 겨냥하는 것은 동일한 성격의 심각한 범법 행위를 세번째 저지르는 때부터 범법자를 결정적으로 감금시키는 것이다. 표현 양식은 알려져 있다. 그것의 어휘는 전자 게임이나 전기 당구에서 빌려 온 것이다. **세 번 스트라이크면 너는 아웃이다……**. ("세번째 재범을 하면 너는 추방이다!")

프랑스에서 이와 같은 추방의 요구는 풍속 사건에서 특히 분명하다. 클로드 포주롱은 이렇게 평가한다. "많은 나라에서 성경범자들은 장기형을 받도록 되어 있는데, 이 경범자들에 대한 논쟁에서 모든 것은 다소 결정적인 격리를 시킬 수 있는 장소를 찾는 것에 다름 아니다."[15)]

물론 어린이와 관련된 성범죄 앞에서 느껴지는 공포는 이해할 수 있으며, 동시에 합법적이다. 사람들은 이러한 범죄들이 얼마나 확산되어 있고 비열한지를 알게 되면, 그 어떤 것도 진정시킬 수 없는 강렬한 욕지기를 느끼지 않을 수 없다. 어린이 성도착자인 살인범 마르크 뒤트루가 체포된 후, 1996년 여름 내내 벨기에인들을 동원시켰던 그 엄청난 '하얀 행진'은 이를 나타내고 있다. 변할 리가 없다! 이와 같은 충동은 우리가 원하든 원치 않든 정의에 대한 복수적인 견해의 성격을 띠고 있다. 이러한 견해는 법 체계가 명확히 거리를 두고자 노력했던 것이다. 정의는 문명화된 의미에서 개인적인 복수에 대한 자발적이고 법전화된 단념이 아니던가? 그런데 오늘날 대대적으로 복귀하고 있는 것은 이와 같은 복수의 차원이다. 사실 그것은 카메라의 시선 아래 실현될 수밖에 없게 된, 새로운 '매체적 정의’의 과시적이고 감정적인 성격에 의해 조장되고 있다. 마침내 정체를 드러낸 혐의자를 이와 같이 텔레비전으로 전시하는 현상에서 린치를 가하는 의식이 되살아나고 있다는 것을 어떻게 부인할 수 있단 말인가? 이 린치 의식의 기능은 집단의 분노를 희생물이 되도록 정해져 있는 개인 쪽으로 향하게 함으로써 이 분노를 진정시켜 주는 것이다.

성도착자는 여러 이유로 이러한 이상적 죄인의 모델로 제시된다. 우선 그의 죄가 용서받을 수 없기 때문이다——그가 우리의 마지막 터부인 어린이를 노렸을 때는 더욱 용서받을 수 없다. 다음으로 그가 사회가 구두로, 또는 환상적으로 허용하는 모든 성적 방종을 ‘말’ 그대로 받아들이는 잘못을 범했기 때문이다. 그는 고백할 수 없는 집단적인 일종의 회한이나 질환을 암묵적으로 짊어지고 있다. 그에게 집중되는 처벌 요구의 강도는 이와 같은 질환에 비례한다. 그것은 한 사회가 정상적인 시기에 스스로에게 부과하는 전통적인 한계들——온건, 재복귀시키려는 고려, 연민 등——을 날려 버리게 할 만큼 아주 충분히 강하다. 이제 중요한 것은 벌과 근절인 것이다. 하나의 관점이 모든 것이 되어 버린 것이다. 우리 사회는 이를 요구하며 스스로 이상한 모순의 함정에 빠져 버린다. 왜냐하면 사회는 동일한 목소리로 최대한의 자유와 최대한의 처벌을 동시에 계속해서 요구하기 때문이다.

사실 이와 같이 매체와 법을 통한 린치 의식(儀式)은, 원시 사회에서 제물을 바치기 위한 살인과 마찬가지로 진정시키는 미덕을 지니고 있다. 그것이 사회적 폭력이 지닌 불안하고 풀리지 않는 성격에 대체하는 것은, 정직한 사람들이 죄인을 벌준다는 투명하고 안심시키는 시나리오이다. 바로 이와 같은 방식으로 분명 형벌적인 것은 정치적인 것을 대신하게 되는 것이다. "여론 민주주의는 형사 소송의 이야기들과 같이 신속하게 동화시킬 수 있는 이야기들을 좋아한다. 이 이야기들 속에서는 선한 자와 악한 자가 쉽게 판별될 수 있기 때문이다. 정치적인 것이 사회적 경험을 상징화할 수 있기 위한 지표를 더 이상 제공하지 못할 때, '더러운 놈'의 거친 모습이 민주주의에 복귀한다. 더 이상 외부의 적이 없을 때, 역겨운 얼굴들을 제공하는 것은 범죄와 범죄자들의 몫이다. 이 역겨운 얼굴들을 중심으로 통일성, 나아가 신성한 통일성이 구축되는 것이며, 정치가는 자신의 행동을 정당화시키기 위해 그들을 필요로 한다. 이로부터 어린이의 살인——어린이 살인은 절대적 악의 구현이다(더구나 그것은 흔히 나치즘과 비교되기도 한다)——이나, 강도가 다소 덜한 것이긴 하지만 우리의 민주주의 사회에서 '민족적인 대명분'이 되어 버린 어린이들에 대한 학대가 지닌 중요성이 나온다."[16]

이러한 정신 상태가 얼마나 70년대의 정신 상태와 단절되고 있는지 이해하기 위해서는, 기억을 더듬는 노력을 조금만 하면 충분하다. 70년대 사람들은 아직도 형벌의 기능, 형법의 상징적 중요성, 또는 감옥의 사회적 기능에 대해 탐구했다. 가라퐁과 살라가 이 '인문주의적' 시기 이래 걸어온 길, 보다 더 정확히 말해서 우리가 자각하지도 못한 채 동의하고 있는 엄청난 퇴보를 강조하는 것은 옳다고 본다. 그들은 이렇게 쓰고 있다. "감옥은 더 이상 많은 이들의 관심을 불러일으키지 못한다. 그만큼 여론이 이러한 필요악을 체념하고 받아들인 것이다. 푸코와 다른 지식인들이 감옥의 스캔들에 대해 주의를 기울였던 시대는 이제 멀리 가버렸다! 더욱 고약한 것이지만, 안전이 정치적 담론에서 특별한 지위로 상승했다. 그리고 지나치게 앞서가지 않고 말할 수 있는 것은, 어느 날 저녁 매체를 통해서 느끼는 몇몇 연민을 제외하면 감옥은 더 이상 충격을 주지 않을 뿐 아니라, 이제 그것이 이해보다는 보상에 기울어진 도덕적 책임에 관한 새로운 담론과 일체를 이루고 있다는 점이다."[17]

개인적 압제

결국 '공화국의 형벌화'라는 표현은 한계를 노정해 오해를 유입시킬 위험이 있다. 풍속 사건들(어린이에 대한 성적 유혹, 근친상간, 성희롱 등)을 통해서 나타나는 근본적인 현상은 단순히 사회적 유대 관계를 형법으로 대체시키는 데 있는 것만이 아니다. 이와 같은 대체는 **당시까지 사적인 공간으로 지칭된 것을 법에 의해 점진적으로 포위하는 것을** 함축한다. 오늘날 거부된 일반적 원칙을 지적한 카르보니에 학장의 다음과 같은 아름다운 표현을 기억하자. "내밀한 사생활이 걸려 있는 곳에서, 지배적인 바람은 법의 단념 쪽으로 분다." 이 표현이 의미한 것은 법이 사적 공간의 단단한 핵, 다시 말해 내밀한 세계로 접근함에 따라 좀더 가벼워지고, 덜 무거우며, 덜 직접적이 되어야 한다는 것이었다. 이 내밀한 세계는 가능한 한 합의 · 정서 · 가정의 자율에 의한 자유로운 조절에 맡겨져야 했던 것이다. 이는 로마법으로부터 물려받은 우리의 합의적 법철학이 지닌 가장 오래 된 금언 가운데 하나였다. 그런데 사정은 많이 변했다. 법 가운데 가장 엄격한 것, 다시 말해 형법이 사적 공간에 침투하고 있는 것이다.

이렇게 된 데는 여러 가지 이유들이 있다. 이 시대는 도덕도, 전통적 소속도, 제도로서의 가정도, 그리고 물론 함께 나누는 믿음도 더 이상 사적인 것을 책임질 수 없다는 점을 확인하고, 현기증에 사로잡혀 있는 것처럼 느끼고 있다. 불안을 야기시키는 딱 벌어진 빈틈이 내밀한 세계 내에 패어지고 있다. 보리스 키룰니크는 이 공간을 이렇게 묘사한다. "우리가 속해 있는 문화는 더 이상 가정적 역할들을 만들어 내지 못하고 있다. 아버지들은 딸 앞에서 아버지로 덜 느끼고, 어머니들은 아들 앞에서 어머니로 덜 느끼고 있다. 가톨릭교도와 이교도의 결혼이 증가하고, 강간이 많아지며, 비정상적인 임신이 일상화됨으로써 다음과 같은 동일한 현상을 불러 오고 있다. 정서를 통해 문화적으로 매개되었던 문화가 더 이상 행동 양식을 만들어 내지 못하고 있다는 것이다."[18]

공적인 것과 사적인 것 사이의 경계는 뒤죽박죽되어 있다. 현대인이 지닌 상상력의 세계에서는 사적 공간 역시 위험이 도사린 지대가 되어가는 경향이 있다. 이 공간에서 폭력은 법과 멀어져 있는 상황을 이용할 수 있으므로, 약자는 그만큼 더 강자에 의해 위협을 받는 것이다. "닫혀진 공간들에서 힘의 관계가 펼쳐질 위험이 의미하는 것은 공적 공간의 축소이다. 다시 말해 그것은 각자가 다른 사람에 의해 좌우될 수 있는 견딜 수 없는 사회에 대한 강박관념을 불러 온다. 이로부터 형법에 의지하고 싶은 유혹이 나온다. 이는 금지 사항들을 유지시키기 위한 것이고, 그렇게 하여 인간 활동에서 힘의 관계를 합리적인 한계 내에 묶어두기 위한 것이다. 한 마디로 그것은 각자가 자신의 위치에 머무르도록 필요한 거리를 유지시키기 위한 것이다. 그러나 이 위치는 더 이상 분명하지 않다."[19]

우리 사회의 점진적 탈규제화가 지닌 이면을 보면 이러하다. 공적 공간(그리고 공적이란 이름이 붙은 서비스들)이 계속적으로 축소되고, 배타적이고 개인적인 것을 위해 집단적인 것이 줄어들며, 시장의 논리 앞에 국가는 계속 후퇴하고, 개인들의 이익을 위해 공동의 이익이 소멸하고 있다는 것 등이다. 공화국이 이처럼 광대하게 사유화되는 현상이 주는 기계적인 충격은 사적인 것을 법이 식민지화하듯 지배한다는 것이다. 법은 남편에 대해 아내를, 아버지에 대해 아들을, 선생에 대해 학생을, 오빠에 대해 누이동생을 보호하도록 독촉받고 있다. 형법이 집안의 싸움을 조정하는 항구적인 심판으로 만들어지고 있는 것이다.

매체를 통해 쏟아지는 일상적인 잡다한 보도들은 본질적으로 이러한 측면을 다루고 있다. 그것도 욕지기가 날 정도로 매일같이 말이다. 그것들은 '더러운 놈'을 벙커처럼 단단한 사적인 영역의 내부까지 추적해 가며, 정의가 경우에 따라서 가정적 압제를 멈추게 할 수 있음을 자축한다. 푸른 전화, 형법상의 명령, 또는 교육부의 공문들(교육자들이 문제될 때)을 통해서 군중은 스스로 사생활의 경계를 넘어서 이 경계가 감추어 줄지도 모를 학대를 들추어 내도록 독촉받고 있다. 인도주의적 명분을 위해 싸우는 이들에게 값진 간섭의 권리는 가정의 영역에까지 확장되어 있다. 사회복지사와 예심 판사는 도덕적 예방책을 담당하는 새로운 프렌치 닥터로 승진하고 있다…….

형법, 경찰, 그리고 내면의 영역을 담당하는 판사를 통한 이와 같은 포위는 권리와 요구 사항들을 갖춘 개인을 위한 승리처럼 제시되고 있다. 집단이 누려 온 오래 되고 야만적인 면죄성에 대항해 획득된 승리로서 말이다. 물론 우리는 이러한 측면을 인권과 문명의 진보로 간주할 수도 있다. 그리고 어떤 경우에 있어서 이 점은 의심할 여지가 없다. 왜냐하면 아주 부끄럽게도 ‘관용되었던’ 것이 갑자기 더 이상 관용되지 않고 있으며, 명백한 것인데도 사적인 것이라는 보호막 아래 있었던 일부 불의가 막아졌기 때문이다. 그러나 우리는 이 승리가 가정 제도에 미친 중대한 결과가 어떤 것인지를 앞으로 보게 될 것이다.[20] 현재로서는 모순과 부조리로 이루어진 풀리지 않는 실타래를 상기시키는 것으로 만족하자. 이 실타래 속에 권리에 대한 우리의 견해가 던져져 있는 것이다. 너무나 많은 권리는 권리를 죽이고 만다……:

법률적인 혼란

우선 우리가 이해해야 할 것은, 법 체계——법 자체——가 지난날에는 그것이 아무것도 할 수 없었던 영역에 소환되어 있다는 점이다. 그것도 반드시 그것의 관할이라고는 할 수 없는 임무들을 수행하기 위해서 말이다. “사법계는 우리 민주 사회에서 갑자기 자신의 위상이 상승하는 것을 보고 있다. 지금까지 사법계는 사회적 관계를 평화롭게 하고, 국가의 행위를 받쳐 주는 구실을 하거나 풍속을 보호하는 역할을 하도록 요청받았는데, 갑자기 세상을 조직화하도록 요청받고 있다. 종교들이 민주주의의 지평을 떠나고, 이데올로기들이 유토피아를 만들어 내려고 고심하며, 복지 국가가 소진한 상황에서 사람들이 정의를 요구하기 위해 되돌아가는 방향은 법이다.”[21]

미국에서 성희롱에 대한 형벌의 강화는 사적 공간의 이와 같은 형벌화 현상에 부합한다. 왜냐하면 희롱의 이러한 범죄화는 범죄적 성격이 확실한 행동과 관행에 대한 단순한 정의를 넘어서기 때문이다. "개념의 점진적 일반화가 노리는 것은 사회적 관계에서 애매한 모든 형태를 근본적으로 파기하는 것이다. 그것은 **가장 사적인 행동까지도 법의 테두리 안에 편입시켜야 한다는 필요성을 나타낸다.**"[22]

우리 모두는——직접적이든 아니면 조정적 매체를 통해서든——사법관들이나 경찰들이 마지못해 개인적 갈등에 개입하는 모습을 드러내는 이와 같은 어처구니없는 상황의 증인들이다. 이 개인적 갈등은 더 이상 법률적으로 확인할 수 있는 이해 관계를 대립시키는 것이 아니라 완강한 믿음들, 세계에 대한 견해들, 적대적인 도덕들을 대립시키는 것이다. 따라서 사법관들이나 경찰들에게 요구되는 것은, 단지 권리를 말해 달라는 것만이 아니라 가치를 표명해 주고, 도덕적이거나 철학적인 규범을 결정해 달라는 것이다. 이렇게 하여 그들은 이제 오로지 법의 수호자가 아니라 의미의 수호자로 승진했고, '기적을 행하는' 임무를 띤 본의 아닌 마법사로 승진한 것이다. 사회는 상징적인 것을 생산하는 일을 그들에게 던져 버린 것이다. 이처럼 인식된, 다시 말해 본래의 역할에서 벗어난 '모든 것은 법률로'라는 측면은 집단적 상징들이 불충분한 현상을 홀로 얼버무리게 되어 있다.

그것은 가차없는 대결, 돈으로 요금화된 전략들, 그리고 개인적인 절망으로 이루어진 신랄한 맥락 속에서 이런 일을 해내야 할 것이다. '요금'과 관련해서 우리가 염려할 수 있는 것은, 풍속 사건들을 조직적으로 형법에 따라 처리함으로써 미국에서 보이는 것 같은 동일한 유형의 섹스 비즈니스가 탄생할 수 있다는 것이다. 실제 미국에서 성희롱의 개념에 대한 해석의 동반 확장이 특히 **변호사들을** 성공하게 만들었다. 1990년부터 성희롱 사건의 고소 건수는 5천 건에서 1만 6천 건으로 뜀으로써 세 배나 증가했다. 전문화된 변호사 사무실의 숫자도 동시에 증가했다. 1992년부터 적어도 2천 명의 **변호사들이** 그들의 가장 좋은 수입원 리스트에 민법상의 책임 및 의료상의 과실에다 성희롱을 추가했다.[23]

그러나 나무가 숲을 가릴 수는 없는 것이다. 유럽에서처럼 미국에서도 **비즈니스**는 민활하지만 혼란의 강도를 제대로 감추지는 못하고 있다. 실제 서양의 개인은 규범을 읽을 수 없을 뿐 아니라, 이 규범이 사라지는 현상에 직면하여 책임의 무게에 짓눌리고 있음을 느끼지만 더 이상 어느것도 이를 인도하러 오지 않는다. 1985년에 마르셀 고셰가 말했듯이, 절대 자유주의적인 개인주의는 공포스러운 개인주의로 변모했다. 왜냐하면 "종교의 쇠퇴가 자기 자신이 된다는 것의 어려움을 대가로 치르도록 하기 때문이다." 고셰는 보다 분명히 이렇게 덧붙였다. "우리는 이제 인류의 모험이 시작된 이래로 신들의 은총으로 다소 면제받았던 것을 벌거벗은 채 불안 속에서 체험하지 않을 수 없게 되었다. 각자가 자신을 위해 자신의 대답을 강구해야 하는 것이다."[24] 피에르 르장드르는 다른 관점에서 출발해 동일한 확인에 이르고 있지만, 이를 격분 속에 빈정거리며 표현하고 있다. "탈극화되고 탈의식화된 이른바 연회적 풍토는 인간적인 것을 분쇄하고, 개인을 파괴하여 개인으로 하여금 홀로 무(無)와 대면하도록 만들고 있다. 요령 있게 벗어나라. 마약을 먹어라. 자살하라. 이것은 너의 일이다. 수선할 수 있다면 정비공들이 있을 것이며, 필요한 경우엔 경찰들이 있다."[25] 경찰들에 관해서는 이미 검토했고, '정비공들'에 대해서는 앞으로 보게 될 것이다.

실상 개인은 비참하고 허약하다! 에렌베르크는 다음과 같이 주목하며 동일한 생각을 표현하고 있다. 풍속의 새로운 자유는 이제 아무도 더 이상 그 한계를 실질적으로 결정할 수 없다. 그것은 "개인으로 하여금 점점 더 무거운 책임을 지게 하고, 항구적인 자기 통제 속에서 심리적으로 고갈되도록 만드는 결과를 초래하고 있다."[26] 이렌 테리는 "고립과 유아(唯我)주의라는 이와 같은 이중의 모습" 속에서 "개인주의 해방의 이면"[27]을 본다. 이러한 개인주의는 풍속의 규범이 통일되지 못하고 가벼워진 가운데, 우리 사회가 계속해서 풍속이 억압하고 금지시키는 것을 노출하고 팔고 있기 때문에 그만큼 더 감당하기가 어려운 것이다.

재판관들과 경찰들은 이와 같은 비논리적인 현상을 책임지는 임무——이 임무는 당연히 불가능한 것이다——가 자신들에게 부과되는 것을 보고 있다. 법에 갑작스레——그리고 비효과적으로——의지하는 것은, 풍속의 해방이 사전 정지 작업을 하는 만큼 더욱 신속하게 법의 가치를 하락시키는 데 기여한다. 왜냐하면 이 해방이 "법이 지닌 의미 있는 모든 기능의 상실"[28]을 배태시켰기 때문이다. 가정법의 전문가인 이렌 테리는 이혼과 관련하여 개인의 문제 전체에 적용될 수 있는 다음과 같은 주목할 만한 사항을 표명하고 있다. "법은 의미에서는 가치가 하락되고, 힘에서는 과대평가된 채 더 이상 아무데도 없으며 동시에 도처에 있다."[29]

어떻게 재판관은 이와 같은 존재론적 함정으로부터 벗어날 것인가? 그건 매우 간단하다. 재판관은 차례로 전문가인 정신과 의사 같은 다른 주인공에게 떠넘기는 것이다. 구속과 강제성을 느낀 재판관은 고유한 의미에서 재판을 하는 임무 앞에서 점점 더 달아나고 있다. "그는 힘없는 강자라는 느낌을 준다. 이 강자는 당사자들과 이들의 고문에게, 때로는 전문가에게 결정을 내리는 일을 위임해 버린다. (……) 매년 어린아이들의 보호와 부모의 역할에 대한 토론을 통해 더욱 두드러지게 되는 것은, (……) 정의의 원칙들과 법의 기능들 전체가 합법성을 상실한다는 것이다. 이는 갈등을 사회심리적인 기술로 조정하는 방향을 정당화하면서, 이른바 인문학의 지식을 바탕으로 풍속을 정상화하기 위한 것이다."[30]

'심리학자들'은 서부극의 기병대처럼 포위당한 우리의 정의를 해방시키러 오는 임무를 띤 것일까?

과학만능주의의 회귀

온갖 종류의 '전문가들' ——정신과 의사·성의학자·사회학자 또는 신경과 의사——이 법정에서, 그리고 사법관들 옆에서 수행하는 점증적 역할은 가장 불안하고 가장 고발이 안 된 현상들 가운데 하나이다. 우선 그 이유는 이 역할이 법의 표류(사건들을 '심리화시키는' 표류)를 나타내는 징후이기 때문인데, 법학자들은 이를 고발하는 최초의 사람들이다. 다음으로는 소위 과학적이라는 합리성에 이처럼 필사적으로 의존하는 현상이 역설적인 순진함을 나타내기 때문이다. 이 합리성은 사람들이 믿고자 하는 것보다 더 위험한 것이다.

믿음과 책임에 토대를 둔 윤리적 성격의 모든 판단에 본능적으로 반항하고, 규범적이고 도덕적인 모든 담론에 거부적인 우리는 의학적인 것이 드러내는 허위적 권위 앞에서 그냥 항복하고 있다. 제도들과 정치적인 것, 사회적인 것에 대해 의혹의 시선을 보내는 우리는 자신의 결론을 말하는 '학자' 앞에서 우상을 숭배하는 미신을 믿는 자들이 다시 되고 있는 것이다. 학자가 드러내는 지식은 우리에게 깊은 인상을 준다. 우리는 이 지식 앞에서 우리의 비판적인 감각을 상실해 버린다. 우리는 그의 진단을 고분고분하게 받아들인다. 한 걸음 더 나아가 우리는 이와 같은 치료적인 배려를 요구하기까지 한다. 우리가 알아야 할 것은 가정적인 혹은 개인적인 비극에 대해 이 전문가들의 판단이 그 어떤 다른 고려보다도 우선하여 참으로 쉽게, 그리고 경건하게 받아들여진다는 것이다. 그리하여 도덕주의자·철학자 또는 사제를 경멸적으로 거부하면서, 우리는 디아푸아루스〔몰리에르의 《기분으로 앓는 사나이》에 나오는 상상의 의사이다〕를 의식의 새로운 지도자로 만드는 데 동의하고 있다.

물론 전문가의 말은 자문적인 가치밖에 없으며, 결정은 결국 법관에 귀속된다고 반대 의견을 내세울 수는 있다. 그러나 우리는 사태가 그런 식으로 해결되는 것이 아니라는 것을 알고 있다. 한 명의 죄인을 의학적으로 범주화하는 것은 그 자체가 그를 해를 끼칠 수 없는 상태로 만드는 것, 다시 말해 그를 '근절시키는 일'에 한몫을 하는 판결인 것이다. 이처럼 소환된 과학은 감금의 다른 형태가 되는 것이다. 우리를 매우 두렵게 하는 자로부터 벗어나기 위해, 우리는 감옥과 '심리학자'의 판단에 동시에 의존한다. "사회는 배려와 형벌 사이의, 감옥과 대체적인 조치 사이의 모든 차이를 상실하고 있다. 악은 감옥 이외에 다른 형벌이 있을 수 없고, 무기 이외에는 다른 가능한 기간이란 있을 수 없는 것처럼 되어 있다. 통제할 수 없는 성적 충동에 영향을 미칠 수 없다는 불가능성에 직면하여 또한 여기에서 확인하는 것은, 우리의 가장 나쁜 적인 타락한 개인에 달려드는 유일 사상의 진전이다."[31]

　지식들——우리는 이 지식들이 불안정한 것이고, 이의가 제기될 수 있고, 칼 포퍼가 말하는 의미에서 위조될 수 있는 것[32]이라는 짐을 잊고 싶어한다——에 이처럼 성급하게 의지하는 것은 고유한 의미에서의 미신이다. 어쨌든 이 미신은 무서운 것이다. 성 및 형법과 관련하여 그것은 고대의 매우 잔인한 법률적 전통을 되살리고 있다. 실제 아주 오랜 전부터(이미 고대 로마에서) 재판관들·정치인들이나 압제자들은 자신들의 단죄 행위를 정당화하기 위해 의학에 의존한다고 주장한다. 성과 이탈 행위·타락·정상과 관련하여 역사가 우리에게 제시하는 것은 더할 나위 없이 비상한 의학적 소화집(笑話集)이다. 그리하여 각 시대는 이전 시대들의 무지에 오욕을 씌울 만한 근거가 있는 것이다.

　그래서 우리는 사람들이 다음과 같은 일화를 상기시킬 때 웃음을 터뜨린다. 수많은 예들 가운데 하나만 들어 보자면, 쥘리앵 비레 박사가 1880년에 현학적으로 입증한 것으로 결혼한 여자에게 자신감을 주었던 것은 '정자의 에너지'였다는 주장이다. 그는 이렇게 썼다. "확실한 것은 남성의 정자가 여성의 유기체에 배어들며, 그것이 이 유기체의 기능들을 활성화시키고 북돋워 준다는 것이다."[33] 우리가 18세기와 19세기의 의사들이 수음을 '과학적으로' 악마화한 사실 앞에서 반감을 느끼는 것은 당연하다. 또한 스탈린이 1932년경에 엄격한 성도덕의 회복을 정당화시키기 위해, 잘드킨이라는 또 다른 의사의 '확신'에 도움을 청했다는 사실을 알고 두려움을 느끼는 것은 당연하다. 잘드킨은 "적대적인 계급에 속하는 어떤 인물에 대해 성적 매력을 느낀다는 것은 오랑우탄이나 악어에 대해 성적 매력을 느끼는 것과 마찬가지로 변태적이다"라고 설명했다. 그 자신이 이를 전혀 의심치 않고 믿었던 것이다. 뿐만 아니라 그는 성행위를 지나치게 자주 하는 것은 '시민의 창조적 에너지'와 건강에 극히 해롭다고 간주했다.

반면에 우리는 법정이 어쩔 수 없이 귀를 기울이고, 텔레비전이 불러들이는 이와 같은 '성전문가들'이 늘어 놓는 상당히 흔한 몰리에르풍의 희극적인 장광설을 듣고도 한 마디도 하지 않는다. 특히 그들이 어떤 돌이킬 수 없는 변태성욕자를 모두에게 지적할 때는 말이다.

그렇다면 왜 이와 같이 고분고분하는가?

'괴물'의 모습

우선 우리로 하여금——합리적인 정도를 넘어서——이와 같은 실증주의적인 퇴보로 기울게 하는 것은 두려움이다. 실제 법률적인 것을 의학적으로 조치함으로써 초기 범죄학에서 보여지는 가장 오래 된 인물들이 다시 나타나고 있다. 이른바 '범죄적 천성'을 타고난 인물, 즉 범죄학에서 늙은 달(잊혀진 인물)이 다시 나타나는 것이다. 이 인물과 형법과의 관계는 '강한 성(남성)'에의 준거와 인류학과의 관계와 같다. 예를 들어 《범죄적 인간》(1874)의 저자이자 이탈리아 범죄학자인 체사레

롬브로소로부터 나온 '타고난 범죄자'라는 인물이 그런 경우이다. 다윈의 제자이자 진화론의 급진적 신봉자인 롬브로소는 일탈과 범죄는 순전히 생물학적인 현상이라고 평가했다. 몇몇 해부학적이고 생리학적인 특징 덕분에 확인할 수 있는 타고난 범죄자는, 그가 보기에 원시적인 야만인이 우연히 다시 살아난 것에 불과한 것이었다. 그리하여 의학을 통해 변태성욕자를 지칭하는 것은, 고비노의 인종 불평등에 대한 이론이나 유대인의 형태학적 특성을 규정하는 나치의 이론들처럼 낡아빠지고 망상적인 전통을 되살리는 것이다. 사실 이 전통은 새로운 '괴물,' 다시 말해 위험의 가차없는 제거를 정당화시키게 만든다. 이와 같은 퇴보적 회귀의 심각성에 어떻게 이처럼 주의를 기울이지 않을 수 있단 말인가?

고등법률연구소의 사법관들이 심한 불안을 느끼는 것은 성범죄 영역에서의 현대 범죄학의 이와 같은 표류이다. "사람들은 책임의 관념과 아주 동떨어져 있다. 그런데 이 관념이 주체에게 결정의 공간을 간직하게 해주거나, 아니면 적어도 이 공간을 적절히 철회하게 해주는 것이다. 이러한 상태에서 어떻게 한 개인에 대한 형벌을 규정할 수 있는가? 다만 전문가의 주기적인 평가에 종속된 불확정적인 형벌만이 타당한 것이 된다. 전문가는 정신의학이 배제되었다고 믿어진 실증주의에 의해 재판관으로 인정된다. 위험성의 관념은 성도착자를 우리가 지닌 공포의 희생양으로 고정시키고, 그가 공동체 세계 속에 다시 통합될 어떤 가능성도 금지시킨다."[34]

따라서 우리가 이렇게 정상적 상태와 변태적 상태 사이에 전혀 양심에 거리낌없이 실행하는 기계적인 차별화는, 범죄자들을 결정적으로 격리시키는 것을 용이케 하는 장점이 있다. 화학적 치료, 의학적 조치, 격리 조치를 받게 되는 '정신병자'나 '괴물'의 모습은 이제 대중 매체의 도처에서 나타난다. 그러나 이것이 전부는 아니다. 이러한 의학적 조치화는 책임·자유·회개·사회 복귀의 관념을 몰아낸다. 그것은 우리로 하여금 모든 도덕적 질문을 편리하게 우회하도록 만든다. 성과 관련하여 사회는 이제 '정상적인 자들'과 '비정상적인 자들'로 구성되어 있을 뿐이다. 사회는 찾아내고 그 자체로서 다루기만 하면 충분한 의학적인 다원적 결정에 의해 관리되는 것이다. 인간의 자유가 끊임없이 행위로 넘어가고 싶은 유혹들에 직면하고, 복잡하고 예측할 수 없는 충동들에 직면하지만, 최소한의 인격적인 구조만 있어도 이것들에 저항할 수 있다는 가정, 자신의 자유 의지와 대결하고 이 의지를 책임지는 개인성의 관념, 이 모든 것은 알 수 없는 호르몬상의 숙명이란 가정에 의해 일소되어 버렸다. 이렇게 하여 비워지는 것은 각자의 선택에 제공되는 선과 악의 관념뿐 아니라 **인간성** 자체의 개념이다.

역사의 비장한 아이러니 효과를 통해 이런 식으로 재도입하는 것은, 예를 들어 우리가 동성애와 관련하여 쳐부수려고 그토록 애썼던 것, 즉 생리적인 속성을 지닌 비정상성이다. 이 비정상성은 끝까지 감당한 자유로운 선택과 반대되는 것이다. 과학적인 것의 허위적 권위에 의해 허위적으로 안심한 우리는, 이와 같은 의학적 조치화가 예고하는 은연한 정상화를 경계하지 않는다. 미국에서 지나치게 강렬한 성욕은 때때로 기능 장애나 종속성(중독)으로 간주되어 클리닉에서 치료를 받게 된다. 전문가의 지배 뒤에는 도덕적 질서를 대체하고 있다고 보여지는 의학적 질서의 위험이 윤곽을 드러낸다. 그리고 이 의학적 질서는 우리로 하여금 도덕적 질서를 곧바로 그리워하게 만들

수 있는 것이다.

미셸 푸코는 이와 같은 오웰적인 변화의 유형을 예감했는데, 이 모든 것은 그의 영광이라 할 것이다. 그는 우리의 욕망을 통제하는 새로운 장치들——매우 효과적인 장치들——이 다양화되는 것을 우리가 분명히 보게 될 수 있을 것이라고 판단했던 것이다. 어떤 질서의 형태가 제도 덕분에 유지되는 것이 아니라, 이른바 **성과학**[35]에 따라서 욕망이 정상 상태에 있으면서 조정되도록 협박을 함으로써 유지되리라는 것이다. 널리 퍼진 선전이나 허위적으로 호의적인 **여론**이 조정자의 역할을 대신할 것이다. 실증주의적인 발상의 이와 같이 완전한 심문의 출현은 19세기에 시작되었다.

가장 놀라운 것은 의사들 자신이, 특히 '심리학자들'이 성범죄와 관련하여 부여받은 짓누르는 임무에 대해 항상 행복해하는 것은 아니라는 사실이다. 그 중에서도 한 여성 정신분석학자의 다음과 같은 항의를 통해 판단해 보자. "주관적인 차원을 부차적인 것으로 돌리고, 충동의 내분비적인 현실을 우선시하는 문제에 대한 사회적인 비전(안전 및 보건과 관련된 비전)이 궁극적 문제라면, 정신 세계와 이 세계의 '전문가들'을 무엇 때문에 끌어들인단 말인가? (……) 심리학자들은 본의 아니게 마법사들의 자리와 사법관들의 조수 자리를 차지하게 되었다. 이러한 이유로 그들은 파산할 수밖에 없다. 중기적으로 이러한 논리가 심리 현상과 사법의 상관 관계를 계속해서 획책한다면, 머지않아 마녀 사냥이 개시될 위험이 있다. 특히 심리학자들이 자신들에게 제안되는 전능에의 도전이라는 유혹에 넘어감으로써, 자신들이 마법사들도 요술쟁이들도 아니라는 점을 필사적으로 말하지 않는다면 말이다."[36]

　　　　＊　　　　＊

　　　　　　＊

　우리는 자유에 대한 디오니소스적인 약속에 따른다고 믿음으로써, 그리고 욕망을 합의적으로 체계화하는 어떤 것도 거부함으로써 의미의 엄청난 연쇄 충돌에 노출되어 있다. '소외'(이 말은 70년대에 대단히 유행하였다!)의 징표라고 해서 더 이상 내면화하기를 거부하는 그 책임 있는 도덕을 우리는 이처럼 판사와 의사의 손에 겸손하게 넘겨 주고 있다. 의미의 고아가 된 우리는 그들의 학식이 우리에게 최소한의 지표들을 제시해 주기를 기다리고 있는 것이다. 이 지표들은 예전의 윤리적 또는 종교적 버팀목들의 보잘것 없는 대용물들인 것이다. 편견·위험·비용·병리학·형법, 감정적이고 매체를 탄 복수──이런 것들이 새로운 조정의 형태들이며, 우리는 이제 이것들의 압제를 받아들이고 있다.

　그것도 참으로 겸손하게! 그리고 참으로 선견지명 없이!

13

새로움을 찾는 동성애자들과 여권주의자들

　오늘날 동성애와 여권주의에 대한 논쟁들만큼 자연발생적이며 폭발적인 논쟁들은 거의 없다. 논쟁이 일어나자마자 곧바로 나타나는 정열, 폭발하는 논전, 쌍방이 발설하는 상호 배제, 이 모든 것은 사회적인 싸움이 벌어지지 않는 지속적 빈혈 상태와 대조를 이루며, 노동 전선에서 그리고 공장들에서——산발적인 예외를 제외하고——지배적인 낙담한 체념과 대조를 이룬다. 모든 것은 마치 전투적이고 호전적인 능력이 작업장에서 일상적 삶으로 넘어가면서, 조합 부서에서 **에이즈환자협회**로 넘어가면서——일시적인지 모르지만?——추방되어 버린 것처럼 진행된다. 유산, 콘돔, 에이즈, **게이 프라이드**, 남녀 평등, 일상적인 인종차별주의, 이런 것들이——현재 서양에서——갈등의 영역들이며, 피에르 부르디외가 명명한 '불일치'의 주요 대상들이다. 한쪽에는 언어적 폭력과 강장(强壯)케 하는 동원이 있다. 다른 한쪽에는 조합의 비참함, 유일한 사상, 그리고 불안한 체념이 있다. 이것이 현상황이다.

　어쨌든 미국이나 유럽에서 거의 한 주도 거르지 않고 풍속에 대한 하나의 논쟁이 대중 매체를 뜨겁게 달구고 있다. 이 논쟁은 **정도의 차이는** 있어도 60-70년대의 사회적 또는 정치적 투쟁의 격렬함을 연장하고 대체하는 그런 격렬함을 동반한다. 사회적 또는 정치적 투쟁에서 사라진 건설주의적인 에너지가 여기에서 다시 나타나고 있는 것이다. 정치경제에서 야유를 받은 의지주의가 자신의 위상과 매력을 되찾고 있다. 최근 몇 년간에 대해서만 말한다면, 에이즈에 대한 보건 정책의 불충분함, 앵글로 색슨 세계에서 정치인들이 보인 성적인 추잡한 행동, 성희롱과 관련된 수많은 사법적 돌발 사건들, 또는 프랑스에서 동성애 공동체주의에 대한 씻을 수 없는 대결, 이런 것들에 대해 벌어진 신랄한 말싸움을 생각해 보자. 복수심에 찬 발표문들·탄원서들 또는 논단들 같은 텍스트들을 읽어보면 불가항력적으로 예전의 이데올로기적인 대결이 드러낸 신랄함——그러나 이 신랄함의 형태는 바뀌었다——을 되돌아보게 된다. 지난날의 이데올로기적 대결은 전체주의·국유화·냉전·제국주의, 또는 베트남 전쟁을 중심으로 이루어졌다. 동지적인 동일한 애국, 창설적 텍스트들이나 선배들의 투쟁에 오만하게 준거하는 동일한 모습, 논지의 전개에 있어서 관용적이지만 대략적인 동일한 서정성이 드러나고 있는 것이다. 공동체를 배반하는 자, 코너에 몰린 가톨릭교도나 이질적인 파시스트가 부르주아나 착취자 같은 계급의 적을 단순히 대체한 것이다.

사적인 영역——육체, 개인적인 개화, 이성간의 관계 같은 영역——은 **확실하게 주된 투쟁의** 영역이 되었다. 우리가 이런 현상에 놀란다거나 불평을 한다면 잘못일 것이다. 70년대의 '혁명 안에서의 혁명'의 값진 유산인 개인주의의 예찬은, 주요 목표로서 그와 같은 자유를 논리적으로 지칭했던 것이다. 이 목적은 성취된 개인의 해방이 이 해방 자체에 대해 거의 확신을 가지지 못하고, 수많은 모순에 의해 사로잡혀 있으며, 마르셀 고세가 근대성에 대해 상기한, 자신이 된다는 것의 그 유명한 어려움에 의해 잠식되고 있기 때문에 그만큼 더 중대한 목표였다. 해방되었지만 집단적인 것이 상당히 위축된 후, 우리 자신의 고독에 내맡겨진 우리는 이 승리에 찬 자아를 방어해야 할 하나의 기득권으로 만들려는 마음을 먹고 있다.

그런데 이 기득권이란 메타포가 적절치 않은 것은 아니다. 논쟁들이 그토록 활발한 것은 **또한** 개인주의의 성격을 띤 70년대의 정복물들——동성애의 수용, 여자의 해방 등——이 우리가 믿는 것보다 더 허약하기 때문이다. 이 논쟁들에 대한 매체적 합의——이 합의는 거의 만장일치로 호의적이다——가 지속적으로 속일 수는 없다. 도덕적 질서가 복귀할 위험이 부질없는 생각이라 할지라도 동성애에 대한 집요한 공포, 아주 오래 된 남성 우월주의, 억압적인 향수는 여전히 현실이다. 이러한 측면을 확인하려면, 극우파(그리고 때로는 단순히 우파나 좌파까지도) 지도자들의 말을 들어 보거나 글을 읽어보기만 하면 된다. 그들이 가장 합당한 면들을 포함해서 풍속의 해방을 20세기초 공화국을 받아들인 것보다 더 잘 받아들이고 있는 것은 아니다. 과장되게 매스컴을 탄 어린이에 대한 성적 유혹 사건들이 있은 직후인 1997년 봄, 파리의 벽보들은 이미 통용되지 않는 것이라고 생각되었던 어투와 공격성을 드러내며 프랑스의 동성애자들 전체를 비난했다. 따라서 정도의 차이는 있어도, 인종차별주의나 유대인 배척주의도 동성애 공포나 남성 우월주의 경우와 마찬가지이다. 그 어느것도 우리가 경계를 낮추는 것을 정당화하지 못한다. 동성애자들에 대한 '사회적 비난의 감소'가 차별적인 퇴행의 모든 가능성을 물리치는 데 충분한 것은 아니다.

그러나 이와 같은 전략적 필요가 있다고 해서 사유가 금지되어야 하는가? 적이 매복하고 있다는 구실을 내세워 반대 의견과 비판을 그만두어야 할 것인가? 우리는 예전처럼 CIA를 지지하거나 비양쿠르[르노 자동차 공장이 처음 세워진 도시. 이 공장은 1969년 폐쇄되어 많은 노동자들이 실직당해야 했다]를 절망시키지 않을까 하는 엄청난 두려움에 마비되어 있어야 할 것인가? 원칙상의 부조리를 넘어서 이러한 항복은, 논쟁의 신랄함이 이 분야에서 매우 풍요로운 사유를 감추고 있기 때문에 그만큼 더 바람직하지 않은 것이다. 이 사유는 성에서 출발하여, 우리가 앞으로 보겠지만 훨씬 더 방대한 전망으로 나아가고 있는 것이다.

동성애 공포와 공동체주의

사실 '게이'들의 전선에 있는 대부분의 호전적 조직들——프랑스와 다른 곳에 있는 조직들——이 강조하는 것은 이 조직들이 부르고 있는 '동성애 공동체'가 극도로 취약하다는 점이다. 게이 프라이드의 연속적인 성공, 게이 시장의 번창, 부정할 수 없는 게이 로비 단체의 영향력, 이것들이 우리를 눈멀게 해서는 안 된다고 말하고 있다. 인종차별주의 및 전체주의적 경향과 마찬가지로 동성애를 혐오하는 비난은 도처에서 계속 나타나고 있다. 어떤 사회 환경이나 가정, 또는 종교들에서는 자신의 동성애를 드러낸다는 것이 지난날과 마찬가지로 어렵다. 법률적 차원을 포함해 게이의 감성이 이룩한 화려한 정복이 여전히 집요하게 버티고 있는 수많은 고통과 위험을 없앨 수는 없는 것이다. 요컨대 투쟁은 끝난 것이 아니다.

우선 사람들이 사회적·문화적 의미에서 어떤 공동체의 존재——그리고 이 공동체가 지닌 은신처의 기능——를 정당화하는 것은 이와 같은 취약성을 내세운 것이다. 유대인 배척주의가 유대인 거류지에 기여했듯이, 그리고 일상적인 인종차별주의가 문화적 차별주의를 조장하고 있듯이 동성애에 대한 공포 분위기는 별개의 부족적 집단 쪽으로의 퇴각을——기계적으로——만들어 낸다. 이 사회와 더불어 거리와 채팅 장소, 가게, 코드, 그리고 결국은 동질적인 요구들이 나타난다. 게이의 차이와 자긍심을 요란하게 주장하는 데 목표를 둔 모든 캠페인들은 다음과 같은 위로할 수 없는 불안으로부터 비롯된다. 어떤 승리도 안심할 수 있는 것이 아니며, 결코 아무것도 획득된 것이 없다는 점이다.[1]

이와 같은 방어적 호전주의를 옹호하는 이들이 볼 때, 동성애 문제와 관련된 어떤 논쟁들(신중하지 못하든가, 성급하든가, 부당하든가 하는 그런 논쟁들)은 적들에게 무기를 제공함으로써 힘들게 정복한 자유를 약화시키는 불리한 점을 지닐 수도 있는 것이다. 그들은 이에 대한 증거로서 극우 언론이 공동체주의적인 이데올로기에 반대하거나, 에이즈에 직면하여 동성애 단체들이 보여 준 최초의 경솔에 반대하여 내부로부터 나온 비판들을 즐겁게 수집하는 그 성급함을 내세우려 한다.[2] 고전적인 민중 선동이자 주제에 대한 빗나간 메시지로서 이 언론은 이렇게 말한다는 것이다. 여러분도 분명히 보시다시피, 한 동성애 지식인은 알고 있습니다 등.[3]

차이의 권리를 옹호하는 자들은 때때로 자신들에게 제기되는 공동체주의에 대한 소송을 인정치 않을 뿐 아니라, 적어도 프랑스에서 동성애자들이 국민적 응집력과 공화국을 위협하는 오만한 차별주의 집단으로 소개될 수 있다는 점을 인정치 않는다. 그들에게 이 공동체는 집행 유예 상태에서 위협받고 있으며, 수용되었다기보다는 관용되어 있는 것이다. 따라서 그것은 비판을 받기 전에 방어되는 것이 당연하다는 것이다. 액트

업의 투사인 필리프 망조는 이렇게 상기한다. "공동체는 또한 차별의 공통적 경험으로부터 조직된 것이다. 모든 동성애 청년들은 어느 날 자신들이 있어야 할 곳에 있지 않다는 감정을 가지게 되었다. 그런데 더 이상 두려워하지 않게 된다는 것, 그것은 또한 집단을 통해 이루어진다."[4]

　완전히 자유롭게 논의를 해야 하는가, 아니면 나머지에 대해 침묵하면서 싸워야 하는가? 이와 같은 딜레마는 많은 점에서 80년대말경에 전투적인 반인종차별주의자들을 일부 사회학자들이나 지식인들에 대립시킨 그 싸움과 일치한다. 이 사회학자들과 지식인들은 문화적 차별주의와 경솔하게 결합한 매체적 반인종차별주의가 나타나는 것을 보고 기겁을 했던 것이다. 역설 중의 역설이지만, 이 차별주의는 똑같이 새로운 우파의 이데올로기적 작품에 속한다.[5] 불길한 몰지각, 좋지만 피상적인 의도, 좋은 감정들을 나타내는 수사, 이런 것들을 반영하는 '공감적 반인종차별주의'는 80년대 중반에 다소 정부에 의해 도구로 사용되었는데, 분명하게 좌파로 분류되는 피에르 앙드레 타기에프 같은 연구자들에 의해 정연한 비판의 대상이 되었다. 당시에 내부에서 나온 이 비판은 다음과 같은 가장 긴급을 요하는 논지의 반대에 부딪쳤다. 우선 인종차별주의를 쳐부수고, 적을 혼동해서는 안 되며, 적에게 무기를 주는 것을 피해야 한다는 것 등 말이다.

　사람들은 이렇게 반대 의견을 내세웠다. 당신들은 인종차별주의가 무장을 해제하지도 않았는데, 반인종차별주의를 비판하고 있다. 그건 미친 짓이다. 당신들은 소위 인종적 차이가 매일같이 계속해서 증오와 거절을 야기시키고 있다는 것을 망각하면서 차별주의에 이의를 제기하고 있다. 반인종차별주의에 대한 논의가 마침내 마련되기 위해서는 많은 노력과 시간이 필요했다. 그것도 우리가 오늘날 그 타당성을 인정하는 불안하기 짝이 없는 상태로 말이다. 동성애를 한다는 차이에 대해 비판적인 문제 제기는 모든 점에서 견줄 만한 하나의 어려움, 따라서 하나의 단순한 문제, 즉 문제 제기가 시의적절한가 하는 문제에 부딪치고 있다.

까다로운 요구, 명료함, 그리고 시기의 문제가 아닐 수 없다. 그러나 우리가 알아야 할 것은 엄폐된 논쟁들이 조만간 가장 좋지 않은 조건들 속에서 다시 나타난다는 것이다.

동성애의 '창안'

따라서 이 모든 것은 우리가 공동체주의의 적들이 내세우는 논지에 귀를 기울이는 것을 정당화한다. 왜 그런가? 왜냐하면 반인종차별주의 및 동성애와 관련하여 호전적인 좋은 의도가 개념적인 숙명적 실수로 나아갈 수 있기 때문이다. 뿐만 아니라 여러 해 전에 공동체주의에 대한 그러한 불신이 가장 명철한 이들에 의해 표현된 바 있다. 미셸 푸코나 질 들뢰즈[6)의 텍스트들은 규칙적으로 원군으로 끌어들여졌다. 이는 우연이 아니다. 들뢰즈와 푸코는 동성애 요구에 포함된 함정과 올가미에 대해 걱정을 한 최초의 사람들 가운데 속했던 것이다. 그러나 그들은 이 요구를 지지했다. 예를 들어 조직적인 희생화 경향(자기를 희생자로 내세우는)이 그런 것인데, 이 경향은 차츰 고통주의적이고 정신분열적인 담론을 유발할 수 있으나 자기 긍정과는 아무런 관계가 없다. 아니면 또는 선전에 열을 올리는 고백(자신의 의사를 공개적으로 표명하고, 음지에서 나오며, 부끄러움 없이 자신을 노출시키고, 은밀한 곳 밖으로 드러내는 등)이 그런 것으로, 이는 70년대와 80년대에 대단히 유행했다. 푸코가 경계했던 공개적인 고백을 이처럼 지나치게 가치화시키는 현상은, '모양만 바꾼' 일종의 독단론을 부추기고 새로운 소외를 야기할 위험성이 있지 않았던가?

결국 왜 사람들은 이와 같은 신분의 공표를 강요하는 것일까? 마치 공동체적 의무와 개인적인 성취라도 되는 것처럼 말이다. 지배적인 사상이 불가피하게 만들었던 이와 같은 고백의 통과를 집요하게 거절했던 자들이 사람들이 생각하듯 항상 비겁한 것은 아니었다. 요컨대 그들은 고백을 결코 하지 않는 것이 내 마음에 든다면? 하고 물었던 것이다.

그러나 미셸 푸코에게 위험스럽게 보였던 것은, 특히 **성적 기호**(嗜好)를 **본질화하는 것**이다. 동성애가 홀로 하나의 정체성을 확립할 수 있는가? 옛 그리스인이라면 터무니없는 질문일 것이다. 우리가 알다시피, 그리스의 사상은 동성애 관행을 단죄하지 않았다. 반면에 그와 같은 기호를 절대화하는 것은 완전히 낯선 것이었다. 아테네에서는 자유롭게 받아들인 관행이 있을 수 있었지만, 동성애가 그 자체로서 존재하지는 않았다. 다시 말해 결정적이고 배타적이며 낙인이 찍힌 동성애가 존재하지는 않았던 것이다.

푸코는 이렇게 쓰고 있다. "그리스인들은 자신의 고유한 성에 대한 사랑과 상대방 성에 대한 사랑을 두 개의 배타적인 선택처럼 대립시키거나, 근본적으로 다른 두 행동 유형처럼 대립시키지 않았다. 분할선은 그러한 경계를 따르지 않았다. 도덕적인 관점에서 볼 때, 자제할 줄 알고 자신을 지배할 줄 아는 이를 쾌락에 빠진 이에 대립시키는 기준은, 사람들이 가장 기꺼이 빠질 수 있었던 쾌락의 범주들을 구별짓는 기준보다 훨씬 더 중요했다. 풍속이 해이하다는 것은 여자에게도 소년에게도 저항할 줄 모른다는 것이었다. 그렇다고 소년에게 저항하지 못하는 것이 여자에게 저항하지 못하는 것보다 더 심각한 것은 아니다. (……) 우리는 그들이 남녀간에 할 수 있는 자유로운 선택에 대해 생각하면서 그들의 '양성적 욕망'을 이야기할 수 있다. 그러나 이 가능성이 그들에게 욕망의 이중적이고 양면적이며 '양성적'인 구조에 준거한 것은 아니었다. 그들이 볼 때 자신들이 어떤 남자나 여자를 갈망할 수 있게 된 것은, 오로지 자연이 성별을 불문하고 '아름다운' 사람들에 대해 욕망을 일으키도록 인간의 마음을 만들어 놓았기 때문이었다."[7]

오늘날 동성애자들이 드러내는 신분상의 정체성 요구를 그리스인이 보았다면, 그것을 문자 그대로는 이해할 수 없을 것이다. 하나의 사회적 지위를 요구하면 이 지위에 구속되지 않을 수 있겠는가? 이 지위는 일단 획득되면, 당신을 완전한 주민등록상의 신분이란 좁은 영역에 가두어 버릴 것이다. 사람들이 요구하는 것이 자신의 유일한 사랑의 경향을 통해 자신이 지칭되고 신분이 확인되는 '권리'일까? 한 인간이 자신의 성적 욕망으로 요약될 수 있는 것일까? 이와 같은 범주화를 플루타르코스의 동시대인이 본다면 터무니없다고 생각할 뿐 아니라, 그것이 당사자 자신들이 요구하고 있다는 것을 알면 충격을 받을 것이다. 그것은 자진하여 검열관의 명령에 복종하는 것이 아닐까? 그것은 각자로 하여금 자신의 가슴에 장밋빛 삼각형을 달도록 유도하지 않을까? 그리스인들이 이와 같은 가능성을 물리친 유일한 사람들은 아니었다. 중세에 때에 따라서 남색을 행하는 쾌락주의자도 자신이 결정적으로 동성애자로 분류되는 것은 받아들일 수 없었을 것이다. 후대에 쾌활한 생마르(본명은 앙리 데피아)에게 한순간 유혹을 느꼈던 루이 13세, 콩티 왕자, 오를레앙 공 가스통 또는 게메네 왕자, 이들 모두는 어린이들에 대한 유혹에 예민한 자들이었지만, 자신들이 동성애 공동체에 속하는 동성애자들로 규정되는 것을 받아들이지 않았을 것이다.

우리가 기억해야 할 하나의 자세한 연대기적 측면이 있다. 그것은 동성애가 하나의 범주로서 '창안된' 시기가 명확히 19세기라는 점이다. 이 세기는 부르주아의 퓨리터니즘과 더할 나위 없이 규범적인 과학지상주의를 극찬한 시기였다. 이러한 현상은 우연이 아니다. 푸코는 또한 이와 같은 공존을 간파하고, 이것이 예고하는 위험을 강조했다. "동성애——민법이든 교회법이든, 옛날 법전에 나오는 동성애——는 하나의 금지된 행위 유형이었다. 이 행위를 저지른 장본인은 이 행위의 법률적 주체에 지나지 않았다. 그런데 19세기의 동성애자는 하나의 인물이 되었다. 그는 하나의 과거·역사·어린 시절·성격·삶의 형태를 지닌 인물이 된 것이다. 그는 또한 무례한 해부적 구조와 신비한 생리학적 구조까지 지닌 하나의 형태학적 구조를 지닌 인물이 되었다. 결국 그의 성적 욕망을 벗어날 수 있는 것은 아무것도 없다. (……) 동성애는 이교의 과오에 빠진 자였으나, 동성애자는 이제 하나의 별종이다."[8]

따라서 문제를 삼아야 할 것은 단순히 격리 집단의 문화가 아니다. 그것은 욕망의 이와 같은 소외적 범주화이며, 하나의 정의를 급히 표명하는 그 성급함이다. 사람들은 이어서 이러한 정의를 외부로부터 오는 것으로 추정되는 억압에 대립시키게 된다. 사실 이와 같이 신분상의 정체를 요구하는 물신주의는 유럽보다는 앵글로 색슨 세계에서 훨씬 더 활기차다. 최근의 한 과학적인 돌발 사건은 이 점을 확인케 해준다. 90년대초에 미국 내 게이 공동체의 문화주의적이고 차별주의적인 경향은, 이 공동체의 상당수 구성원들로 하여금 '동성애 유전자' —— Xq28로 불렸다——가 있다는 희한한 일시적 가정(이는 그후 진실이 아닌 것으로 판명되었다)을 **다분히 호의적으로** 받아들이게 만들었던 것이다. 이 가정은 워싱턴에 있는 국립암연구소의 딘 해머 박사가 주장한 것이었다.

이 연구자가 볼 때, 동성애는 그 기원이 태어날 때부터 존재하는 유전적 특성에 있다는 것이다. 그의 정신 속에서 이와 같은 생물학적인 흔적의 발견은 천우신조였다. 왜냐하면 그것은 게이들에게 피할 수 없는 합당성을 부여해 주게 될 것이기 때문이다. 이 합당성은 당시에 과학과 희생자의 지위에 근거한 합당성인 것이다. 대서양 건너편 사람들은 이렇게 반복했다. 동성애자들이 유전적으로 다르다면, 이것이 의미하는 것은 그들도, 그들의 부모도 책임이 없다는 것이다. 그러므로 어느 누구에게도 자신의 피부색에 대해 책임지라고 강요할 수 없듯이, 그들의 욕망이 지닌 성격 때문에 그들을 비난할 수는 없을 것이다. 이른바 동성애 유전자는 미국 게이들에게 '소수의 특권'을 과학적으로 얻게 해주었던 것이다. 이 특권은 미국에서 매우 혜택을 주는 것이었다. 덧붙일 것은 이러한 측면이 그들이 자신들의 차이를 과시하고, 이 차이를 긍지의 동기로 삼으려는 의지를 그만큼 합법적으로 만들어 주었다는 것이다.

반대로 프랑스에서는 딘 해머의 가정이 곧바로 동성애자들 대부분에게 공포스러운 것으로 간주되었다. 여기에는 그럴 만한 이유가 있었다. 그들 대부분은 유전적 이론에 대해 매우 좋지 않게 반응했다. 그들은 이 이론을 나치들의 우생학적 망상과 일치시켰던 것이다. 이러한 반응이 보여 주고 있는 것은, 프랑스에서는 공동체주의가 보편주의에 물든 인류학적이고 문화적인 토대와 계속적으로 마찰을 빚고 있다는 것이다. 앵글로색슨인들과 달리, 우리는 범주적인 분류의 반사 작용에 본능적으로 따르지 않는다. 차이에 대한 자연발생적인 성향에 복종하지 않듯이 말이다. 그러나 이러한 측면이 우리가 그와 같은 표류에 안전함을 의미하는 것은 아니다. 우리가 알다시피, 공동체주의의 유혹은 라틴 국가들에서 점차 증가하고 있다. 동성애·종교·인종·언어 등, 그 어떤 것이 되었든간에 말이다.

이러한 논의들이 일화적이 아니라는 것은 분명하다…….

정체성으로부터 불확정 상태로

때때로 유익한 것은 사태를 원점에서 다시 고찰하는 것이다. 요컨대 풍속의 해방은 어떤 근본적 의도에 따랐던 것인가? 그것은 개인적인 자유의 영역을 최대한 확장시키겠다는 배려를 따른 것이다. 이러한 측면이 바람직하다고 가정했을 때, 자문했어야 할 것은 어던 식으로 이 자유가 동성애와 관련하여 가장 잘 확보될 수 있느냐였다. 차이의 요구를 통해서인가, 아니면 차이의 회복을 통해서인가? 집단적 통합을 통해서인가, 각자의 환상을 통해서인가? 우리가 공동체주의의 적들을 인정하게 되는 것은 이 문제를 유리한 입장에 갖다 놓았다는 공적이다.

하나의 가정을 위험을 무릅쓰고 과감히 제시해 보자. 근대성이 다양한 기호(嗜好)들을 범주화하게 된 것은, 그것이 욕망의 개인적 지배에 대한 모든 관념을 거부했기 때문이며, 그리스인들이 그러했듯이 자기 자신에 대한 이와 같은 지배를 이 다양한 기호들을 초월하는 유일하고 진정한 기준으로 삼는 것을 스스로 금지했기 때문이라는 것이다. 인간들을 분류하기 위해 남아 있었던 것은 그것밖에 없었다. 이른바 하나의 천성——동성애적인가, 이성(異性)을 좋아하는가, 아니면 양성적인가 등——**이 의지와 한편이었던** 이전의 분류들을 대체하였다. 약 30여 년 전부터 제재를 거부하는 자유주의적인 해석을 따라서 끝없는 발산, 열광적인 만족이 유일한 긍정적 가치를 형성했다. 구속 없이 즐긴 자는 근대인이었고, '폭군 에로스'를 경계하거나 어떤 신념에 충실한 자는 고대인이었다. 이제부터 사람들은 순결하다거나 방탕하다거나, 자제한다거나 충동에 복종한다거나, 의지주의자라거나 향락자라거나, 금욕주의자라거나 난봉꾼이라거나 등으로 더 이상 분류되지 않게 된 것이다. 각자는 자기 욕망의 국지적인 특성들에 의해 그렇게 되었을 뿐인 것이다.

여기에는 하나의 요술이 있었다. 이 요술은 사람들이 상상했던 것보다는 해방을 아마 덜 가져다 주는 데 기여했던 것이다. 새로운 방탕을 누리는 대신에 사실상 암묵적으로 인정되었던 것은, 어느 누구도 자신의 쾌락이 지닌 특수성에서 더 이상 벗어나지 못한다는 것이다. 벗어나는 것은 바람직하지 않다는 것이 합의되었다고까지 말할 수 있다. 어떤 사랑의 성향——동성애가 되었든 다른 것이 되었든——에 따르는 자는 자신이 이 성향을 지닌 인물임을 **인정하고**, 그에 따른 지위를 받아들이도록 독촉받는 상황에 처하는 것이다. 이 성향을 거부한다면 그는 자기 자신이 되는 것을 부끄러워하거나 용기가 없다고 비난받을 것이다. 그가 이 성향과 결합한다면 동료 공동체는 곧바로 그를 옹호하게 되고 끌어들일 것이다……. 이 점을 곰곰이 생각해 보면 이는 무서운 양자택일이 아닐 수 없다. 그러나 어쩌지 못하고 있는 것이다! 받아들여야 한다는 이와 같은 강박적인 주제에 대해 얼마나 다양한 문학 작품들이 출간되었던가? 얼마나 많은 자기 고백이 '부끄러움에 대한 승리'의 관념, 또는 용기를 가지고 '정면으로 바라본' 진실의 관념을 미화했던가? 나는 마침내 동성애자로서 나 자신을 받아들일 수 있었다 등의 고백 말이다.

자유가 변화를 통해 진정으로 득을 보았는지에 대한 자문이 많이 이루어지지는 않았다. 사람들은 이처럼 욕망이 단호하게 ——그리고 공적으로—— 파편화되는 것이 그저 단순히 전체주의적이 될 위험성이 있다는 것임을 알지 못했다. 이상적으로 말해서, 진정한 자유는 비복종적이고 변화하는 방법으로 살아가는 데 있지 않았을까? 반드시 폐쇄적인 것은 아니고, 언제나 타협이 가능한 기호(嗜好)들에 따르며, 정당화도 순응성도 요구하지 않으면서 말이다. 물론 이 자유는 동성애자 '만'이 될 수 있는 자유를 포함한다. 어쨌든 가장 설득력 있는 유토피아는 양성(兩性, 이것은 또 하나의 범주이다)으로서 살아가고자 바라는 것이 아니라, 이러한 욕망에 저항하는 의지를 포함해서 자신의 성향을 지배하는 자로 살아가는 것이 아니겠는가?

사태를 다른 방식으로 말하자면, 자유는 경련적인 자기 정체성으로부터 온다기보다는 있을 법하지 않은 것과 불확실한 것으로부터 보다 자연스럽게 오는 것이다. 진정한 해방은 어떤 범주에 함몰되는 것에 있다기보다는 모든 범주들로부터 벗어나는 데 있는 것이다. 들뢰즈와 가타리는 25년 전에 불안하고

유랑적이며 경직되지도 특징지어지지조차도 않는 '바람직한 구조'란 유명한 메타포를 제시했다. 이 메타포는 아마 구상중이었던 이상적인 자유와 보다 접근하는 것이었을 터이다. "불확실하고 있을 법하지 않은 표현으로 사유를 해야 한다."(들뢰즈) 거리를 두고 볼 때, 이와 같은 지적은 단순한 양식처럼 나타난다. 그러므로 우리는 동성애 공포를 혐오할 수 있고, 어쨌든 공격적으로 나오는 공동체주의의 요구나 축제적이지만 분별 없는 (동성애자들의) **프라이드** 행사 앞에서 단정할 수 없는 어떠한 불편을 느낄 수 있는 것이다.

뿐만 아니라 프레데릭 마르텔이 권하듯이,[9] 우리가 기억해야 할 것은 70년대 벽두에 《정상 상태에 반대하는 보고서》[10]나 《30억 명의 성도착자》[11] 같은 전투적인 창설적 텍스트들에서 나타나는 슬로건들 가운데 일부가 고정적인 동성애자의 신분보다는 성적 선택의 불확정성과 유동성(양성성, 들뢰즈와 가타리의 '바람직한 구조')을 설파했다는 것이다. 그런데 이와 같은 경계적인 측면은 신속하게 망각되었다……

그렇다면? 1997년 6월 《리베라시옹》의 두 기자는 거리에서 펼쳐지고 있는 그 즐거운 긍지의 합당성을 부정하지 않은 채, 상당히 설득력 있는 신중성을 표현했다. 그들은 이렇게 썼다. "게이나 레스비언이 된다는 것은 역사의 법정에도 매체의 논단에도 증언을 하는 것이 아니다. 그것이 자신의 차이를 '고백하는 것'은 더욱 아니다. 게이가 된다는 것, 그것은 여러 경향들 가운데 하나이며, 이 경향은 다른 경향들에 대해 어떠한 우선권도 가지고 있지 않다. 그것은 다른 경향들처럼 유행, 회오리, 큰 파도, 은밀한 혼란, 이런 것들을 창조하는 권리를 가질 뿐이다. (……) 게이가 되는 것이나 레스비언이 되는 것, 또는 **이**를 지지하는 것, 그것은 단순한 것이다. 그것은 집요하게 버티는 것이자 동시에 사라지는 것이고, 자신을 유지하면서 자신을 단념하는 것이며, 자신을 들면서 해체하는 것이고 남아 있으면서 도망가는 것이다."[12]

'동성애 이론'의 약속

그러나 사건은 예상치 못한 곳에서 다시 불거지고 있다. 미국의 캠퍼스에서 점점 더 적극적인 '동성애 이론'의 모든 지지자들이 결정적으로 초월하고자 하는 것은 신분상의 정체성과 불확정성 사이의, 공동체주의와 보편주의 사이의 끝없는 논쟁이다. 문제가 무엇인지 간단하게 설명해 보도록 하자. 몇 년 전까지 미국의 동성애 운동은 **게이와 레스비언에 관한 연구**를 다양화시키도록 요구하면서 여전히 대학의 영역에서 싸우고 있었다. 신분상의 정체성 요구을 내세워 특수한 지식의 공간을 정복코자 한 것이다. 그것도 미국 내 다른 소수 집단들——아메리카 흑인들, 인디언들, 치카노들(멕시코 원주민), 양성(兩性)을 즐기는 자들 등——과 동일한 자격으로 말이다. 이 소수 집단들은 '정치적으로 올바른' 사상에 의해 열렬하게 방어되었다. 이와 같은 신분상의 요구는 백인 우월주의적이고(**백인우월주의협회**(Whasp)가 내세우는) 이성적(異性的)인 문화의 보편주의적인 주장을 인정치 않고, 역사적으로 억압받고 묻혀지기까지 한 '다른' 문화들(게이 문화는 이 문화들에 속한다)에 자리를 내주고자 하는 것이었다.

한 마디로 이 운동이 획득하고자 했던 것은 다른 모든 이들은 제외하고, 게이나 레스비언인 창조자들의 작품들로부터 출발해 문학과 사회학 또는 음악을 연구할 수 있는 가능성이었다. 그리하여 망각의 불의로부터 한 덩어리의 문화가 통째로 뽑혀 나올 수 있다는 것이다. 이 문화는 세계에 대한 환원시킬 수 없는 감성과 비전을 지니고 있는 것이다. 80년대와 90년대 초에 미국에서는 **게이와 레스비언 연구**를 전담하는 대학의 과들이 많이 생겨났다. (소수 집단의 문화를 전담하는 과들이 동일한 전망 속에서 생겨났듯이 말이다.) 이들 가운데 하나는 1995년 버클리대학에 레스비언, 게이, 양성을 즐기는 자, 그리고 트랜스젠더 연구라는 명칭으로 자리를 잡았다. 이와 같은 특수학문들의 창조는 오늘날 프랑스에서도 시작되고 있다. 그러나 몇몇 심포지엄이나 전문화된 도서관을 통해 신중하게 이루어지고 있다. 사실 피에르 부르디외가 부각시키고 있듯이, 우리가 부각시키고 있는 것은 '게이와 레스비언 연구가 격리될 가능성'이다. "이러한 격리는 이 연구뿐 아니라 다른 것을 포함한 전체 연구에도 해가 되리라는 것이다."[13]

동성애 이론의 지지자들이 내세우는 사상은 그 근본적인 발상에서 아마 사람들이 상상하는 것과는 현격하게 다른 것 같다. 'queer'란 영어 단어는 '낯선'이란 뜻이다. 그러나 친근한 의미에서 그것은 '남색자'나 '여자 같은 남자 동성애자'에 대한 모욕을 나타낸다. 그러므로 이 말이 지닌 일상적 의미로부터 그것을 이탈시켜 동성애 공포를 드러내는 이용자들에게 되던지기 위해, 대학 교수 게이들이 그것을 책임지고 다시 사용한 것이다. 단순하게 말해서 **동성애 이론**이란 것은, 지배적인 문화가 습관적으로 감추어 왔던 동성애의 차원을 백일하에 다시 나타나도록 하면서, 지식——특히 역사적인 지식——을 재고찰하고자 하는 것이다. 이러한 계획이 터무니없는 것은 아니다. 의심할 여지가 없는 것이지만, 우리 문화는 '여백,' 무지, 그리고 다소간 의지적인 궁색을 구간구간 드러내고 있다. 옛날의 정숙함과 금지 사항들은 우리의 기억을 체로 거르듯 엄선했다. 터부들은 회상적이라는 이와 같은 특징을 지니고 있다. 퓨리터니즘——특히 앵글로 색슨족의 퓨리터니즘——에 대해서 말하자면, 그것이 세월이 흐르는 동안 일부 침묵 사항들이 존중되도록 얼마나 주의 깊게 감시했는지 우리는 알고 있다. 그러므로 한 시대나 한 문화에 종속적인 특별한 프리즘을 통해 어쩔 수 없이 읽혀지는 역사는 고상한 의미에서 끊임없이 수정될 수밖에 없는 것이다. 역사는 여전히 하나의 내깃거리로 남아 있다고 말하자.

하나의 사건이나 인물이 지닌 동성애적 차원이 수행한 역할을 전적으로 지식에 비춰서 수정하려고 노력하는 것은 부당한 방식은 아니다. 이러한 방식은 역사를 지나치게 사유적이고, 지나치게 엄격할 정도로 이성적(異性的)으로 읽는 독서가 강요한 단순화와 은폐를 의심하게 해주는 장점이 있다. 그러나 그것은 방대한 프로그램이다! 이 분야에서 최첨단을 달리는 대학들은 듀크·존 홉킨스, 그리고 버클리대학이다. **동성애 이론**을 추종하는 주요 대학 교수들로 말하면, 그들은 이브 세지윅·주디스 버틀러·조너선 골드버그나 마이클 워너이다.

사실 이러한 방식의 시작은 최근이 아니다. 이와 같은 **동성애** 사상의 주요한 주도자는 우리가 앞장에서 여러 번에 걸쳐 인용한 게이 역사학자인 존 보즈웰이었다. (그는 1984년에 에이즈로 사망했다.) 그의 이론의 토대를 닦은 저서——《그리스도교, 사회적 관용, 그리고 동성애》——는 1985년 3월에야 프랑스에서 번역되었다. 그러나 그것이 미국에서 출간된 것(시카고대학 출판부에서 출간)은 1980년으로 거슬러 올라간다. 역설적인 것은, 보즈웰이 5백 페이지에 달하는 전투적인 이 두터운 저서의 처음부터 끝까지 초기와 중세의 그리스도교를 끊임없이 복권시키면서, 그리스도교가 동성애자들에 대해 사람들이 말하는 것보다 훨씬 더 관용적이었다는 점을 입증하고 있다는 것이다.

사람들은 때때로 **동성애 이론**을 차별주의적이고 정체성을 요구하는 방식과 일치시키고 있다. 이러한 태도는 다소 성급한 것이다. 지식의 모든 영역에 침투하고자 하는 것, 지식 전체를 집요하게 재고찰하려는 것, 이러한 시각은 **엄밀한 의미**에서 보편주의적인 계획에 부합하는 것이 아닐까? 그것은 범주적이고 공동체적인 폐쇄성을 단념하는 것을 전제한다. 이 폐쇄성은 **게이 및 레스비언 연구**가 자못 타당하게 비난받는 결점인 것이다. 이 점에 대해 틀리지 않은 이들도 있다. 프랑수아 퀴세는 이렇게 쓰고 있다. "동성애 운동은 오래 전부터 포기된 보편적인 것의 영역에서 낙관적이고 의지적인 고상한 선두로 자처한다. (……) 이때 보편적인 것은 더 이상 '정치적으로 올바른' 길이 사용한 의미의 욕지거리가 아니다. 그것의 목적은 은밀하게 재규정하는 것이고, 자기 것으로 적합하게 만드는 것이며——은밀하고 적이 없는 독서 도구를 드러내는 것이다. (……) 정체성의 찬양자들이 미국에서 추방한 보편적인 것이 되돌아와 애매성의 혼란을 부추기는 데 제 몫을 하고 있는 것이다. 기이한 반전이라 아니할 수 없다."[14]

그래서 **동성애 이론**이 나름대로 그리스인들에게로의 복귀와 집단적 격리의 종말을 예고한다면? 이것은 분명 '성의 혁명'이 드러내는 예측할 수 없는 반전이 될 것이다.

여권주의의 활력

미국의 여권주의 운동 내에서 보편적인 것의 발견이 동일하게 모색되고 있고, 욕망을 의지적으로 지배하는 훈련이 동일하게 다시 나타나고 있다고 주장하는 것이 당치 않은 것만은 아니다.

우선 몇몇 오해를 없애도록 하자. 프랑스에서는 관례적으로 앵글로 색슨 세계의 여권주의가 드러내는 지나치게 분파적인 현상을 야유한다. 프랑스인들은 급진적인 레스비언들, 즉 사도-마조히즘적 레스비언들이나 포르노에 반대하는 전투적인 레스비언들 사이의 격론이 드러내는 극도의 우스꽝스러운 모습을 기꺼이 과장하여 부각시킨다. 그들은 과장적인 비난과 한물 간 투쟁을 꾸준히 야유한다. 프랑스인의 관점에서 볼 때, 미국의 여권주의가 오늘날 구현하는 것은 알 수 없는 어떤 이데올로기적인 신경증이거나 더 나쁜 것으로, 거세적인 엄격주의의 재분출인 것이다. 사실 프랑스에서 이와 같이 정체성을 요구하는——그리고 군소 집단적인——여권주의는, 과거에 가장 호전적인 사회들에서조차도 여론의 호의를 받은 적이 결코 없다.

프랑스 여권주의의 상징적 인물인 모니크 위티그는 《여자 게릴라들》(1969)의 저자로서 회고적으로 이 여권주의를 알아본 최초의 인물이다. 그녀는 현재 애리조나에 살고 있다. 그녀는 이렇게 말한다. "프랑스에서 여권주의자들은 레스비언 그룹이 만들어지는 것을 원하지 않았다. 나는 항상 웃음거리가 되었다. (……) 이 나라에서는 바르트나 푸코 같은 '지식인들도 자신들의 동성애를 부끄럽게 생각했다."[15]

사실 모니크 위티그는 프랑스인의 지배적인 감성에 낯섦을 느끼고 있는데, 이에 대한 그녀가 내세우는 확실한 이유는 그녀가 앵글로 색슨 쪽의 공동체주의를 무조건적으로 지지하고 있다는 것이다. 따라서 오늘날 그녀의 말이 드러내고 있는 어렴풋이 신랄한 야유는 뒤집어질 수도 있는 것이다. **정치적 올바름**과 이를 동반하는 동류 집단적 강박관념은 훨씬 더 가치가 있는 것일까?

그러나 우리가 챔피언으로서 가장 잘 쏟아내는 보편주의적인 야유에 만족한다면 잘못일 것이다. 지나침과 돌발 사건, 소수 집단적 분열, 씻을 수 없는 배척에도 불구하고 미국 여권주의 운동 내에서의 욕망과 쾌락, 인간들, 그리고 사랑에 대해서 성찰하는 깊은 사유는 분명 흥미있는 것이다. 이런 말을 하는 것을 양해하기 바라면서 말하건대, 여기에는 프랑스 '남성'의 관점도 포함되어 있다는 것은 의심할 여지가 없다……

여권주의 운동의 역동적 측면과 역사적 측면을 대략적으로 요약할 필요가 있다. 왜냐하면 그것들은 그만큼 풍부한 가르침을 간직하고 있기 때문이다.[16] 처음에, 다시 말해 60년대초에 여권주의의 요구는, 특히 캘리포니아의 대학 캠퍼스에서, 다음으로 **민주 사회를 위한 학생 운동** 내부에서 표현되는 감성들 가운데 하나이다. 유럽의 동료 여대생들이 곧바로 그렇게 하듯이, 미국의 여대생들이 고발하는 것은 소유적이고 일부일처제적인 차원을 지닌 부르주아 결혼의 소외적 특징이다. 그들은 욕망의 절대권과 쾌락의 순진무구함을 위해 싸우고자 한다. 그들이 보다 단순하게 요구하는 것은 자유로운 사랑에 대한 권리이다.

그러나 이 시기에서부터 두 개의 감성, 두 개의 전략이 그들 사이에 나타난다. 어떤 여대생들에게는, 참여적 투쟁이 오랜 세월 이래로 착취당하고 열등화된 여자들에게 구속의 사슬을 끊어 주도록 해야 하고, 권리와 조건에서 평등을 획득함으로써 남자들을 따라잡도록 해주어야 하는 것으로 나타난다. 다른 여대생들에게는 남자들과의 평등이 정연한 목표도 충분한 목표도 아니다. 보다 야심적인 그들은 단일한 여성적 문화가 존재할 수 있는 권리를 요구해야 한다고 판단한다. 물론 정숙, 한결같음, 그리고 욕망과 감정의 복잡한 관계, 이런 것들은 남자들이 자신들의 이익을 위해 여자들에게 주입시킨 문화적 가치들이다. 그러나 어쨌든 이 가치들은 사랑에 대한 여성적 접근이 출현하도록 만들었다. 이 접근은 남자들의 접근과는 다른 것이고, 보다 문명화된 것이며, 보다 고상한 도덕적 품위를 지니고 그 **자체로서 옹호될 만한 가치가 있는 것**이다. 그녀들이 덧붙이는 것은 남자들을 그들이 지닌 성에 대한 거칠고 폭력적인 개념으로부터 해방시키면서, 그들을 개혁해야 할 각오를 해야 한다는 것이다.

60년대의 이와 같은 여권주의의 큰 인물들은, 물론 《여성의 신비》(1963)의 저자인 베티 프리던과 《성의 정치학》(1969)을 펴낸 케이트 밀레트이다. 이 두 여자들만으로 매우 (미국적 의미에서) '급진적인' 여권주의를 구현하며, 이 급진적 여권주의는 앞에서 환기한 두번째 경향의 입장을 상당히 신속하게 방어하게 된다.

일반적으로 초기에 여권주의자들은 제재를 거부하는 자유주의적이고 쾌락주의적이며, 말하자면 당시에 유행한 '라이히풍의' 분위기에 참여한다. 따라서 자유로운 성적 욕망은 거리가 유지되기 전에 하나의 정복물로서 체험된다. 그리고 그것은 하나의 축제로서 체험된다. 사람들은——일시적으로——실현된 자유주의적인 유토피아라는 상당히 고전적인 도식에 머물고 있다. 그러나 불과 몇 년 안 되어, 이처럼 인식된 '성의 혁명'에 대한 정연한 비판이 급진적인 여권주의자들 자신들에 의해 표명된다. 부지불식간에 그녀들은 역사 속에서, 그리고 상당히 견줄 만한 상황들 속에서 이미 표현된 불안과 불만에 대해 책임을 진다.

그녀들에 따르면, 욕망을 난잡하게 단순히 해방시킴으로써 이 해방이 무정부 상태와 정글을 만들어 내거나, 가장 강한 자들을 위하고 가장 약한 자를 희생시키는 방향으로 기능하는 시장을 만들어 내고 있다는 것이다. 이 경우 여자들은 이전보다 더 노골적으로, 그리고 더 난폭하게 남성의 욕망에 내맡겨진 상황에 처하는 것이다. 그러므로 여권주의자들이 이와 같은 이른바 성의 혁명에서 고발하는 것은 남성 문화의——의식적 또는 무의식적——계략이다. 그녀들 가운데 한 명인 슐러미트 파이어스톤이 제법 양식 있게 고찰한 바에 의하면, 남자들이 합법적인 하나의 여자를 소유할 수 있는 보장을 포기하고 있다면, 그 이유는 그들이 "이제 경제적·감정적 부양을 책임질 의무 없이, 많은 수의 여자들을 소유할 수 있는 수단의 확보를 선호하기 때문이다." 남자들은 '비용을 줄이면서 성의 공급을 증가시키는 것'을 보다 유리하다고 생각한다. 그러므로 여자들은 자신들이 그 대상인 욕망의 페스트 같은 것을 경계해야 하는 것이다.

보다 의미심장한 것이지만, 또 다른 호전적 여권주의자인 로빈 모건은 60-70년대의 범섹스주의를 낳는 쾌락주의적이고 순전히 육체적인 그 활력론을 주저하지 않고 비난한다. 그녀는 이렇게 쓴다. "생식기를 통한 성관계, 육체의 객관화, 난잡함, 감정의 초월에 부여된 중요성, 이 모든 것은 남성적 스타일에 속하는 것이다. 그런데 우리 여성들은 사랑·관능성·유머·애정·약속, 이런 것들에 훨씬 더 중요성을 부여한다."[17]

우리가 여기에서 주목할 것은 자유주의적이고 여권주의적인 이들 여성 투사들의 역설이다. 왜냐하면 이들은 그렇게 우회적인 길들을 통해 가장 전통적인 도덕적 반론(범섹스주의에 대한 불신)에 상당히 접근할 뿐 아니라, 성에 대한 그리스도교적 해석에 상당히 접근하는 입장을 재발견하고 있기 때문이다. 미국 내 캠퍼스에 진을 친 여권주의자들의 이와 같은 도덕주의, 이와 같은 신퓨리터니즘은——특히 유럽에서——많은 비난을 받게 된다. 사실 포르노에 대항해 전개하는 단호한 투쟁 속에서, 캐서린 매키넌·캐들린 배리·안드레아 드워킨 같은 여자들은 우파로 아주 확실하게 드러나는 정절 연맹과 제휴하는 지경에 이른다. 이와 같은 종류의 제휴는 바로 여권주의 진영 내에서 강하게 비판받게 된다.

우리가 언급해야 할 것은, 미국에서 정절 연맹이 뉘앙스를 드러내는 경우는 드물다는 것이다. 프랑스에서 미국의 현실을 설명하는 잣대로서 개신교의 퓨리터니즘을 의례적으로 끌어들이는 현상은, 그것이 지닌 조직적 성격으로 자극적인 것이지만 그래 보았자 소용 없는 일이다. 이러한 청교도적인 문화 자산은 여전히 하나의 현실인 것이다. 우리가 상기해야 할 것은, 미국의 설립자들이 《성서》에서 끌어내 집필한 최초의 형법 조문들이 근친상간·강간 그리고 동성애에 대해 사형을 내리게끔 되어 있다는 것이다. 토크빌은 이미 《미국의 민주주의》에서 이와 같은 엄격성에 대해 놀라움을 나타냈다. 그는 이렇게 썼다.

"결혼하지 않는 사람들 사이의 단순한 성관계가 벌금, 채찍, 또는 결혼을 통해 엄격하게 제재되고 있다."

우리가 미국에서 성문제를 중심으로 한 대결이 비상하게 격렬한 현상을 이해하려면 이러한 측면을 기억해야 하는 것이다.

아폴론과 디오니소스 사이에서

가장 급진적인 여권주의자들과 전통적 도덕 규범 사이의 역설적인 수렴은 여기에서 그치는 것이 아니다. 여권주의 운동의 가장 경직된 경향이 차츰 방향을 잡아가는 것은 일종의 신(新)엔크라티즘, 다시 말해 격식을 차려 자제를 옹호하는 것이다.

우선 국가 여성 조직 내의 급진적 레스비언들——이들은 곧바로 축출된다——의 영향으로, 그리고 이 레스비언들의 지도자의 영향으로 동성애 여권주의자들은 남자들과 여자들의 근본적인 분리주의를 설파하게 된다. 그녀들은 성희롱에 대한 싸움을 극단까지 몰고 가는데, 이 싸움은 '안 돼, 그건 안 돼!'라는 유명한 슬로건에 의해 대중화되었다. 안드레아 드워킨은 심지어 이성간의 성행위를 여자 육체의 '점령'으로 비교하고, 이 성행위에 동의한 여자를 '협력자'로 비교한다.

미셸 페에르는 이렇게 쓴다. "뿐만 아니라 (그녀들은) 성관계 자체가 여자들이 예속되는 장소이자 특별한 순간을 구성한다고 결론을 내린다. 그리하여 적어도 일시적인 이반이 어쩔 수 없는 것처럼 보인다. (……) 결과적으로 성적 차이(이것의 설명은 오이디푸스적이다)의 이와 같은 구조는 여자들로 하여금 이성간의 성관계를 쫓아서 모라토리엄을 채택하지 않을 수 없게 만든다. 실상 이러한 중단은 가부장적 가정의 해체를 서두르기 위해서 필요한 것으로 드러난다. 왜냐하면 가부장적 가정은 여자들을 각기 성적 역할에 예속시킴으로써, 여자들의 종속을 재생산하는 것 이외에 다른 기능이 없기 때문이다."

이러한 단계에서 18 내지 19세기라는 시간의 세월을 넘어 여권주의를 그리스도교의 엔크라티즘과 접근시키는 것은 매우 인상적으로 부각된다. 둘 다 욕망의 통제할 수 없는 폭력에 대해 동일한 불신(욕망은 "그 대상이 무엇이든간에 종속의 요소"(미셸 페에르)로 인식된다)을 나타내고, 궁극적으로 평화로운 관계를 만들어 내려는 동일한 염려를 드러낸다. 뿐만 아니라 일반적으로 여자들의 종속을 영구화시키고 있는 전통적 가정을 전복시키려는 동일한 의지를 나타낸다. 그리스도교의 초기에 일부 그리스 또는 로마의 부인들이 개종하여 순결을 택함으로써, 정통파적인 생각을 가진 당시 사회에 해를 입힌 것은 마찬가지로 부부간의 폭력으로부터 해방되기 위한 것이었다. 〈베드로전서〉(3세기)는 이 모든 것을 자세히 이야기하고 있다. "그러나 순결에 대한 설교에 반한 많은 다른 여인들이 남편들과 헤어졌다. 일부 남자들까지도 아내와 잠자리를 같이하는 것을 멀리했다. (……) 그래서 매우 큰 소동이 로마에서 일어났다."18) 4세기에 로마 귀족의 젊은 여인들이 순결을 택하고, 자신들의 재산을 수도승들에게 물려준 것 또한 아버지의 남성적 권위에 대한 반작용이자 '정략적' 결혼의 운명으로부터 벗어나기 위한 것이었다.

실제 기이한 수렴이 아닐 수 없다…… 여권주의자들의 동기와 어휘가 초기 여자 그리스도교도들의 동기와 어휘에 비교될 수 없다는 것을 제외하면 말이다. 되는 대로 선택된 몇몇 인용이 이를 입증한다. "우리가 오늘날 경험하는 것 같은 남자들과의 성관계는 점점 더 불가능해지고 있다."(안드레아 드워킨) "희생자들이 강간에 대해 하는 묘사를 여자들이 성행위에 대해 하는 묘사와 비교해 보면 충분하다. 둘이 매우 흡사하다."(캐서린 매키넌, 《오직 말뿐》) "사랑, 그것은 의미심장한 시선이 아름답게 장식한 강간이다. 유혹의 게임에서 강간자는 단순히 포도주 한 병을 사는 노력을 할 뿐이다."[19]

70년대에서 80년대 사이에 이루어진 고찰의 상당 부분은 남성의 세계를 여성의 세계로부터 분리시키게 되어 있는 그 존재론적 차이를——여권주의적 관점에서——심화시키는 데 있었다. 사람들이 '문화적 여권주의'라는 명칭을 통해 지칭하게 되는 것은 바로 이러한 태도이다. 이 태도는 상당히 흥미있는 것이다. 미셸 페에르는 이렇게 주목한다. "문화적 여권주의자들은 실적, 경쟁, 지배 의지, 차가운 이성, 이런 것들에 토대를 둔 하나의 남성 문화를 정의해 낸다. 뿐만 아니라 공격적이고 객관화시키며, 난잡한 성향을 띠고 욕망과 감정을 끊임없이 분리시키는 남성적 성욕을 정의해 낸다. 남성성의 이와 같은 특징에 대립되는 것이 근본적으로 일부일처제를 지향하고 나눔과 정서적인 내밀한 관계를 추구하는 여성 문화이며, 엄격하게 생식기적이라기보다는 확산적이고 육체보다는 인물에 집중된 여성적 성욕이다."[20]

남성 문화와 여성 문화 사이의 양립 불가능성 및 소통 불능이란 이 주제는 지난 20년 동안 수많은 에세이의 대상이 되었다. 그리고 그것은 지금도 계속되고 있다……. 이 에세이들 가운데 가장 최근의 것(이 에세이는 화해적인 의도로 집필되었다)은 데버러 태닌의 《당신은 분명 이해하지 못해》[21]이다.

　이와 같은 ‘문화적’ 여성 열성분자들 가운데 가장 단호한 자들이 볼 때 여성들은 남성의 환상으로부터 해방되어야 하며, 그것도 결정적으로 해방되어야 하는 것이다. 문제는 여성 공동체를 단결하여 만들어 내어 이 공동체가 저항하면서 자신만의 고유한 가치들을 가꿀 수 있어야 한다는 것이다. 문화적 여권주의자들은 프랑수아즈 에리티에가 비난한, 차이에 대한 이와 같은 사상을 거부하기는커녕 이 사상을 **자신들을 위해** 요구한다. 그러나 그녀들은 여성의 정신 세계가 한수 ‘위’라고 보며, 우월한 개화적 가치를 지녔다고 본다.

　현실적으로 이러한 구별은 누구보다도 장 카즈뇌브가 개진한 유명한 인류학적인 분류와 유사하다. 이 분류에 따르면, 다분히 남성적 가치들(경쟁·유랑 생활·위험 혹은 정복)에 토대를 둔 디오니소스적 문명은 옳건 그르건간에 여성적인 것으로 간주되는 가치들, 즉 안정·안전·비폭력·경제적 성장 같은 가치들을 우선시하는 아폴론적 문명과 대립된다.[22] 이러한 시각에서 볼 때 ‘성의 혁명’ 앞에서 여권주의자들의 애매한 입장은 전혀 놀랄 것이 없다. 니체적이고 라이히적인 활력론적 해석——자연 상태의 찬양, ‘욕망의 급류 같은 흐름’을 해방시키고자 하는 의지, 암묵적인 남성 우월주의——을 통해 이 성의 혁명은 아폴론보다 디오니소스를 내세우지 않았던가? 본질적으로 그것은 남성적 페이소스로 표현되지 않았던가? 현대인의 감성 가운데 상당 부분이 사회의 여성화, 분명하게 이해된 그 여성화로 기울고 있는데도 말이다. 30년 동안 지배적인 사상은 이와 같은 모순에 대해 숙고하는 노력을 거의 기울이지 않았다. 그렇지만 이 모순은 본질적인 것이다.

　그런데 우리가 모든 과도함을 넘어서, **동성애 이론**을 지지하는 게이 지식인들과 문화적 여권주의자들이 이룩한 공동 기여를 긍정적이라고 판단할 수 있는 것은, 아마 지배적인 가치들에 대한 이와 같은 문제를 토대로 가능할 것이다.

새로운 사랑법?

물론 그 어느 때보다도 오늘날 우리는 수월하게 양측을 야유할 수 있다. 무슨 소리냐고? 동성애자들은 문화 전체를 재고하여 이 속에 감추어져 있었던 것이 나타나도록 하고자 한다. 남녀의 전쟁에서 광란적으로 싸우는 투사들인 여자들은 오만한 남성성이 항복할 때까지 이성간의 관계에 모라토리엄을 선언하자고 권장한다. 서양에서 '성의 혁명'이 일어난 지 30년이 지난 지금, 여권주의자들은 "여자들로 하여금 불타는 욕망을 경계하면서 독립성을 보호하라고 권유하고 있는 것이다!" 이러한 과도함이 거의 도처에서 야기시켰던——그리고 아직도 야기시키고 있는——해설들에 대해서는 길게 논할 필요는 없을 것이다.

어쨌든 잘 숙고해 보면, 이와 같은 요구들 가운데 여러 요구가——비록 그것이 대체적으로 막연할 뿐 아니라 표현된 것은 아니라 할지라도——빌헬름 라이히식의 절대 자유주의적인 유토피아보다 더 매력적이고, 아마 더 합리적인 총괄적 계획으로부터 비롯되고 있다는 것을 알 수 있다. 결국 역사·문화·사랑 자체, 이런 것들에 대한 우리의 집단적 표상을 풍요롭게 하고자 하는 것이 아니겠는가? 우리의 관행과 경직된 표상들 속에 불확실하고 유희적이며 관용적인 몇몇 요소들을 재도입하는 문제가 아니겠는가? 우리가 열정적인 슬로건을 넘어 추구하는 것이 가장 폭력적인 향성(向性)들과 가장 지배적인 행태들을 몰아내는 것이 아니겠는가?

이 모든 것 가운데 불가피하게 조롱의 대상이 되는 것은 아무것도 없다. 사상의 전진과 마찬가지로 역사의 전진은 때때로 우회적인 길들을 택한다. 그리고 우리가 알다시피, 이성은 계략을 싫어하지 않는다. 60년대 쾌락주의가 경멸적으로 거부했던 가치들(정숙·안정·연대)을 동성애자들이——예를 들어 사회 통합적 계약을 요구함으로써——재발견한 것은 이성의 계략이 아니겠는가? 70년대 동성애자들이 남성성의 하나의 이미지, 강박관념에서 벗어난 안정적인 그 이미지를 복원시키고 있음을 본다는 것 또한 하나의 계략이 아니겠는가? 남성성은 마이클 폴락이 강조했듯이, '남성 역할과 여성 역할의 비차별화'[23]에 토대를 둔 이성애(異性愛)적 해방에 의해 호되게 공격을 받았던 것이다.

요컨대 역사에는 이와 견줄 만한 기여들·재발견들, 또는 이처럼 거의 예기치 않은 재창안들을 통해 풍요로워진 또 다른 시대들——예를 들어 르네상스——이 있다.

게이들의 민속이나 그 자체가 여권주의적인 민속, 그 요란한 과시, 매체를 통한 그 적극적 행동주의, 그리고 때로는 거의 우스꽝스러울 정도인 수사적인 그 말들, 이 모든 것의 어느것도 나머지를 은폐해서는 안 된다. 동성애 지식인들이나 예술가들은 현대의 고독과 냉혹함과 단절하는 새로운 관계 양태를 창안하겠다는 의지를 표명한다. 그들은 상당히 아름답게 축제의 의미를 영속화시킨다. 그들은 자신들을 개척자로 자처한다. 그리고 어떤 경우들에서 그들은 실제로 개척자이다. 이 분야에서 독단주의와 경직된 어리석음, 배타성, 또는 무책임성, 이런 것들이 돌아다니는 일이 있다 할지라도 그것들은 매우 확산된 이탈이라는 점을 인정하자. 페에르는 이렇게 상상한다. "문화적 여권주의자들이 그야말로 마지못해 조장하는 것은 새로운 사랑법의 도래일 수도 있다."[24]

이와 같은 단호한 낙관주의가 근거 없다는 것은 확실치 않다. 반면에 확실한 것이 하나 있다. 그것은 서구적 '사랑의 담론'이 오늘날 허우적거리고 있는 이 거대한 혼란 상태가 새로운 행복——함께 존재하는 행복——의 재창안을 그 어느 때보다 더 바람직한 것으로 만들고 있다는 점이다.

14

가정 새로 만들기···

결국 이야기하지 않을 수 없는 것은 가정이다.[1] 사정이 생각보다 그렇게 좋은 것은 아니다. 일부 문제들은 매우 무겁게 정치화되어 있기 때문에 그로 인해 저주를 받고 있다. 가정도 이러한 문제들 가운데 속한다. 수십 년 전부터 가정에 관한 모든 사색은 '가정적 가치들'을 높이 휘두르며, 이 가치들을 원래대로 회복시키기를 요구하는 향수적 우파와 개인의 불안한 방어 및 가정의 증오("나는 당신들의 가정을 증오한다") 등에 매달린 용감한 좌파 사이의 그 절망적인 대결 중의 하나로 신속하게 환원된다. 60년대의 '성의 혁명'은 이와 같은 마니교적인 대립을 격화시켰을 뿐이다. 그러나 잊지 말아야 할 것은 이 대립이 그 이전에 이미 존재하고 있었다는 것이다.

프랑스에서 가정이란 관념 자체는 이제 함축적이 되어 있다. 현대의 정치적 상상력의 세계에서, 그것은 알 수 없는 어떤 확산된 페탱주의에 연결되어 있다. 우파 정당들이나 이와 관련된 로비 단체들이 '진정한 가정'으로 되돌아가야 한다는 필요성을 의례적으로 내세우는 방식은 사실 이러한 불신을 조장하고 있다. 대칭적인 신랄함이 이 방식에 정면으로 대응하고 있다. 장 클로드 밀너처럼 말한다면,[2] 주변의 진보주의는 가정에 준거하는 것이라면 어떤 것이든 동일한 단순주의로, 본능적으로 악마화하고 있다. 그리하여 깊은 사유를 메마르게 하는 과장된 대결이 영속화되고 있다. 이렌 테리가 사태를 지성적으로 해결하는 데 별로 도움이 되지 않는 이와 같은 화석화된 투쟁에 경계를 나타내는 것은 틀리지 않은 것이다.

그녀는 이렇게 쓰고 있다. "우리가 경계를 하지 않는다면, 가정의 방어자들과 개인의 방어자들 사이의 대립으로부터 우리 자신이 빠져 나올 수 없다는 것을 두려워해야 한다. 이들 커플의 시대 착오적 발상이 우리가 벌이는 논쟁의 보이지 않은 의무적 틀을 아직도 제공하고 있는 실정이다. (……) 이와 같은 역설, 다시 말해 아주 오래 된 대립의 끊임없이 다시 태어나는 힘을 어떻게 설명할 수 있는가? 마치 이 대립은 사회의 '진정한' 기본 세포라는 점을 선택해야 하는 것처럼 나타난다. 마치 전통주의자들이 내세우는 가정이 유일한 가정이며, 심지어 가정이란 낱말이 그들의 것인 양 되고 있다. 그리고 마치 자유는 무한하게만 존재하며, 개인은 전능한 힘의 주장 속에서만 존재하는 것처럼 되고 있다."[3]

이와 같은 반복적 대결은 단견적이기 때문에 그만큼 더 헛된 것이다. 그리고 그것은 기억도 없이 아득한 것이다. 실제 그것은 부정확한 가설에서 출발하고 있다. 이 가설에 따르면, 가정은 보수적인 가톨릭의 가치로서 영원하다는 것이며, 그것에 이의를 제기하는 것은 반드시 '좌파'라는 것이다. 현실적으로 가정은, 예를 들어 민족이나 문화적 차별주의 같은 것이었고, **이동적인** 가치였다.[4] 역사적으로 볼 때 그것은 때로는 우파, 때로는 좌파와 영합했다. 19세기말에 산업 혁명에서 착취당한 프롤레타리아들은 가정에서 피난처를 보았지만, 이 피난처는 자본주의 부르주아 계급, 노동의 비참, 도시화, 어린이들의 노동 등에 의해 위협을 받았다. 50년대에 미국에서는 개인적 유대 관계를 위한 궁극적 보호처로 간주되고, 산업 자본주의의 냉혹함에 평형추처럼 간주된 가정에 대한 이와 같은 비전이 톨콧 파슨스 같은 작가들에 의해 옹호되었다.[5]

　파슨스에게 "가정의 주요 기능은 개인적 관계가 가능한 공간을 구성하는 것이었다. 이 공간에서 효율성에 대한 염려는 감정을 우선하지 못했다. 이곳에서 각자는 자신의 행실과 장점이 무엇이든간에, 동반자 또는 아이로서 가정 내에 자신의 유일한 지위로부터 오는 애정을 보장받았다. 사회적인 진보가 신분들의 사라짐을 요구하는 사회에서, 가정만이 신분적인 따라서 무조건적인 관계를 여전히 제공했다. 그리하여 가정의 행복은 사회의 기능이 제대로 작동하는 데 필요했다."[6]

　그리스도교에 대해 말하자면, 앞의 장들에서 고찰했듯이 그것은 권위적이고 가정적인 논리보다는 개인 쪽에 지속적으로 호의를 나타냈다. 결혼보다는 독신에 더 가치를 부여하는 가톨릭교도들은 이 점에서 개신교도들과 구별되었다. 개신교도들은, 루터의 말을 따르자면 결혼 속에서 '하느님을 기쁘게 하는 상태'를 보았던 것이다. 그리스도교의 초기에 《신약 성서》──예를 들어 〈누가복음〉과 〈마태복음〉[7]──에 드러나는 가정에 대한 분명한 비판은 유대인들의 빈축을 샀다. 사실 유대교는 가정의 단합과 후손에 대한 교육적 염려를 단호하게 중시하고 있다. (이것이 유대교의 풍요로움 가운데 하나이다.)

　마지막으로 우리가 기억해야 할 것은 나치의 이데올로기 학자들이 전통적 가정을 찬양하기는커녕, 이 전통적 가정을 민족이라는 보다 큰 연대 의식 속에 해체하려는 생각을 했다는 점이다.

극복된 싸움

가정에 대한 관념을 근본적으로 가톨릭적이고 보수적이며, 나아가 페탱적인 가치로 지칭하는 것은 분명 최근의 시사적 상황과 역사를 혼동하는 것이다. 그것은 엄밀한 의미에서 건망증이나, 같은 말이지만 무지로 인해 죄를 짓는 것이다. 사실 최소한의 구별이 불가피한 것이다. 권위주의적이고 전체주의적인 순응주의에 따르는 안정적 사회에서 가정은 전달과 사회적 '재생산'의 장소로서 기존 질서를 위한 실질적 도구이다. 그것은 분명 복종을 수련시키는 기구이고, 순응주의와 전통의 장소이다. 반면에 큰 단절의 시기에는 상황이 더 이상 동일하지 않다. 이 시기에는 엔트로피(에너지의 퇴락), 무질서, 그리고 사회적 원자화가 위세를 떨친다. 다시 말해 이 시기에는 가치들을 전달하는 모든 능력이 극도로 약화된다.

가정은 이때 인간화의 방파제가 다시 되고, 유아주의(唯我主義)적인 야만성에 저항하는 방파제가 다시 된다. 그것은 미래에 대한 최소한의 표상과 어떤 초월이 지배하는 최후의 장소를 나타낸다. "모든 개인과 모든 가정은 그들을 창설하고, 그들을 종의 법칙에 고정시키며 합법화하고, 문화 속에 편입시키면서 그들에게 인간애의 표시를 각인시키는 것이라도 되는 듯이 이 초월에 원칙적으로 준거하는 것이다."[8] 그것은 이렌 테리가 '속박 없는 현재의 무의미함'이라고 부르는 것에 '진보주의적' 거부의 장치를 나타낸다.

우리의 현대 사회가 이 지경에 다다른 것은 분명하다. 이상적 급진주의 속에서 금세기말의 시장 경제, 극자유주의, (단체를

통한) 소비자 보호, 이런 것들은 구속도 소속도 없이 소비자들
——또는 샐러리맨들——과 교섭하기를 선호한다. 그것들은
조정 장치는 그 어떤 종류가 되었든 아무 소용이 없는 것으로
간주한다. 그런데 가정의 구조와 유대는 하나의 조정 장치를
구성했다. 이론적으로 가정은 무상성의 더할 나위 없는 장소였
다. 그것은 원래 시장 질서와 대립되었다. 따라서 '성의 혁명',
급진적 개인주의의 이탈이 시작된 지 30년이 지난 지금, 우리
는 '사회의 기본 세포 조직'이 최종적으로 풍화되는 현상 앞에
서 현기증에 사로잡혀 있다. 이처럼 긴급한 상태에서 가정을 중
심으로 한 우파와 좌파의 난투는 더 이상 통용되지 않아야 할
것이다. 우리가 제재를 거부하는 성적 자유주의에 대해, 유랑
적인 쾌락 및 무질서한 향락에 대한 권리에 대해 계속해서 수
다를 늘어놓으면서, 이 모든 것이 가정의 문제와는 관계가 없
다고 더 이상 믿는 척해서는 안 되듯이 말이다.

　그러나 좀더 정확히 해보자. 우파와 좌파의 이와 같은 논쟁
적인 횡설수설——가정의 방어자와 개인의 옹호자들 사이에 형
식에 치우친 대결——이 아주 몰지각한 모습으로 아직도 침투
하고 있다 할지라도, 이는 매체적이거나 선거 전략적인 욕설의
수준에 머물고 있다. 그것은 레지 드브레이처럼 말한다면, 밀물
의 사유 수준에 머물고 있는 것이다. 다른 차원에서 각자는 집
에는 가정이 있다는 것을 이해했다. 쌍방은 자신들의 최초 이
데올로기적 신조가 지닌 편협함을 초월하는 것을 배웠다. "자
유 우파는 '진정한 가정'의 향수에 이제 집착하지 않게 되었다.
사실 이 진정한 가정은 자유 우파 자신이 민법의 수정을 통해
해체시키는 데 기여했던 모델이다. (……) 사회적 좌파 쪽은 풍
속의 변화에 대한 일종의 개선적인 지지를 향상시키고자 하는

노력을 그만두었다. (……) 가정이 사회적 위기의 맥락 속에서 불안정하게 되는 현상은 좌파에게 불평등의 새로운 원천처럼 보였던 것이다."[9]

세세한 측면이지만 의미 있는 것은 지식인들이나 사회과학 분야에서 볼 때, 이와 같은 자각이 **우선 여자들의 현상 같다는** 것이다. 여자들에게 표해야 할 경의인 것이다. '가정을 다시 만들어야 할 필요성'에 대한 가장 명철하고 가장 고심한 사색과 새로운 윤곽들(재구성된 가정 등)에 대한 가장 진지한 분석은, 특히 여성 작가들이나 연구자들이 내놓은 것이다. 이것이 바로 가정의 옹호자들이 여자들을 주방으로 되돌려보내려고 한다고 비난하는 데 만족하는 모든 이들의 투덜거리는 소리를 무력화 시키는 것이다. 크리스티안 올리비에·주느비에브 들레지 드 파르스발·에블린 쉴르로·이렌 테리·카트린 라브뤼스 리우·카롤린 엘리아셰프 같은 에세이스트들만을 예로 든다면, 이들은 가정 제도가 이처럼 무너진 데 따른 결과와 이를 복구시키려는 수단에 대해 성찰하면서도 반동적인 일을 하고 있다는 감정을 가지지 않고 있으며, 사실상 자신들이 생생하게 구현하고 있는 여자들의 해방을 위험스럽게 하고 있다는 감정도 가지고 있지 않다.

그러나 이들 각자는 자신의 분야——정신분석학·사회학·법철학·민법·역사 등——에서, 그리고 각자 나름대로 현재의 상황 앞에서 동일한 공포를 나타내고 있다. 에블린 쉴르로는 이렇게 쓴다. "내가 자유로운 피임을 위한 투쟁의 기수로서 증언하고자 하는 것은, 성의 자유가 마침내 열어 놓은 문 뒤에서 무엇이 우리를 기다리고 있을 수 있는지를 우리가 전혀 상상하지 못했다는 것이다. 그렇다. 어떤 여자들은 죄가 없는 낙원을 꿈꾸었지만, 그것을 상상하지는 못했다. 다른 여자들은 성의 자유가 그들에게 정신 건강을 가져다 줄 것으로 확신하고 확신했다. 그녀들은 자신들이 효율적인 피임에 의해 보호되는 순간부터 정신병·불안·여성적 우울증의 종말이 올 것이라고 예언했던 것이다. 또 다른 여자들은 사랑을 지속시키고, 따라서 결혼을 구하기 위한 기적적인 치유책을 이 자유로부터 기대하였다."10)

아버지 없는 사회

우리가 기억해야 할 것은, 지난 30년 동안 우리가 경험한 것이 단지 풍속의 혁명이나 성에 관한 우리의 집단적 표상이 뒤죽박죽된 것만이 아니라는 점이다. 우리는 인구통계가 무너지고, 결혼이 쇠퇴하고, 이혼이 평범해지거나 자유주의적 태도가 전례 없이 확산되는 현상만을 기록한 것이 아니다. 보다 구체적이고 보다 지속적인 방식으로 진정한 **법률적 혁명**이 같은 시기 동안에 이루어진 것이다. 이것이 바로 오늘날 가장 실감할 수 있는 것으로 남아 있는 것이다. 그리고 이 점은 사소한 것이 아니다. 민법(가계, 결혼, 어린이의 권리, 여자의 지위, 부모의 권위 등)은 이와 같은 문화적인——그리고 거의 실제적인——지진을 영속화시키면서 조문들 속에 삽입했다.

그런데 이러한 법률적 혁명이 개인의 자유에 있어서 논의의 여지없는 진보라 할지라도, 그것은 무한히 더 애매한 결과들을 야기시켰다. 이 결과들은 우리가 오랫동안 정면으로 바라보는 일을 거부했던 것들이다. 가장 난처한 결과들 가운데 하나는,

아버지라는 인물이 거의 사라져 버리고 부성이 파멸했다는 것이다. 이는 함정을 지닌 불균형으로서 여러 해 동안 사람들이 침묵을 지키고자 했던 것이다. 그만큼 그것은 풍속과 관련한 '유일한 사상'을 퇴행시키기 때문이었다. 위험한 사태를 바로 보기를 피한 행태가 아닐 수 없다! 에블린 쉴르로는 이렇게 고백한다. "부성과 관련하여 일어난 일, 아버지들에게 현재 일어나고 있는 일, 아들들에게 몹시 상처를 줄 위험이 큰 일, 이런 것들에 대한 침묵은 나를 아연실색케 한다. (……) 사람들은 수집할 수 있는 앙케트나 여론을 소홀히 하고 있다. 부성은 하나의 인물이 아닌 것이다."[11] 정신분석학자 크리스티안 올리비에로 말하면, 그녀는 사태를 보다 노골적으로 말하고 있다. "여권주의가 위세를 떨치게 된 후, 여자들은 가장이 되었는데도 이 권한에 문제를 제기할 준비가 되어 있지 않은 것 같다. 비록 남자가 도처에서 사회적 차원에서 승리를 계속하고 있지만, 여자들은 아이의 교육과 관련된 모든 분야를 정복했고 현재 차지하고 있다. 여성 사회복지사들이 여성 판사들의 신임을 받고 있는 여성 변호사들을 지원하고 있다. 사람들이 어디에선가 한 어린이에 대해 이야기하자마자 거대한 여성 기업 합동이 작동하고 있다는 인상을 가지게 된다."[12]

사실 아버지와 부성의 이와 같은 축출은, 사람들이 때때로 믿는 것과는 달리 60년대의 창안물이 아니다. 그것은 두 세기 전에 시작된 변화를 마감한 것이다. 프랑스 혁명이 최초로 아버지라는 인물에 공격을 했던 것이다. 고유한 의미에서, 그리고 비유적 의미에서도 말이다. 아버지와 가부장적 제도는 혁명 이전의 3세기 동안 황금 시대를 맛보았다. 1789년에 그들은 군주제의 상징 자체로 간주되었다. 발자크는 "루이 16세의 머리를 자름으로써(1793년 1월 21일) 공화국은 가정의 모든 아버지들의 머리를 잘랐다"라고 쓸 수 있게 된다. 민법을 만들어 낸 장인들 가운데 한 명인 캉바세레스는 의회 의원들 앞에서 이렇게 소리친다. "이성의 단호한 목소리가 들립니다. 그것은 아버지의 힘은 더 이상 없다고 말하고 있습니다." 프랑스 혁명은 남자와 여자의 절대적 자유라는 이름으로 가정의 파괴할 수 없는 유대를 끊어 버리고자 한 것이다. 그러나 목표물이 된 것은 아버지였다.

다음으로 약간의 후퇴에도 불구하고(예를 들어 왕정복고는 이혼 제도를 폐지하는데, 이혼은 제3공화국의 1884년에 가서야 다시 허용된다) **아버지의 위상**은 점차 돌이킬 수 없이 **추락**하게 된다. 때로는 현실적인 사건들 속에서——산업화와 프롤레타리아화는 아버지들을 부재하는 반노예들로 변모시키면서 이들에게 형벌을 과한다——때로는 텍스트들 속에서 말이다. 징계 권리의 폐지(1935), 아버지의 권한을 부모의 권한으로 대체(1970), 또는 자연적인 친자 관계에 대한 법률들(1972, 1987, 1993)의 수정이 그런 것들이다.

우리가 보았듯이 60년대에 자유주의적인 유토피아——이것은 빌헬름 라이히의 강박관념적인 테마이다——는 가정을 구속의 장소, 부르주아적 복종과 성적 억압을 가르치는 곳으로 간주하고 요란하게 상처를 낸다. 프랑크푸르트학파의 철학자들은 분명하게 반부성적인 이와 같은 동일한 노선을 따른다. "아도르노와 그의 협력자들이 실시한 조사에 근거하면, 아버지는 권한의 두 형태를 상호 접합시키는 요소로서 권위에 대한 논쟁의 중심에 위치한다. 이 두 형태는 합의에 의해 행사되는 것과 위협, 또는 힘 및 강제력의 사용을 통해 행사되는 것으로 되어 있다. (……) 앞으로 창조해야 할 아버지 없는 사회는 자유의 사회가 되어야 한다. 무엇보다도 이 자유는 성적 자유이다—— 피임이 이제 막 법제화되지 않았던가? 이러한 자유 사회에서 청년들이 발언권을 가진다. 그들은 자신을 만들어 가면서 내일을 나타내고 '늙은이들', 즉 알고 가르치고 명령하고 지배하고자 하는 늙은이들에게 침묵을 강요한다. 뿐만 아니라 그들은 아버지들·교수들·장관들, 그리고 그야말로 늙은이인 드골 장군에게 침묵을 강요한다."[13]

피임약과 '하늘의 불'

우리가 알다시피, 동시에 피임의 일반화는 그 어떤 것보다 본질적인 결정권을 여자의 손에 쥐어 주었다. 이 결정권은 생명을 주는 권한으로서 '긍정' 또는 '부정'을 선택하고, 시기를 선택하는 권한이다. 에블린 쉴르로는 이렇게 단언한다. 피임약 덕분에 "여자는 남자로부터 하늘의 불을 훔쳤다." 다른 과학적 경험들——법에 의해 인정된 경험들——은 부성과 관련된 것을 포함해 여자의 전권을 좀더 확장시키게 된다. 제프리스의 유명한 유전학적 테스트(1984)가 그런 것인데, 이것은 생물학적 아버지를 확실하게 확인시켜 주게 되는 것이다. 그 덕분에 결혼한 여자는 극단적인 경우 연인으로 하여금 아이의 실질적인 아버지라는 것을 인정토록 할 수 있다. 이때 법적인 아버지는 아이가 자신의 아이라고 믿었던 경우이다. (그리고 사랑했던 경우이다!) 또 시험관 **내에서의** 임신이 그런 것인데, 이것은 아버지란 인물을 여자가 소유하는 한 방울의 정자로 축소시켜 버린다. (아버지라고? 주느비에브 들레지 드 파르스발은 이렇게 썼다. "관심 있는 것은 그의 정자이다. 그의 영혼 상태는 알 바 아니다."14))

사람들이 조금씩 조금씩 익숙하게 된 것은 아이들을 빼앗긴 뒤 소송에 소송을 거듭하며 싸우고, 법정에 달려가고, 예의바른 무심한 모습으로 지난날에는 당연했던 그 '허가'를 구걸하는 아버지들의 볼 만한 모습이었다. 이 허가는 다름 아닌 자신들의 아이들을 볼 수 있고, 이들의 교육에 참여할 수 있으며, 아주 적은 순간이라도 이들이 보는 앞에서 존재할 수 있도록 해주는 것이다. 자신의 혈육과 잔인하게 헤어진 아버지의 이와 같은 이미지는 지난날의 무심한 아버지의 이미지에 곧바로 대체된다. 이 무심한 아버지는 영원히 부재하는 자였고, 건성인 아비였으며, 그 유명한 가족 유기(遺棄)를 초래할 정도로 자신의 양육비에 상당히 인색한 이기주의자였고, 책임성에 있어서 뻔뻔하고 바람기가 많은 사내였던 것이다. 그는 부르주아 소설 속에 나오는 전형적인 인물로 이제 오페라 해트를 쓴 바람둥이만큼이나 구식이 된 것처럼 보인다. 1991년 '아버지들의 조합'이 결성되었는데, SOS-아빠라는 그 이름만으로도 하나의 고백을 드러냈다.

문학·상송 또는 영화 속에도 우울하고 버려진 아버지들, 즉 측은한 패자들이 계속해서 자리를 잡았다. 이들은 부성 앞에서 더 이상 달아나지 않고 그것을 요구하지만 아무런 소용이 없었다.

따라서 법·과학 그리고 통계학에 의해 파멸한 전통적 부성은 여론과 유행의 변화로 괴로워했다. 엘리자베스 배딘터의 구별을 따른다면, 냉정한 남자는 무른 남자를 위해 사라졌다. 알

랭 슈송이 질베르 베코를 대체했고, 다니엘 오테유가 알랭 들
롱의 뒤를 이었다. 그리고 대서양 너머에서는 말더듬이에 근시
인 더스틴 호프만 같은 이가 떡벌어진 가슴을 지닌 로버트 미
첨에게 승리했다. 남자는 보다 부드러워지고 보다 연약해졌으
며, 기계를 굴리는 일꾼이라기보다는 위로해야 할 늙은 아이가
되었다.

유럽에서 부모가 하나뿐인 가정들이 증가하는 현상은 또한
사회적 분해와 불가분의 관계가 있으며, 민주적인 조직 및 전
통적 결합이 다양하게 분열되고 있는 것과 불가분의 관계가 있
다. 이런 측면들은 물론 80년대초 이후로 경제적 위기, 불안정
화, 그리고 실업의 탓으로 돌릴 수 있는 현상이다. 수십 명의
남녀들이 오늘날 그들이 선택한 것 이상으로 가정의 이와 같
은 불안정화를 겪고 있다. 수십만 명의 아이들이 동일한 방식
으로(자신은 선택하지 않았는데도) 아버지들의 이와 같은 유배
를 체험하고 있다. 이 유배는 어떤 측면에서 19세기 산업 혁명
의 고통을 상기시키는 것이다.

이 모든 것이 낳은 것 가운데 가장 즉각적으로 계량화할 수
있는 결과는 '부모가 하나뿐인 가족'(결손 가정)이라는, 약간은
상스러운 용어로 지칭되는 이러한 현대적 모습의 운명이다. 이
모습은 거의 대부분이 아버지가 없는 가정에 해당한다. 이와 관
련한 통계 자료들은 깊은 생각을 하도록 한다. 미국 **인구위원
회**의 평가에 따르면, 부양할 어린이가 있는 가정의 24퍼센트
가 부모 가운데 단 한 명, 대개의 경우 어머니에 의해 꾸려지
고 있다. 흑인 사회에서의 비율은 전통적으로 더 수치가 높다.
어린이들의 57퍼센트가 결손 가정에서 성장하고 있다. 그러나
오늘날 결손 가정의 백분율이 상승하는 변화는 이제 인구 전

체, 특히 가장 빈곤한 계층으로 번지고 있다.

유럽 대륙의 경우, 1995년 유러스타가 제공한 수치에 따르면 결손 가정의 비율이 80년대초 이후 대부분의 유럽 국가에서 25퍼센트 내지 50퍼센트가 상승했다. 결손 가정은 오늘날 가정 전체에서 18퍼센트를 나타내고 있다. 가장 영향을 받은 나라들은 노르웨이·핀란드·영국·벨기에 그리고 오스트리아이다. 에블린 쉴르로가 1993년 프랑스 한 나라를 대상으로 산정한 결과에 따르면, 아버지 없이 어머니와 살고 있는 어린이들의 수는 2백50만 명이다.

물론 이러한 현상은——특히 미국에서——복지 국가를 반대하는 극자유주의적인 적들에 의해 흔히 부각된다. 이들은 다양한 가족 구제 프로그램들이 풍속의 이완·게으름·부도덕성 등을 부추기고 있다고 비난한다. 그러나 이와 같은 표면적인 논쟁에 머문다면 다시 잘못을 저지르는 것이다. 아버지에 관한 논쟁은 오늘날 정신분석학자들 자신을 분열시키고 있다. 이러한 논쟁은 다른 방식으로 시사점을 준다.

의심에 사로잡힌 정신분석학자

우리가 정신분석학의 영역으로 접근하자마자 몇몇 주의할 점이 두드러지게 나타난다. 이 학문은 사람들이 정신분석학에 대해 할 수 있는 해석들과 관련하여 동시에 분명하고 엄격하며 오만하다. 더구나 그것은 자신의 고유한 언어·코드·논쟁적 의식(儀式)을 창출했으며, 친족 결혼적인 측면을 지닌 사유라고 불리어질 수 있는 것에 만족하고 있다. 일부 종교들을 따라서 그것은 보통 학파간의 싸움을 좋아한다고 말하고 싶다. 물론 이 싸움은 종족 같은 그들의 집단 내부에서 울타리를 친 채, 외부로 지나치게 반향을 일으키지 않고 이루어진다는 조건이 붙는다. 프로이트파·라캉파·포스트라캉파는 기꺼이 서로 대립하지만, 자신들의 불일치——때때로 이 불일치는 무익한 것이다——가 문외한에 의해 통째로 포착되는 것을 잘 받아들이지 않는다. 이로부터 나오는 것이 절망적으로 '근친상간적인' 반사 작용이고, 세미나나 심포지엄으로부터 보호된 공간으로 추방되어 이루어지는 폐쇄된 논의들이다.

우리는 이와 같은 유형의 위협에 더 이상 종속되지 말아야 할 것이다.

부성/모성의 문제는 사실 항상 정신분석학적 방법의 중심에 있다. 프로이트는 살아 생전 어머니의 역할이 지닌 가치를 상승시키는 데 기여했는데, 이같은 가치화는 이미 역사적으로 그리고 사회적으로 광범위하게 시작되어 있었던 것이다. 그는 어린이의 성적 충동들이 일관성을 유지하는 것은 어머니와의 관계에 달려 있다고 했다. 아버지는 매우 부수적인 중요성을 지닐 뿐이기 때문이다. 이어서 정신분석학은 교육 과정에서 부성의 실질적 역할이——더 이상 없다고 말할 수는 없다 하더라도——아주 작을 뿐이라고 계속해서 간주한다. 예를 들어 60년대에 한 정신분석학자는 냉정하게 다음과 같이 쓸 수가 있었다. "아버지는 그가 수행하는 역할에서 기쁨을 끌어낼 능력이 없으며, 신생아가 항상 누군가에게 나타내는 큰 책임을 어머니와 함께 나눌 능력이 없다."[15]

라캉에 대해 말하자면, 그는 아버지를 더 이상 실질적인 대상으로 보지 않고 하나의 메타포, 다시 말해 "다른 하나의 기표(signifiant)을 대신하러 오는 하나의 기표"로 본다. 달리 말하면, 아버지는 단순히 어머니와 아이의 융합적 관계를 방해하러 오는 침입자일 뿐 아니라 법(특히 근친상간의 금지)을 진술하는 말인 것이다. 이러한 이유로 아버지는 실제 금지의 메타포 이외에 다른 것이 아니다. 또한 이와 같은 위상에 도달하기 위해 아버지는 **어머니에 의해 아버지로 지칭되었어야 했던 것**이다. 단순화해서 말하면, 이것이 라캉의 유명한 표현, 즉 아버지란 이름이 지닌 의미이다. 어머니는 아버지를 고유한 위상 속에 설정할 수 있는 권한을 포함해 모든 권력을 전적으로 쥐고 있다. 아버지는 어머니가 원하는 만큼만 아버지이며, 그의 말이 어머니에 의해 인정된 만큼만 아버지인 것이다.

대부분의 라캉파들——베르나르 디스로부터 알도 나우리까지[16]——은 아버지를 메타포로 이처럼 동일시하는 것을 받아들였다. 나우리는 이렇게 쓰고 있다. "어머니가 자신의 아이를 상징적 세계로 인도하는 것은 그에게 아버지를 지칭함으로써 이루어진다." 이와 같은 라캉의 관점에서 볼 때, 생물학적 성격의 유대나 부성의 육체적 표현들(애정, 육체적 현존 등)은 무시할 수 있는 것이라고는 말할 수 없다 하더라도 부차적인 차원으로 추방된다. '어머니에 의해 허용된 메타포,' 또는 금지의 상징적 구현으로서의 아버지는 생물학적 아버지일 필요는 없다. 그는 80년대 새로운 아버지들의 유행을 따라서 어머니를 흉내내며, '부성을 나타내고자' 하는 욕망에 이끌려 어머니의 영역에서 모험을 할 필요도 없는 것이다.

프랑수아즈 돌토 자신이 반복하는 바에 따르면, 아버지가 아이의 시선에 차별적인 방식으로 존재할 수 있었던 것은 애무·접촉·젖병의 친절한 물림 같은 것들을 통한 것이 아니라, 말이나 그의 이미지를 통한 것이다. 달리 말하면, 아이의 눈에 새로운 부성은 모성의 순수하고 단순한 모방으로 귀결될 수 없었다. 아버지의 이미지는 어머니에게 한정된 육체적 관계에 자신을 투자함으로써 재창조될 수는 없었다. 사실 부성을 이처럼 탈육화시키는 해석은 재구성된 문제의 가정들에 완벽하게 들어맞았다. 이 가정들에서 아버지의 역할은 이혼한 어머니의 새로운 남자 친구에 의해 수행되었다——그러나 이 역할은 **최소한의** 역할이었다. 에블린 쉴르로는 이렇게 덧붙인다. "새로운 가정 형태들을 옹호하는 자들은 하나의 원칙에 (틀린 것이지만) 확신을 가지고 있다. 이 원칙은 가정을 떠난 '생물학적 아버지'와 '남아 있는 어머니의 성 파트너'를 상호 교환할 수 있다는 원칙이다. 커플을 만드는 성관계는 모든 제도 밖에 있는 개인적 자유를 표현한다는 점에서, 이 성관계는 그들에게 혈연 관계를 설정하는 친자 관계보다 우선하는 것으로 나타난다."[17]

오늘날 후기 라캉파의 여러 정신분석학자들은, 아버지를 빈곤하게 만드는 아버지-메타포라는 이와 같은 모습을 부성의 위기에 공동 책임이 있는 것으로 간주한다. 왜냐하면 이 모습이 이론적인 차원에서 이 위기를 정당화시키고 있기 때문이다. 그리고 이러한 정당화는 30년 전부터 많은 아버지들이 자신들을 무겁게 짓누르는 책임으로부터 해방시킨 **자신들의 축출에 동의했기 때문에** 그만큼 효율적이었다. 크리스티안 올리비에는 이렇게 쓰고 있다. "나와 동일한 견해를 가진 사람들은 아버지가 사라진 현상이 어린이들에게는 재앙이라고 생각하지만, 또한 아버지들 자신이 신생아의 삶에서 자신들의 책임 부분을 떠맡지 않음으로써 이와 같은 현상에 기여했다고 생각한다. 아버지들 대부분은 신생아에 관한 한 어머니들이 자신들보다 더

천품을 타고났다는 조상 전래의 믿음에 따라 어머니들 앞에서 나서지 않는데, 이는 틀린 것이다."[18]

어머니가 지칭한 아버지-메타포라는 가치 하락된 이와 같은 모습은 이혼이 부식시킨 사회에서 중대한 결과들을 드러낸다. 실제 이혼할 경우, 아이들은 보통 어머니를 따라간다. 재판관이 대부분 어린이들을 어머니에게 맡기기 때문이다. 그런데 아버지의 위상이 어머니가 인정한 것으로부터 파생된 일종의 권리에 불과하다면, 물론 이 위상은 이혼할 경우 사라진다. 아이는 자신의 아버지와 이별하게 될 뿐 아니라, 이혼한 젊은 어머니가 그에게 지정하는 대체 아버지를 위해 문자 그대로 자신의 아버지를 잃게 되는 것이다. 결손 가정은 더 이상 주행중 일어나는 부수적인 사고가 아니라, 사실과 다르게 정연한 하나의 개념이 될 것이다.

비판적 정신분석학자들이 이러한 가정(假定)을 함정으로 규정하는 것은 틀리지 않은 것이다. 내부에서 나오는 이와 같은 비판에서 가장 흥미있는 것은, 그것이 도덕적·정치적 혹은 이데올로기적 반작용에 토대를 두고 있는 것이 아니라는 점이다. 사실 이러한 반작용은 그것의 이론적 중요성을 축소시킬 수도 있는 것이다. 그것이 부성에 대한 라캉적인 주장에 이의를 제기하고 있다 할지라도, 그들의 고유한 영역에서 그럴 뿐이다.

어떻게 여성 혐오자를 만드는가?

예를 들어 크리스티안 올리비에는 아버지와 아이의 유대 관계가 육체적 성격의 접촉을 통해 이루어질 수 없다는 생각에 단

호하게 이의를 제기한다. 특히 그녀는 르네 자조·보리스 시뤽
니크·허버트 몬태그너 같은 연구자들[19]이 제시한 **애착**의 개
념에 의존한다. 그녀가 강조하는 것은 애착이 프로이트가 생각
했던 것과는 반대로, 반드시 양육적 또는 성적 성격의 욕구를
통해서만 이루어지는 것이 아닐 가능성이 많다는 것이다. 그녀
가 보기에 애착의 이와 같은 이론은 '신생아가 단 **한** 사람——
어머니 또는 어머니를 대체할 수 있는 여성적 존재——과 **유일**
한 관계를 확립한다는 주장에 문제를 제기할 수 있다는 것이
다. 그리하여 그것은 '사물 관계'와 관련된 프로이트의 사상을
수정하는 데 이를 수 있다는 것이다." 따라서 아이가 태어났을
때부터 아버지의 **육체적** 존재가 지닌 중요성을 포함해, 아버지
의 위치를 철저히 재검토해야 할 것이다. 이 육체적 존재는 목
소리·냄새·애무 등을 통해 전달된다. 크리스티안 올리비에는
또한 이렇게 쓴다. "우리는 많은 분석가들이 라캉이 쓴 것을
감히 수정하지 못하고, 아이가 때때로 자기를 낳아 준 아버지
로부터 애착을 느끼는 아버지로 이동한다는 사실에 무관심한
채 매달리려고 집착하는 그 '아버지란 이름'으로부터 멀리 있
는 것이다."[20]

    그녀가 어떤 종류의 이론적 변혁을 허용하고 있는지 이해하
기 위해 보다 구체적인 세세한 면들(비록 이러한 측면들이 검토
를 요구할 만큼 흥미진진하기는 하지만 말이다)을 다룰 필요는
전혀 없다. 결국 중요한 것은 애착의 문제를 통해 특별히 **부성**
적 애정을 포함해 애정을 구조화시키는 기능을 재발견하는 일
이다. 따라서 홀로 된 어머니의 헌신과 장점이 무엇이든간에,
결손 가정에 따라다니는 결점을 인정하는 일이다. 우리는 여기
에서 도덕적인 판단의 영역에 있는 것이 아니다.

　　그러나 크리스티안 올리비에의 비판이 보다 더 매혹적인 것
은, 그녀가 아버지들의 사라짐을 근대성의 어떤 중대한 문란
으로 ——부분적이지만—— 돌릴 때이다. 예를 들어 본서에서
그토록 자주 언급된 강박관념적인 그 성폭력, 특히 강간·공
격·멸시 및 집요한 여성 혐오 등과 같은 여자들에 대한 폭력
이 그러한 문란이다. 정신분석학적 관점에서 볼 때, 모성의 전
능과 아이 앞에서의 어머니의 고독이 우리가 만료된 시기의 잔
재라고 ——부당하게—— 간주하는 은연한 공격성과 무관한 것
이 아니라는 주장이 터무니없는 것은 아니다. 강간자의 충동은
성인 나이 여자들의 모성적인 ——그리고 모성적으로 만드는
——새로운 헤게모니에 취해진 복수로 분석될 수 있는 것이다.
　　사실 주체의 자리를 차지하기 위해서 어린이는 어른에 대항
해 일어서야 한다. 그는 자신이 어른의 객체적 대상이라고 느
끼고 있는 것이다. 전통적 가정에서는 어쩔 수 없이 통과해야
하는 이와 같은 반항은, 정면으로 두 부모와 부딪쳐 이 둘 사
이에서 변증법적으로 항해를 할 수 있었다. 결손 가정에서는
이러한 반항이 단 하나의 주인공, 즉 어머니만을 만나게 된다.
사내아이일 경우 어머니 혼자와 이처럼 대결하는 것은 받아들
여지든 거부되든 궁지로 몰리게 된다. 이런 식으로 당황한 아
이의 경우 그것은 모든 여자들을 거부하게끔 만들 수 있는 것
이다. 그리하여 우리 사회에서 강간과 폭력은 어떤 정도 내에
서 모든 여자들을 노리게 될 수 있는 것이다. 이 모든 여자들은
남자의 머릿속에 어린이가 감히 공격하지 못했던 오이디푸스
적인 어머니의 위치를 차지하고 있기 때문이다.
　　크리스티안 올리비에는 이렇게 쓴다. "정상적인 때에 언제나
청년을 난처하게 만드는 어머니에 대한 오이디푸스적인 사랑

은 여기에서 정신에 더욱 강하게 작용하는 것이 드러난다. 그리하여 그것은 어머니에 대해서 갑작스러운 표변을 야기할 수 있다. 이 어머니는 이런 일을 전혀 기대하지도 않았는데 말이다! 분명한 것은 아버지가 가정에 있었을 때, 어머니와 아들 사이에 이미 어렵게 유지되었던 정상적 관계가 여기서 어머니와의 **동일화에 저항하지 않는다면** 불가능하게 된다는 것이다. 이때의 어머니는 아이가 아버지와의 **동일화한 위치**를 차지하러 오는 어머니이다. 사내아이는 단 하나의 해결책만이 있으며 단 하나의 의미로서만 결론을 내린다. 남자가 되기 위해서는 **여자가 되지 않는 것으로 충분하다.** 여성 혐오의 발단과 이것의 귀결은 여기에 있는 것이다. 어머니의 뒤를 잇는 여자는 다만 이 모든 것의 결과를 당할 수 있을 뿐이다."[21]

논의의 여지가 있든 없든, 이와 같은 가설은 여러 이유로 흥미있는 것이다. 그것은 내가 역설적인 정복, 다시 말해 자기 스스로에 대한 부정을 낳는 진보라고 부르고 싶은 것을 거의 완벽하게 나타내는 예를 분명히 보여 준다. 어느 누구도 문제삼으려고 생각지 않은 진보, 그것은 분명 전통적인 결혼이 드러내는 구속과의 관련을 포함한 여자의 해방이다. 노동에서의 평등과 더불어 이혼의 평범화, 어머니로서의 독립성, 그리고 교육적인 절대적 권한의 완전한 행사, 이런 것들은 이 해방의 주요한 요소들이다. 그렇기 때문에 결손 가정은 좌파에서 비판받는 경우가 그토록 드문 것이다. 그것은 아마 상대적인 실패로 간주되고 있는 것 같다. 하지만 동시에 그것은 여성 해방의 상징 자체로 막연히 간주되고 있는 것 같기도 하다. 어떤 이들은 그것을 새로운 인간의 탄생을 나타내는 궁극적 변화의 능동적 신호로 보며, 이 새로운 인간의 요람 자체가 될 수 있다고 보고 있다. 매체를 통한 조사들과 안건들에 대해 생각해 보자. 수없이 많기도 했지만, 그만큼 뜨겁게 달아오른 그것들은 순진하게도 결손 가정을 알 수 없는 어떤 진보주의의 후광으로 둘러싸고 말았다!

요컨대 고독하게 혼자된 어머니가 구조적으로 여성 혐오를 조장하고, 미래에 성인이 될 사내아이한테 남성 우월주의를 조장하고 있다는 점이 증명된다면, 이것이 확실하게 의미하는 것은 이른바 진보라는 것이 의심할 여지없는 후퇴로 나아가고 있다는 것이다. 그리고 그것은 목표의 대상이었던 영역 자체, 즉 여자의 실질적이고 상징적인 지위의 후퇴로 나아가고 있는 것이다. 여성 혐오와 폭력에 반대해 궐기한 근대성은, 근대성 자체에 대항하는 억압적인 무기를 끊임없이 개선하여 갈고 닦았고, 교화적인 수사학을 갈고 닦았던 것이다. 그리하여 현실적으로 그것은 악을 불평하며 악을 만들어 내는 자의 약간 우스꽝스러운 위치에 처하게 되었다고 할 것이다. 그것은 꼭두각시가 보이지 않는 적에게 욕설을 퍼부으며 자신에게 몽둥이질을 가하는 측은한 모습을 상기시킨다……

크리스티안 올리비에는 이렇게 덧붙인다. "어머니와 아들의 관계가 유일하고 연장되면 될수록 남자의 반응은 더욱 폭력적이다. 따라서 결손 가정은 새로운 남자가 탄생하는 이상적인 장소가 어느 면에서도 아닌 것이다. 이와는 반대로 단 한 명의 여자에 의해서 양육되었다는 점은 여자들에 대한 사내아이들의 반작용을 증가시킬 뿐이다. 새로운 남자, 다시 말해 여자와 동등하면서도 여자를 보충해 주는 남자는 모든 권한이 단 한 여자의 손안에 있지 않은 가정으로부터 나올 수밖에 없다."[22]

행복의 의무?

　정신분석학자들이 표현한 '가정의 재앙'에 대한 이와 같은 심각한 질문과는 별도로 근본적으로 다른 질문이 개진되었다. 그것은 이번엔 사회학 또는 인성학의 영역에 위치한다. 다양한 학문 분야의 연구자들 역시 강한 불안을 표현하고 있다. 그러나 이 불안은 이번엔 가정이 **제도로서** 붕괴하는 현상에 의해 유발된 것이다. 여기서 '제도'라는 말에는 어원적인 의미가 다시 부여되어 있다. 라틴어 instituere는 지칭하다(désigner)·창조하다(créer)·설립하다(fonder)를 동시에 의미하기 때문이다. 이렇게 볼 때, 가정은 집단이 새로운 구성원——어린이——을 인간 존재로서 설정하는 도구이다. 이렌 테리는 이렇게 주목한다. "인류의 특성은 각각의 어린 인류를 인간 세계 속에 새롭게 온 자로서 편입시킴으로써, 다시 말해 세대의 사슬 속에 편입시킴으로써 살아 있는 종(種)을 재생산하는 능력을 창조하는 것이다. 다시 말해 그것은 이 능력을 **의미화시키는 것이** 다."[23]

　그런데 이러한 관점에서 보았을 때 어떤 일이 일어난 것일까? 근대성 자체에 의해 도입된 의미의 완만한 변화를 마무리하면서 '성의 혁명'은 가정에 대한 전혀 다른 개념이 승리하게 만들었다. 가정은 사랑하는 두 사람의 합의에 따른 자유롭고 의지적이며, 일시적인 결합으로 점점 더 간주되어 왔던 것이다. 커플의 관념이 제도의 관념보다 우세하게 되었다. 이와 같은 해석 속에서 가정은 **우선** 정서적·성적 개화의 공간으로서, 사랑의 배타적 영역으로서 나타난다. 지속·안정·영속성 속에 필연적으로 들어갔던 제도적 차원은 부차적인 것으로 넘어 갔다.

가정, 즉 제도가 계약적인 결합으로 서서히 변화한 현상은 민주주의의 모험 자체와 불가분의 관계에 있는 것으로 토크빌에 의해 예고된 바 있다. 그는 이와 관련하여 《미국의 민주주의》에서 비상한 명철함을 보여 주고 있다. 그는 이렇게 썼다. "민주적인 국민들을 보면, 새로운 가정은 끊임없이 무(無)로부터 나오고, 다른 가정들은 끊임없이 무로 되돌아간다. 그리고 남아 있는 가정들은 모습을 바꾼다. 시간의 줄기는 쉬지 않고 끊어지고, 세대들의 흔적은 소멸한다. 당신을 앞서간 사람들과 뒤에 오는 사람들은 쉽게 잊혀진다. 단지 가까이 있는 사람들만이 관심을 불러일으키는 것이다."

어떤 관점에서 보면, 가정이 사랑·정념·욕망에 의해 이처럼 식민화되는 현상은 부인할 수 없는 진보를 나타냈다. 그것은 우리가 행복의 도덕이라고 일컬을 수 있는 것의 승리에 부합했다. 이 도덕은 어린이들을 교육하여 종(種)을 영속화시켜야 할 의무와 필요성에 근거한, 전체주의 사회의 엄격한 윤리와 단절되는 것이다. 가정법(이혼·피임 등)이 개정된 후인 70년대부터, 자신들의 애정 관계를 지상권을 가지고 관리하는 커플의 이와 같은 개념은 더욱 배타적으로 위세를 떨쳤다. 커플 내에서 의무는 더 이상 희생·인내 또는 단념으로 해석되지 않고, 자기 **자신에 대한 충실함**으로 해석되었다. 사랑의 정념이 홀로 커플을 형성한다면, 개인적인 도덕은 정념이 더 이상 없을 때 커플을 해체하도록 권장했다.

따라서 개인적 행복이라는 이와 같은 도덕은 **자동적으로** 이혼의 도덕을 내포했다. 이혼은 사랑이나 욕망의 부재에 따른 결과를 충실하게 도출하러 왔다. 그것은 더 이상 반드시 실패로 체험되지 않았고, 용기와 자유의 표시, 요컨대 미래에 대한 희망의 표시로 체험되었다. 그것은 체념의 관념이라면 어떤 것이든 거부했다. 그것은 개인주의의 이름으로 결정적인 거부를 표현했다. 이 거부는 수 세기 동안 행복에 대한 동경을 제도의 제단에 희생시킨 데 있었던 그 의무 정신을 거부하는 것이었다. 그것은 예전의 '짐짓 가장하는 태도'를 거부하고——뿌리 깊은 원한을 간직하고 있으면서도——사람들이 지난날 그렇게 말했듯이——'아이들을 위해서' 표면적으로는 외양을 유지하는 그런 이중적 태도를 거부하는 것이었다.

에블린 쉴르로는 또한 이렇게 주목한다. "가정에 비해 커플이 과대평가됨으로써 부부간의 평범성은 비극적인 개인적 실패로 변모되었다. 여자들은 **자신들이** 궁지라고 간주하는 것으로부터 벗어나야 하고, 벗어나야 할 의무가 있다고 생각한다. 그렇지 않을 경우, 끊임없이 재분류를 하고 있는 근대의 이데올로기는 그녀들을 최하위 등급으로 내몰고, 거의 치욕을 안겨 준다."[24]

따라서 근대성은 그 궁극적 완성에서 도덕을 폐지하지 못했다. 그것은 그것의 범주들과 집단적 표상을 심층적으로 변모시키면서 하나의 도덕에 다른 하나의 도덕을 대체한 것이다. 올바르고 칭송할 만하다고 판단되었던 것이 더 이상 그렇지 않게 된다. 예전에 용기·헌신·의무감의 증거라고 찬양되었던 행동들에 부정적인 표시가 따라붙게 된 것이다. 달리 말하면, 진정한 의무는 더 이상 남아 있는 것이 아니라 떠나는 것이 된다. 가정의 제도적 필요성은 우선적이라고 판단된 다른 명령, 즉 개인적 행복이라는 명령의 이름으로 거부되는 것이다. 그것도 즉각적으로……. "가정은 커플처럼 **융합적이거나 아니거나** 할 것이다. (……) 결혼이 합법성의 기준으로서 사랑의 유대가 명백하다는 것만을 고려한다는 점에서 볼 때는, 그것은 가정의 토대도 의미 있는 순간도 더 이상 구성하지 못한다. (……) 이러한 측면은 융합의 모델 속에서 결별의 빈도에 의해 나타나고, 계속적인 유대의 증가를 통해 나타날 것이다."[25]

불확실성의 시대

이렇게 하여 가정은 이제 하나의 제도이기를 멈춘 것이다. 보다 정확히 말하자면, 그것은 이렌 테리가 말하고 있듯이 '생각할 수 없는 제도'가 된 것이다. 이와 같은 결혼의 변혁은 아이들의 문제, 다시 말해 친자 관계의 문제를 전혀 해결하지 못한 채 놓아두고 있다. 법률적인 변화 역시 동일한 방향으로 추진되었다. 우리가 기억할 것은, 친자 관계에 대한 1972년 1월 3일의 법안(이 법안은 사생아들에게 유리한 법안이었다)은 결혼의 문제를 친자 관계의 문제로부터 분리시키는 데 분명히 기여했다는 점이다.

"부부간의 관계를 근본적으로 개인적이고 사적이며 계약적이고, 따라서 **보다 불안정한** 것으로 충격적으로 재정의함으로써 사회학적·법률적으로 중대한 결과들이 초래되었다. 이와 같은 재정의는 또한 부부간의 관계가 친자 관계의 안전성(아버지의 확인과 시간 속에서 후손의 영속성이라는 이중의 의미에서의 안전성)이라는 절대적 명령에 매우 오랫동안 복종한 것에 종지부를 찍은 것으로 인식될 수 있다. 그것이 차례로 하나의 틈을 벌리지 않는다면 그렇게 문제를 제기하지는 않을 것이다. 이 틈은 어떻게 이제 성별의 차이와 세대 차이를 분명히 하느냐이고, 부부 관계와 친자 관계를 어떻게 서로 연결하느냐이다."[26]

이 문제와 관련하여 서구 근대성이 직면한 엄청난 도전은 매우 정확히 여기에 위치하고 있다. 이제 문제는 이론상으로 상호 배타적인 두 개의 요구를 함께 분명하게 드러내는 것이다. 이 두 개의 요구 가운데 하나는 보호와 구속(특히 지속의 구속)으로부터 해방된 사랑의 요구이며, 다른 하나는 한 아버지와 한 어머니의 보완적 협력을 통해 조금씩 인간화된 아이들을 후손으로 남겨야 한다는 요구이다. 이중의 구속과 맞서야 하고, 화해 불가능한 것을 화해시켜야 할 이와 같은 필요성은 인류 역사에서 전대미문의 상황인 것이다. 이것은 특히 매우 어려운 상황으로서, 우리는 오늘날 그 결과들을 다만 어렴풋이 보기 시작하고 있을 뿐이다.

이렌 테리는 다시 이렇게 쓰고 있다. "바로 이와 같은 인류학적 차원에 가정에 대한 주요 탐구가 오늘날 위치하고 있는 것이다. 부부 관계와 친자 관계의 이상이 일치하지 않고 있는 상황에서, 우리는 감정과 유대를 어떤 의미의 세계 속에 위치시키고 있는가? 가정은 더 이상 제도로서 생각되지 않고 있다. 왜냐하면 그것은 생각할 수 없는 제도가 되었기 때문이다. 이것이 공적인 논쟁이 숨기고 있는 문제이다."[27]

우리가 이 문제에 할애된 분석·연구 그리고 텍스트들에 대해 조금만 주의를 기울여 생각한다면, 우리는 불안한 망연함이 행간에 흐르고 있음을 알아차리게 된다. 상황은 과연 참을 수 없는 것처럼 묘사되고 있다. 그러나 복원의 가능성 또한 묘사될 수 있을 것이다. 사실 아무도 과거로 되돌아가는 것을 바람직하다고 생각지 않으며, 수긍할 수 있다고도 생각지 않는다. 자유도, 개인적 행복에 대한 취향도, 어머니들의 해방도 오늘날 재협상의 대상이 될 수 없는 것 같다. 어쨌든 민주적인 제도의 범주 내에서는 말이다. 상당히 단순주의적인 향수에 움직이는 전통적 가정의 옹호자들은 이 점을 이해해야 할 것이다. 왜 그런가? 왜냐하면 우리는 사회가 자진하여 구속의 제도를 다시 인정하게 할 수 없기 때문이다. 이 구속의 제도에 의미를 부여했던 모든 상징 체계가 사라진 이상 그것은 이제 받아들일 수 없는 것처럼 나타난다.

로마의 시민이 볼 때, 결혼에서 사랑의 정념을 체험코자 하는 것은 분명 추잡한 것이었고, 이 둘을 혼동하는 것은 몰상식한 것이었다. 구제도하의 인간이 본다면, 개인적인(그리고 성적인) 개화의 의지를 부부 관계와 가정 제도에 결합시키는 것은 마찬가지로 상궤를 벗어난 일이었을 것이다. 사랑을 결혼의 궁극 목적으로 보는 것은 아주 최근의 발상이다. 따라서 우리가 오늘날 횡포라고 문제시하며 거부하는 결혼의 **구속**은 예전에는 그렇게 체험된 것이 아니었다. 그것은 내면화되고 책임 있게 받아들여졌으며, 특히 당시의 집단적 표상을 통해 정당화되었다. 예를 들어 서약과 약속의 관념을 강조했던 그리스도교 신앙의 경우가 그러하다. 루이 루셀은 이와 같은 역사적 차이를 아주 훌륭히 표현하고 있다.

"우리 조상들은 (전통적 가정의 구속에) 복종하기 위해 대단한 의지적 노력이 필요했던가? 아마 그렇지 않았을 것이다. 적어도 일상적 상황에서는 말이다. 왜냐하면 가정이란 제도는 자연적인 현상처럼 보였기 때문이다. 효율적인 사회화와 일상적인 관행은 그것을 일종의 무의식적인 '외양'으로 삼았다. 결국 동시대인들의 만장일치는 각자가 집단적인 규범에 따르기를 기대했고, 이 동시대인들의 뒤에는 어렴풋한 무수한 조상들이 보이지 않지만 언제나 설득력 있는 모습으로 버티고 있었던 것이다."[28]

재구성된 가정의 한계

오늘날 우리는 자유·성·정념, 또는 심지어 드라마 없는 결별——우리는 차례로 이 결별을 내면화시켜 버렸다——이런 것들에 대한 우리의 견해를 되돌릴 수 있다고 단 한순간도 생각지 않는다. 그리고 결국 그것이 바람직할 것이라고 어떤 것도 우리에게 말하지 않는다. 그렇지만 결혼 내에서 **갱신되는** 합의와 자유의 우위는, 구질서에 대한 향수를 간직한 자들이 주장하는 것과는 달리 풍속의 퇴폐를 나타내는 징후는 아니다. 그것은 우선 부부간의 사랑 자체를 풍요롭게 하는 것이다. 사실 결혼의 유대 관계에 대한 '충격적인 재정의'(테리)는 이런 것이다. 매일같이 주의 깊은 대화를 다시 시작하고자 애쓰고, 일상성에 저항하려고 애쓰는 남자와 여자의 자유롭고 공동적인 책임 말이다. 장 클로드 카우프만은 이 일상성을 부부간의 씨실이란 아름다운 메타포를 사용하여 지칭하고 있다.[29]

그럼에도 불구하고 제도로서 가정은 다만 '생각할 수 없는' 것이 아니다. 그것은 **필요하면서도** 동시에 **불가능한 것이** 다시 되고 있는 것이다. 이와 같은 상황을 특징짓기 위해 사용된 표현들은 시사적이다. 이렌 테리는 이렇게 쓴다. "우리는 불확실성에 진입했다." 영국의 역사학자 피터 래스리트는 '우리가 잃어버린 세계'를 환기시킨다. 알랭 에렌베르크는 가정이 이처럼 탈제도화됨으로써 "오늘날 거의 도처에서 나타나는 사적인 고통과 허약성의 형태들"[30]이 비롯되었다고 말한다. 여성 법률학자 카트린 라브뤼스 리우는 "우리가 전복시키거나 더 나쁜 것이지만 포기할 경우, 중대한 위험을 초래할 그 버팀점"[31]을 열거한다. 뿐만 아니라 그녀는 친자 관계의 전문가로서 '토대의 전복'에 대해서도 이야기하고 있다.

새로운 가정 질서를 모험적으로 집요하게, 실망스럽게, 그리고 어렵게 추구하고 있는 현상이 작금의 큰일 가운데 하나가 된 것은 전혀 놀랄 일이 아니다. 슬로건과 선언들에도 불구하고 각자가 예감하고 있는 것은, 해결책이 우리의 뒤에 있는 것이 아니라 우리의 앞에 있다는 것이다. 과거의 어떠한 부활도 창안의 의무를 우리에게 면제하러 오지 않을 것이다. 새로움에 대한 모든 추구가 그렇듯이 창안은 다양한 시도, 실망스러운 기대, 일시적일 뿐 아니라 유행적 열광, 이런 것들로 이루어진다. 예를 들어 여러 해 전부터 사람들은 이미 집단적이고 통계적인 현실이 된, 이른바 재구성된 가정을 개념화시키려고 노력하고 있는 것이다. 이 가정은 불안정한——그러나 때때로 즐거운——정서적 균형 속에서 새로운 커플과 배다른 아이들을 결합하는 것이다.

영화·문학·상송은 오래 전부터 이와 같이 변화무쌍한 다양한 형태의 가정을 대중화했는데, 이 가정은 60년대와 70년대로 올라가는 유산이다. 그러나 재구성된 가정이 보수적인 도덕주의자들이 묘사한 재앙은 반드시 아닐지라도, 하나의 엄청난 문제를 미해결 상태로 남겨두고 있다. 이 문제는 다름 아닌 제도와 이양(후손의 이양)의 과정으로서 친자 관계의 문제이다. 그런데 인류학자들은 인간의 친자 관계——'폭포처럼 떨어지는 세대의 물결'——가 분명한 만큼 복잡한 결합 관계의 제도 속에 편입되어야 한다는 것을 알고 있다. 이 관계는 결혼이 소명으로서 창조한 것이었다. 여기에서 말하고자 하는 것은, 인정하지 않을 수도 있는 어떤 알 수 없는 전통이 전혀 아니라 단순히 인간화의 과정이다. 이러한 관점에서 볼 때 가정과 혈연 관계는 무한히 변주하여 재구성할 수 있는 구축의 유희가 아니다.

왜냐하면 동거 생활을 통해 가정을 이처럼 재구성하는 것은 "내연의 남편과 상대방 여자의 부모 사이에도, 그리고 내연의 남편과 상대방 여자의 아이들 사이에도 어떠한 법률적 혈연 관계를 만들어 내지 않기 때문이다. 이렇게 우리는 원하든 원치 않든 혈연과 결합 사이의 관계가 제기하는 골치 아픈 문제로 되돌아오고 만다. 이 관계의 연결점은 결혼이고, 두 성의 결합이다. 여기에서 두 성이 결합하여 생명을 탄생시킬 수 있는 것은 그것들이 다르고 동등하기 때문일 뿐이다."[32]

같은 방식으로 출산 보조, **시험관 내** 임신, 대신 임신해 주는 어머니들, 그리고 가설적인 무성 생식까지, 이런 것들의 기술에 대한 미래파적 몽상은 가정이 약화됨으로써 제기되는 상당히 불안스러운 문제들을 하나도 해결하지 못한다. 가정은 **인류를** 영속시키면서 하나의 세대가 다른 하나의 세대를 이어갈 수 있도록 충분한 안정성과 일관성을 보장해 준 제도였다. 어떻게 가정을 다시 만들 것인가라는 문제는 피할 수 없게 여전히 우리 앞에 놓여 있다.

이 문제는 근대성이 회피하려고 하기에는 참으로 어려운 문제이다. 이와 같은 회피는, 다른 영역에서 나타나는 경우에서 보듯이 대개 허위적 싸움의 형태를 취하거나, 대중 매체들이 기꺼이 과대포장하여 심리적인 만족감을 주는 과장되고 애매한 싸움의 형태를 취한다. 우리는 여기에서 어린이의 권리라는 단 하나의 예만을 들어 보겠다.

어린이 권리의 이데올로기

우리 사회의 도처에 만연하고 있는 폭력, 일부 남쪽 국가들에서 나타나는 착취의 형태들, 사적인 영역에서의 성범죄(강간, 어린이에 대한 성적 유혹 등)의 부각, 사회적인 완전한 고독 등, 이 모든 것은 오늘날 어린이를 희생자로 지목한다. 그리고 그런 경우가 흔하다. 어린이는 모든 문란과 불안전에 무방비 상태로 노출된 희생자인 것이다. 따라서 어린이를 **보호해야 한다**는 주제가 자연발생적인 지지를 끌어내고 있는 것은 당연하다. 어떤 수단을 강구하든 어린이들을 보호하려고 애씀으로써, 현대 사회는 아직 보호될 수 있는 것을 보호하면서 가장 긴급한 것에 대비하고 있다는 감정을 가지고 있는 것이 아닐까? 어떤 명분도 어린이의 보호보다 더 합당하고 대중적인 것은 없다. 매주 학교 안이 되었든 가정 안이 되었든 어린이에 대한 폭력을 부각시키는 새로운 기사가 나타난다. 그런데 학교와 가정은 이론상으로 보면 어린이에게 안전한 항구가 되어야 하는 두 '제도'인 것이다.

바로 이와 같은 어린이 보호의 이름으로, 1989년 유엔에서 어린이의 권리에 관한 국제 협정이 구상되어 체결되었던 것이다. 그러나 원칙에 있어서는 합당할 뿐 아니라 나무랄 데 없는 이

협정이 훨씬 더 이의가 제기될 수 있는 이데올로기의 출현을 조금씩 조장했다. 이 이데올로기는 80년대의 인도주의자와 같이 유창한 선전주의자들을 만나 공적인 반향을 불러일으킨다. 이 반향은 이 이데올로기가 악과 싸우는 선의 속성으로 장식된 채 제시되었기 때문에 그만큼 광범위한 것이었다. 장 피에르 로젠츠바이크라는 사법관은 대중 매체를 통해 이 이데올로기의 열렬한 옹호자로 자처했는데, 그가 보여 준 상당히 무책임한 급진성은 많은 지식인들의 빈축을 샀고, 이렌 테리·알랭 핑켈크로트·앙드레 콩트 스퐁빌·카롤린 엘리아셰프 등의 가정법 전문가들의 빈축을 샀다. 그리고 그것도 이해하기 상당히 쉬운 이유들로 인해서 말이다.

카롤린 엘리아셰프는 이렇게 주목한다. "어린이를 희생시키는 현상은 부모를 악마화시키는 것과 궤를 같이하고 있으며, 이러한 측면은 일반적으로 부모의 기능을 박탈시키는 데 기여하고 있다. 사람들은 틀에 박혀 자신을 희생자인 어린이와 동일화함으로써 누가 공격자이고 누가 피공격자인지 확실히 간파하고, 자신의 진영을 선택한다는 환상을 갖는다. 모든 어린이가 우선 부모의 희생자라고 간주하는 것은 지나친 일이지만 매우 확산된 견해이다."[33]

대군중을 상대로 일상적으로 되풀이되고 있는 이 새로운 유일 사상에 대해 가장 단호하고 적대적인 여성은 분명 이렌 테리이다. 그녀는 다음과 같은 담론을 은밀히 부추기고 있는 것을 상당히 타당성 있게 강력히 비난한다. 즉 가정이 문제되자마자 민주주의자들과 진보주의자들의 마음에 주위의 비겁함이 계속해서 자리를 잡는다는 것이다. 마치 각자가 가정을 옹호함으로써 퇴보적이라고 평가받을까 두려워하는 것처럼 말이다!

마치 진보주의자들이 '상상의 권위주의라는 허수아비'를 흔들어대고, 그리하여 권위주의와 향수를 부추기는 유일한 민중선동가들한테 가정의 영역을 내맡기면서 모든 의혹을 경계하려고 애쓰기라도 하는 것처럼 말이다. 그런데 사실 가장 긴급한 문제는 하나의 제도에 대항해 싸우는 것이 아니라 이 제도의 완전한 퇴보를 피하는 것이다.

이렌 테리는 이렇게 반대 의견을 내세운다. "어린이의 권리들에 대한 이데올로기가 우리 민주주의의 가장 불안한 경향들 가운데 하나를 구하러 오고 있다는 점을 어떻게 깨닫지 않을 수 있단 말인가? 이 경향은 상호 관계를 생각하는 권리에 '권리들'을 대체하는 것인데, 이때 이 권리들은 이것들을 가지는 범주들을 그만큼의 로비 집단으로 원자화시키는 것이다. 이러한 경향을 따라가다 보면, 정의는 서로 다른 사람들의 개인주의와 개인주의 사이의 힘의 관계가 대결하는 단순한 영역으로 변모된다. '어떤 사람들의 권리들'과 '다른 사람들의 권리들'이 대결하는 현상, 이는 원칙들이 희석되는 것을 의미하는 것으로, 이와 같은 희석을 통해서 사회적 유대(권리란 의무 없이 존재하지 않는다)의 상호성을 생각지 않을 수 없게 될 것이며, 모두에게 공통되는 조절적 장치로서 권리에 대해 우리가 지닌 개념의 포기를 생각지 않을 수 없게 될 것이다."[34]

하나의 가설을 위험을 무릅쓰고 제시해 보자. 어떠한 가장도 더 이상 시대를 상징하지 못하며, 어떠한 가장도 인문주의적 동원으로 분장한 이 엄청난 도피보다 더 부조리하지 않다는 것이다. 사실 인도주의적인 태도와의 평행선은 끝까지 연장될 수 있다. 처음에는 지구적인 차원의 유대를 나타내는 기막힌 증거였던 이 도피는, 우리가 알다시피 때때로 하나의 이데올로기로 변모했다. 이 이데올로기는 편리한 만큼 기만적인 것이었다. 왜냐하면 그것은 구원과 긴급함을 요란하게 과시하는 이면에 외교적인 기회주의를 감추게 해주었기 때문이다.

어린이의 권리들에 대한 이데올로기 속에는 동일한 모순이 작용하고 있다. 어린이의 이름으로 사람들은 어린이를 한 인간으로 만드는 임무를 이론적으로 띤 제도에 반대하여 행동하고 있는 것이다! 요란한 관용으로 변장한 이와 같은 포기를 가장 잘 고발한 사람은 어린이 및 청소년 문제를 담당하는 한 사법관이었다. '어린이의 권리들'은 '교육적 짐'으로부터 벗어나겠다는 것만을 요구하는 여자들과 남자들에게는 기막힌 횡재를 의미한다. 이 교육적 짐은 어린이에게 하나의 역사 속에 스스로를 설정하는 데 필요한 것을 전달하는 일을 포기하는 듯한 인상을 주는 서양 세계에서는 적어도 점점 더 무겁게 느껴지는 것이다."[35]

어떻게 이와 같은 경계에 동의하지 않을 수 있겠는가?

15

시간에 대한 어떤 관념...

그래 이제 어떻다는 것인가?

이와 같은 전면적 재고찰, 이와 같은 계속적 재검토가 끝나
자 하나의 분명한 사실이 확연하게 드러난다. 그것은 우리의 논
쟁들이 드러내는 연극적 성격이 너무도 자주 이 논쟁들의 빈곤
을 감춘다는 것이다. 우리의 일상적인 분노, 우리가 만나는 격
분, 우리의 격론은 일시적인 감동이나 내용 없는 몸짓을 드러
내는 협소한 공간 속에 편입된다. 그리고 그것들은 특히 그것
들 자체의 반복에 열광한다. 솔직히 말해 우리가 확신하고 있
는 것은 도덕성과 비도덕성, 허용과 억압, 쾌락주의와 엄격주
의, 이런 결정적이고 긴급하며 불확실한 선택들이 게임 상태에
있으며, 매일같이 우리의 참여를 요구하거나 만사를 제쳐 놓고
우리의 관점을 요구하고 있다는 것이다.

지나치게 잘난 체하는 우리가 확신코자 하는 것은 도덕·금
지 사항·규범에 관해서 프로메테우스적인 대결이 전개되고
있으며, 우리는 이 대결의 자유로운 주인공들이라는 것이다. 이
대결은 선과 악에 대한 관념 사이의 대결이고, 질서와 자유 사
이에 억누를 수 없는 싸움이며, 행복에 대한 취향과 무질서에
대한 두려움 사이의 가차없는 전쟁이라는 것이다. 달리 말하면,
우리는 떠들썩하게 시대를 채우고 있는 이 모든 싸움들을 **최고**
로 삼고 있다는 것이다. 그렇게 하면서 우리는 역사나 인류학
의 교훈을 간과하고 있다. 이것들은 우리의 열광을 상대화시키
게 되어 있으며, 우리의 열기를 어떤 방향으로든 진정시키게 되
어 있는 것이다.

그렇다면 왜 그런가? 왜냐하면 본질적인 것은 이와 같은 표면적 논쟁들 속에서——결코——다루어지지 않으며, 규범적인 의미에서 마땅히 도덕이라 일컬어야 했던 것의 영역에서도 다루어지지 않기 때문이다. 도덕의 문제, 즉 하나의 진영을 다른 하나의 진영에 대립시키게 되어 있는 그 문제는 **이것의 기초가 되는 집단적 표상들과 관련해서만 의미를 지닌다.** 보다 명쾌하게 말하자면, 집단적 의미에서 이해된 성적 도덕은 순전히 억압적이거나 경찰적이 될지도 모르지만 **포고되는 것이 아니다.** 그것은 언제나 조금씩 구축되거나 무너지는 상징적 과정 내에 편입된다. 그것은 다수가 공감하는 표상들의 자료체에 근거한다. 이 표상들은 언제나 긴 시간과 완만히 구축되는 논리들로부터 비롯되는 것이다. 대개의 경우 우리 자신도 모르게 우리 내부에 들어앉아 있는 것은 이러한 표상들이다. 우리가 이미 보았듯이 이 상징적 체계들은 가고 오고, 변모하고 해체되며, 쇠약해지고 재구축된다. 그것들은 역사의 진정한 파도를 나타내며, 우리의 소란은 이 파도의 찰랑거리는 소리에 불과하다. 이러한 측면이 의미하는 것은, 우리가 벌이는 싸움들의 연극적 성격 뒤에는 보다 근본적인 문제들이 놓여 있다는 것이다. 바로 이 문제들에 우리는 우리 호기심의 가장 좋은 부분을 할애해야 할 것이다.

이러한 면을 상기시키는 것은 일상적인 것이 엮어내는 피륙에 대한 알 수 없는 어떤 경멸을 나타내는 것이 아니다. 그건 절대 아니다! 또한 그것은 도시의 모든 외침과 격분을 거만하게 대하는 오만한 숙명주의를 따르는 것도 아니다. 그렇지만 이러한 격분에 초연하지 않고, 그것을 악착같이 해독하는 것을 선호할 수 있다고 말하고자 하는 것이다. 이러한 혼란이 위세를 떨칠 때, 그러한 태도는 '자신의 방향'을 서둘러 되풀이해서 표명하는 것보다는 아마 더 낫다고 할 것이다. 정확히 말해서 이 모든 것 속에서 벌어지고 있는 것은 무엇인가? 진정으로 노리는 것은 무엇인가? 어떤 대안이 있는가? 어떤 긴급함이 있는가? 우리 앞에 놓인 길은 어떤 것인가? 우리가 역사를 체험하고 있을 때는 역사를 결코 완전히 이해하지 못한다 할지라도, 적어도 **가능한 한** 이해하려고 노력할 수 있는 것이다.

신들의 웃음

그러므로 우리가 기억해야 할 것은, 우리 자신이 스스로 상상하는 것보다 훨씬 더 우리 시대에 갇혀 있다는 것이다. 더구나 우리가 마지못해 움직이고 있는 것이 뒤르켐이 표현한 그 유명한 표상의 특성인 것이다. 이러한 것 때문에 우리의 건방진 명철성과 오만은——특히 과거에 대해서 말이다——언제나 약간은 우스꽝스러운 것이다. 키에르케고르는 이렇게 썼다. 모든 주장은 신들의 웃음거리가 된다……. 판단에 대한 우리의 자율성과 명철성을 탐욕적으로 주장하지만, 우리는 원하든 원치 않든 매우 오래 된 문화적 기층 속에 여전히 끈적끈적하게 갇혀 있는 것이다. 이것이 지난날의 경우였고, 오늘날의 경우이다. 예를 들어 의심의 대가들 가운데 두 명인 프로이트나 마르크스를 읽으면서 우리가 또한 그들의 텍스트들 속에서 간파할 수 있는 것은, 그들이 그 시대에 부여한 소부르주아 문화가 도처에 나타나고 있다는 것이다. 그러나 두 사람 모두는 이 문화로부터 해방되었다고 믿었던 것이다.

보다 의미 있는 경우는 니체의 경우이다. 오늘날 절대 자유주의자들은 삶의 욕구를 위협한다고 간주되는 알 수 없는 어떤 말라빠진 도덕주의나 어떤 늙다리 같은 엄격주의를 고발하기 위해 니체를 원군으로 부르고 있는 것이다. 그런데 성의 영역에서 니체에게 도움을 청하는 것이 증언하는 바는 다소간 텍스트들을 되살펴보는 이들이라면 누구나 비웃게 만드는 가벼움이다. 실상 니체에게서조차 우리가 성과 관련하여 재발견하는 것은 19세기 부르주아들이 지닌 대부분의 표상과 편견들이다. 쾌락에 대한 다음과 같은 겁먹은 불신을 보자. "돼지들은 쾌락 속에서 뒹군다. 쾌락을 설파하는 자는 누구나 자신이 돼지 콧등의 모습을 지니고 있는지 보아라."(《차라투스트라는 이렇게 말했다》, 이본) 또는 "우월한 정신의 소유자들에게서 성적 냉담은 인간성을 절약하는 데 본질적이다."(《인간적인, 너무나 인간적인》) 충동들의 폭력에 대해 지닌 정통파적인 다음과 같은 두려움을 보자. "성적 본능은 인간들을 갈라 놓는다. 그것은 맹렬한 이기주의이다."(《철학전집》 제4권, 472) 또는 "어떤 민족이 쇠퇴한다면, 그것은 음란으로부터 비롯된다."(《우상의 황혼》) 끝으로 문자 그대로 19세기를 특징짓는 그 거친 여성 혐오를 보자. "여자는 신의 두번째 대실수를 구성한다."(《반(反)그리스도》) 또는 "여자가 쓴 책을 펼치게 되면 곧바고 한숨이 나온다. 자신을 착각하고 있는 요리사를 볼 뿐이다!"(《철학전집》 제11권, 419)[1] 니체가 너무 수음을 많이 하여 시력을 잃지 않을까 느꼈던 매우 '19세기적인' 두려움에 대해서는 말할 필요가 없다.[2]

그렇다. 니체 자신도 이런 지경이었다……. 그러나 논쟁 같은 것은 시시하니 하지 말자! 우리가 이와 같은 환기를 내세우는 것은, 우리가 보다시피 가장 자유로운 정신들까지도 지배할 수 있는 상징적 표상들이 지닌 비상한 힘을 강조하기 위한 것이다. 사실 우리가 최소한의 겸손함을 지니고 머리에 간직해야할 것은, 이 세기말에서 우리 역시 항상 확인할 수만은 없는 주위의 가치들에 부분적으로 복종하고 있다는 점이다. 물론 '부분적으로'라는 부사는 여기에서 매우 중요하다. 그것은 우리가 누리는 자유의 공간 자체를 지칭한다. 우리는 시대 속에서 헤엄을 치고 있지만 시대에 절대적으로 갇혀 있는 것은 아니다. 그런데 우리가 확보하고 있는 이 자유의 공간은 사람들이 말하는 것보다 항상 더 넓지만, 사람들이 믿는 것보다는 훨씬 더 제한되어 있다.

더 넓다고? 그렇다. 인간들은 자신들이 살고 있는 시대의 다수의 편견들에 결코 전적으로 사로잡혀 있는 것은 아니다. 우리들 각자는 오만·거리·단절의 어떤 능력을 부여받고 있으며, 이 능력을 자신의 기질 및 상황에 따라서 사용하거나 사용하지 않는다. 역사의 모든 시기는 고유한 이단자들을 받아들였다. 어떠한 사회도 규범을 고정시켜 놓았다 할지라도 완전히 규격화된 적이 없다. 중세 그리스도교가 한창일 때도 불가지론자들이 있었으며, 19세기에도 방종한 절대 자유주의자들이 있었고, 칼뱅주의적인 영국에서도 포르노 정치가들이 있었으며, 제1차 세계대전 직전에도 평화주의적인 향락자들이 있었고, 68년 5월에도 담대한 엄격주의자들이 있었던 것이다. 달리 말하면, 우리가 이 책에서 목록화하고자 했던 성도덕의 대변화들이 집단 전체를 포용한 적은 결코 없었다는 것이다. 그것들은 포괄적이고 인류학적인 다수적 의미만을 지녔다고 말할 수 있을 것이다.

자신이 살고 있는 시대의 다수가 추종하는 가치들에 동의하

든가 그것들에 반대하여 궐기하든가, 전체주의의 무게를 수용
하든가 지하 운동에 참여하든가, 이와 같은 선택의 여지는 언
제나 제공되어 있다. 그것은 개개의 인간을 자신의 환원시킬
수 없는 자유로 되돌아가게 한다. 집단적 압력, 또는 르네 지
라르가 말한 것처럼 모방적 압력은 언제나 강하지만 결코 **절
대적으로 강한** 것이 아니다. 우리는 바로 이와 같은 간극의 내
부에 인류의 역사가 관계하고 있다고 말할 수조차 있는 것이
다. 나머지 다른 것과 마찬가지로 성과 관련하여 말이다.

　반면에 현대인의 믿을 수 없는 오만은, 근대성이 **집단적 표
상에 대한 관념 자체**를 탈없이 넘어설 수 있다고 믿는 데 있
었던 것이다——이것이 본서의 주제 자체이다. 그것은 이제부
터 개인-왕이 더 이상 여자만을 소유하는 것이 공간 전체를 소
유하게 되었다고 믿은 환상 속에 있었다. 이 환상은 이 개인-
왕이 자신의 절대 지상적인 변덕을 위해 모든 집단적 상징 체
계로부터 해방되었다는 것이다. 그것은 또한 완전히 마법이 풀
린, 다시 말해 탈신성화된 세계에서 그 자신이 무한한 명철성
을 부여받은 상황에 있다는 것이었다. 불길하고 오만한 추정이
아닐 수 없다! 이 오만은 우리의 운명에 대해 우리를 눈멀게
하고, 무장 해제된 채 동의하는 우리를 우리 자신의 고유한 미
신에 빠지게 한다. 사실 우리가 전적으로 자율 상태에서 행동한
다고 생각하는 때조차도 우리는 집단의 새로운 가치들을 계속
추종하는 경우가 아주 흔하다. 이러한 추종에서 보이는 온순함
은, 우리의 조상들이 그들의 가치들을 존중할 때 보이는 그 온
순함 같은 것이다.

　인간의 진정한 자유는 이와 같은 공통의 가치들에 대한 이
의 제기로부터 항상 비롯되지, 그것들에 대한 맹목에서 비롯되

는 것이 아니다. 오늘날 근대성의 집단적 가치들은 그 어느 때보다 더 명령적이며, 특히 덜 비판받고 있는 것 같다. 이는 비판적 정신의 항복에 해당하는 매우 이상한 상황인 것이다. 본서가 드러내고자 했던 것은, 우레 같지만 온순한 절대 자유주의적인 순응주의를 위해서 **진정한 자유**를 역설적으로 포기하고 있다는 것이다.

'우상 숭배적인 성실함'?

이제 그토록 많은 공간과 에너지를 차지하고 있는 이른바 도덕적 논쟁은 앞에서 이야기된 오해의 풍자적인 표현인 것이다. 욕설을 하고 고발을 하는 진영에 진을 치고, 새로운 집단적 표상들의 의미에 실질적으로 탐구하기를 거부함으로써 사람들은 마니교적인 이원론으로부터 벗어날 수 있는 모든 가능성을 스스로 금지하고 있는 것이다. 논의는 대수롭지 않은 세속적 게임으로 격하되고 만다. 대부분의 경우, 사람들은 근대성이 모든 도덕을 철수시켰다는 가설——허위적 가설——로부터 출발한다. 그런데 사실 근대성은 이 도덕을 바꾸었을 뿐이다. 진단의 단순주의 덕분에 정통적으로 생각하는 자들은 시대의 이른바 비도덕성을 비탄하고, 절대 자유주의자들은 이를 즐기는 것이다. 그리고 사람들은 다음 기회가 올 때까지 그것으로 만족하는 것이다……

사실 어떠한 진정한 자유도 과거의 이른바 횡포를 대체하지 못했다. 구속의 성격이 변한 것이다. 이것은 동일한 것을 의미하지 않는다. 전통적 도덕은 다른 도덕에 의해 거부되고 대체

되었다. 이 다른 도덕은 방식은 다를지 모르지만 마찬가지로
규범적이다. 그것은 역시 과거의 표상들이 문제시되었던 것과
마찬가지로 마땅히 문제시되어야 하는 표상들에 토대를 둔 새
로운 도덕일 뿐인 것이다. 하지만 그렇게 문제시되는 경우는
드물다. 왜 그런가? 사실 모든 것이 보여 주고 있는 것은 우리
가 이와 같은 자유를 전적으로 포기했다는 것이다. 우리는 물
신들을 바꾸었지만 우리의 물신 숭배를 강화시켰다. 달리 말하
면, 이 시대의 첫번째 공허는 우리 **자신의 편견들을 문제시하**
는 우리의 무능——또는 우리의 거부——에 기인한다.

그런데 이 시대에 들어앉아 있는 것은 온갖 종류의 새로운
가치들, 금지 사항들, 그리고 명령들이다. 이것들은 도덕적 구속
들로 체험되지 않는다. 왜냐하면 그것들은 시대의 분위기에 의
해 내면화되고 강한 상징 체계를 담고 있기 때문이다. 그것들
은 예전에 전통적 도덕의 근본적 금지 사항들이 그랬던 것처럼
무의식적으로——순진하게——수용되고 있는 것이다. 반면에
이 금지 사항들은 회고를 통해 억압적이거나 구속적인 것으로
인식되고 있다. 왜냐하면 그것들은 '탈상징화' 되었기 때문이다.
그리고 바로 이미 죽어 버린 이 가치들에 대항해 우리는 위험
도 없이 영광도 없이 계속 싸우고 있는 것이다!

우리가 아직도 회의 능력을 발휘하고 있다면, 우리의 비판을
폭발시키고 있다면, 이미 오래 전에 해체된 것에 반대하여 그
렇게 하고 있는 것이다. 우리는 거의 앰뷸런스에 대해서만 공
격을 가하고 있는 것이다. 우리는 이미 열려진 문들만을 부수고
있다. 새로운 가치들에 대해서 우리는 더 이상 그것들을 확인
할 줄조차도 모른다. 그리하여 근대성이 가져온 가치들·유
행·경향·유행들 앞에서 우리는 어린이들처럼 순종하게 된 것

이다. 전례가 없는 정신적 게으름일까? 천진난만한 자만일까? 우리를 지배하고 있는 새로운 신성한 것 앞에서 비판 정신이 이처럼 도피하는 것은 좋은 징조가 아니다. 그것은 자기 자신을 문제화하는 지칠 줄 모르는 태도——훌륭하게 책임을 떠안은 저 '위기 상태'——와 단절하는 것이다. 이 태도는 3세기 동안이나 계몽 정신의 정의 자체였던 것이다. 그와 같은 도피는 차례로 우리가 전복시키는 것을 잊은 한 상징 체계의 함정에 우리를 가두는 데 기여하고 있다. 그것은 모든 편견에 대해 최소한의 거리를 함축하는 보편주의적 모험에 대한 지칠 줄 모르는 동경으로부터 우리를 이탈시키고 있다.

이러한 의미에서 사실 우리는 동조 가치관만을 지닌 부족이 다시 되고 있는 것이다.

몇몇 예들이 즉각적으로 떠오른다. 때로는 가장 시시한 예들이 가장 의미 있는 것들이다. 하나의 예를 들어 보자. 우리는 과거에 대해 말하면서, 우리의 관점에서 볼 때 욕망을 억제하려는 고심을 함축했던 육체적 고행의 관념에 두려움을 느끼는 체한다. 우리는 13세기의 그리스도교도나 경건한 유대인, 30년대의 유부녀를 그들의 욕망에 의지적으로 행사된 그 폭력에 의해 근본적으로 상처를 입은 고통받는 존재들로 인식한다. 육체를 가두어두려는 그 노력, 육체적 의미에서의 그 시련들은 그들이 동의한 것이었지만 우리가 회상해 볼 때 잔인한 것처럼 보인다. 극단적인 경우, 육체의 조절과 훈련이란 관념조차도 우리에게는 아주 옛날의 야만적인 것들로 보이며, 우리는 이것들로부터 해방되었다고 아주 잘난 체하고 있다. 우리의 눈에는, 우리가 쾌락에의 권리라고 일컫는 것의 주요한 장점은 다름 아니라 마침내 육체를 평화롭게 놓아둘 수 있다는 것이고, 육체에 진보의 표시 자체라고 할, 구속 없는 그 개화를 제공한다는 것이다. 금지 사항들의 거부는 육체와 우리 사이에 그 **휴전**——마침내 포고된 그 휴전——인 것이다.

좋다. 그러나 동시에 우리는 눈썹 하나 까딱하지 않고 다른 유형의 고행들을 받아들이고 있는 것이다. 이것들이 드러내는 실질적인 가혹함은 우리의 먼 조상들을 공포에 떨게 할 수 있는 것이다. 음식 섭생에 대한 강박관념, 얼굴 '윤곽'의 횡포, **외양**과 관련된 지칠 줄 모르는 명령, 제아무리 작은 활동까지도 적용된 의료화, 운동을 한 경력이나 이와 등가치인 직업적 경력의 의무화, 성숙이나 현명에 관한 모든 관념에 반대해 젊음을 잔인할 정도로 우선시하는 것——이 모든 것은 자기 자신에 대한 **육체적** 잔인함을 유도하고 있으며, 잡지들은 이 잔임함의 반항을 순진하게 퍼뜨리고 있다. 이처럼 찬양된 고행들은 노력과 고통의 강도에서 옛날에 성적 욕망에 행사된 제한들과 광범위하게 동일한 것이 아닐까? 이러한 문제들 가운데 어떤 것들에 관한 과거의 집단적 표상들은 보다 자유롭고, 보다 유동적이지 않았던가? 오늘날의 문제들은 본질적으로 의지적인 것이고, 동일한 목표를 가지고 있지 않다는 반론이 제기될 수 있으리라. 시시한 반론이다! 지난날 성에 관한 자제는 자유로운 선택과 문화적 압력이 모호하게 조합된 동일한 규범에 따랐다. 자기 자신에게 의지적으로 행사된 지배가 한 경우에는 두렵게 거부되고 있고, 다른 경우에는 가치가 부여된 것이다.

이상과 같이 많은 새로운 상징적 우선 사항들이 있는 것이다. 무엇을 내세워 이것들의 타당성에 이의를 제기하는 것이 금지될 수 있겠는가?

다른 예는 성실함의 개념과 관련된다. 자연발생적으로 우리는 성실함을 내일의 자유 의지에 대해 미리 맛보는 타격으로 간주하고, 욕망의 맹렬한 예측 불가능성을 해치는 징계적 중압으로 간주한다. 우리는 불변·약속·지속을 중심으로 도는 모든 가치들을, 마치 빈축을 사게 된 의지적 예속에 속하는 것처럼 판단하고 있다. 쾌락·욕망·행복도 이제 유랑 생활·방황·번민과 연결되어 있다. 그러므로 상대방에 대한 성실함은 시대가 분노를 드러내며 거절하는 빈곤화 작용으로 우리에게 나타난다. 탈상징화된 가치로서 사랑의 성실함은 우선 거세의 주체로 인식된다. 상징 체계는 전복된 것이다.

우리가 커플 및 가정과 관련하여 보았던 바와 같이 "자신을 바치고, 자신을 잊어버리며, 자신을 내맡기는 것은 (이제) 니체가 고발한 노예의 정신에 속하는 것이고, 프로이트가 분명히 밝힌 정신병에 속하는 것이자 인격의 결핍에 속하는 것이다. 따라서 '상대방을 더 이상 사랑하지 않을' 때는 떠나라고 도덕적으로 명령된다. 성실함의 정의는 속이지 않는 것이고, 동시에 여러 명의 파트너를 상대하는 것을 거부하는 것이다. 다시 말해 그것은 더 나은 사람을 만났을 때, 떠나야 할 사람에게 미리 알리겠다는 약속이다. 그러나 시간 속에 있는 성실함, 즉 내가 오늘과 다른 감정 속에 있을 때인 어제 말했던 것에 대한 약속이었던 그 성실함은 비도덕적인 것으로 인식되고 있다."[3]

사태는 이렇게 된 것이다. 그리고 그것은 하나의 관점이다. 그러나 비상하게도 우리는 동시에 다른 종류의 성실함들에 순종하는 것을 받아들이고 있다. 이 성실함들은 과거 같으면 지나치게 구속적이라고 판단되었을 것이다. 예를 들어 직업적인 계획에 성실함이 그런 것이다. 또 만난을 무릅쓰고 자기 자신에 성실함이 그런 것이다. 군소 집단이나 부족적인 집단에의 성실함, 그리고 물론 자신의 고유한 성향에의 성실함이 그런 것이다. 이런 것들은 정신과 자유에게는 그만큼의 예속들로서 그리스도교 에세이스트 같으면 '우상 숭배적인 성실함들,' 또는 '현대의 개인주의가 만들어 낸 새로운 우상들'[4]이라고까지 간주할 것이다.

　사실 고대인들에게(그들이 그리스도교도이든 플라톤 추종자이든) 인간의 자유는 욕망에 이처럼 충성하는 데 있는 것이 아니었다. 그 반대로 그것은 이 욕망에 불복하는 능력에 있었다. 적극적인 **자유**와 동일시되었던 것은 자제였지 충동에 자신을 내맡기는 것이 아니었다. 푸코는 이와 관련하여 그리스인들을 환기시키면서 이렇게 자신의 견해를 표명하였다. "욕망과 쾌락을 지배하는 것이 이토록 중요하다면, 그것들의 사용이 이토록 가치 있는 도덕적 목적을 구성한다면 그것은 최초의 순진무구함을 보존하거나 되찾기 위한 것이 아니다. 그것은 또한 일반적으로 ── 물론 피타고라스학파의 전통을 제외하고 ── 순수성을 보호하기 위한 것이 아니다. 그것은 자유롭기 위한 것이고, 자유롭게 남아 있을 수 있기 위한 것이다."[5]

　우리는 오늘날 사정을 반대로 보고 있다. 여기에서도 또한 모든 것은 상징적 변화의 문제이지 **엄밀한** 의미에서 해방의 문제가 아니다. 이 모든 변화는 하나의 의미, 하나의 고유한 논리를 지닌다. 그것은 하나의 계획, 아니면 적어도 하나의 세계관을 막연히 따르고 있는 것이다. 그것은 우리가 삶을 접근하는 데 있어서 심층에서 이루어지는 반전을 증언하고 있다. 진정한 문제는 이 반전이 어떤 것이냐 하는 문제이다. 이와 같은 새로운 상징적 질서를 관리하는 몇몇 논리들을 찾아내기 위해 멀리 갈 필요도 없다.

'수음의 도구'

유랑적이고, 불확실하고, 병적으로 허기증을 나타내는 불안한 현대인의 성은 우선 고독하다. 그것도 현기증이 날 정도까지…… . 모든 것은 마치 성이 마침내 충만하지만 불안한 자율을 즐기기 위해 **상대방의** 인간성을 염두에 두지 않는 것처럼 일어나고 있다. 사랑의 관계에서 '파트너'라는 말의 운명은 시사적이다. 그것은 상대방을 단순한 대좌역, 수음의 도구로 삼는다. 그것은 또한 상대방을 다소간 고성능의, 따라서 끊임없는 평가·비교·시험대 등의 대상이 되는 도구로 삼는다. 쾌락과 관련한 지배적인 잡담은 끝이 없는 비교 회계 감사에 견줄 만하고, 증권 거래 고십이나 올림픽 수상자 명단과 같이 한이 없다. 이와 같은 관능적인 고독 속에 갇혀(라캉은 "성관계는 없다"라고 말했다) 상대방을 도구화함으로써 우리는 우리의 쾌락에 장애가 되는 마지막 금지 사항, 즉 파트너의 비욕망을 참지 못할 뿐 아니라 격분하여 고찰한다.

80년대 최초 동성애 나이트 클럽에서 파트너를 낚는 장소로 유명한 글로리 홀(glory hole)은, 이러한 고독의 방향과 이 방향의 숙명성을 매우 인상적으로 상징했다. 파트너를 볼 수 없도록 한 칸막이 벽 성기 높이에 뚫려진 구멍인 그것은, 순간적이라고 할지라도 어떠한 만남도 배제한 채 오직 성기만을 통한 사랑의 관계를 허용했다. 두 성기가 제시되지만 두 육체는 감추어져 있는 것이다. 헐떡거리는 두 숨소리는 있지만 두 침묵이 서로를 마주하고 있다. 그리하여 욕망의 이와 같은 현기증나는 유아(唯我)주의는 상대방을 즐기면서도 **상대방** 없이 견뎌내게 된 것이다. 사람들이 상대방을 소멸시켰다면, 그 이유는 상대방의 만남과 이타성을 두려워했기 때문이다. 동일한 지적이 70년대부터 매우 유행한 **백룸**(backrooms)에 대해서도 분명히 적용된다. 이 **백룸**은 단지 동성애자들용(用)이 아니었다. 폐쇄되고 아무런 표시도 없는 어두운 공간인 그곳에서 육체들이 서로 만나 서로를 느끼고 서로를 주는 것이다. 그것은 단지 마지막 망설임이나 정숙의 봉쇄를 익명 속에 사라지게 할 뿐 아니라, 상대방의 존재-부재를 상징적으로 제공한다. 상대방은 더 이상 확인할 수 없으며, 볼 수도 없는 것이다. 우리는 고독의 이보다 완벽한 메타포를 상상할 수 있겠는가?

1977년에 롤랑 바르트는 이미 사랑의 담론이 드러내는 이와 같은 극단적 고독을 자신의 '단상'이 담아내는 주제로 삼았다. 그가 강조한 것은 상대방과의 감정적 만남, 상대방의 사랑과 애정, **상대방에 대해** 책임을 짐——그리고 고려함——같은 것들을 이제 새로운 외설로 만들어 버린 그 낯선 전환이다. "현대의 여론이 불신하는 사랑의 감상성은 사랑하는 주체가 자신을 홀로 만들어 노출시키는 강한 위반으로 떠안아야 한다. 따라서 가치의 전도를 통해서, 오늘날 사랑의 외설을 만들어 내는 것은 이러한 감상성이다."[6]

2년 후 파스칼 브뤼크네르와 알랭 핑켈크로트는 이단적이고 몹시 즐거운 한 텍스트에서 차례로 '현대의' 쾌락이 드러내는 기능적·의학적·규범적·경기적(서글프게) 표류에 대해 야유를 보냈다. "남성을 사정적인 기능으로 격하시킴으로써 사람들은 성적 관계를 원초적이고, 실제적인 문자 그대로의 무언가로 변모시키고 있다. 이 무언가에 비하여 나머지 모든 것은 신비적인 노작(勞作)이나 탈선에 불과한 것이다."[7]

오늘날 성적인 것의 이와 같은 생물화는 마침내 마무리되고 있다! 쾌락은 해부학적이고 상업적이고 스포츠적인 순수한 일이 되고 있다. (사이버네틱한 것이 되기를 기다리면서 말이다!) 그것은 공급이고, 포식이거나 성과인 것이다. 많은 '가능성들' 앞에서 완전히 도취 상태에 있는 현대의 개인주의는 관능적인 토로를 미래가 없는 즉각적인 약탈의 차원으로, 다시 말해 원칙에 있어서 먹고 마시는 것보다 분명히 더 고독한 육체적 기능의 차원으로 퇴행시켰다. 과시된 '볼거리'와 전염적인 두려움이 성과 관련하여 가장 확실하고 역사가 없는 가설에 특권을 부여하기 위해 결합하고 있다. 이는 자동 만족의 가설이다. **안전한 섹스**(에이즈 등의 병을 예방하기 위해 콘돔을 사용하는 섹스), 오난(Onan)에 대한 예의(《성서》의 오난처럼 임신을 피하기 위해 질 밖에 사정하는 것을 말한다), 그리고 피차 만족하도록 서로에게 제공된 서비스가 그런 것들이다! 그렇게 하면서 사람들은 인격체로서 상대방에 대한 상당히 두려운 거부를 증언할 뿐 아니라 "생물학적인 것, 사회적인 것, 그리고 주관적 무의식을 함께 연결시키는 것"을 거부하는 것이다. 그런데 사실은 이것이 바로 피에르 르장드르가 말하듯이 "단지 살아 있는 고깃덩어리가 아니라 인간을 인간으로 만들어 주었던 것"[8]이다.

우리는 또 이러한 새로운 자유들에 의해 전적으로 얼이 빠져 그것들이 실어 오는 위협의 범위를 제대로 측정하지 못하고 있다. 오늘날 성은 탈사회화되고 탈규범화되고 탈인간화되는 위험을 겪고 있다. 그런데 사실 그것의 실체는 **기능**이기 전에 **문화**인 것이다. 모리스 메를로 퐁티는 예전에 이렇게 썼다. "성은 극적이다. 왜냐하면 우리는 성 속에 우리의 개인적 삶 전체를 끌어들이기 때문이다. 그러나 정확히 무엇 때문에 우리는 그렇게 하는가? 왜냐하면 우리의 육체는 자연적 자아, 즉 주어진 존재의 흐름이기 때문이다. 그리하여 우리는 우리를 지탱하는 힘들이 이 자아의 것인지 우리의 것인지 모르기 때문이다. 아니 그보다는 그것들이 전적으로 자아의 것이 아닌지도 우리의 것이 아닌지도 모르기 때문인 것이다. 성 그 자체에 폐쇄된 성은 존재하지 않는 것처럼 말이다. 아무도 완전히는 구제되지 않으며, 아무도 완전히는 파멸하지 않는다.”[9]

이 철학자의 아름다운 낙관주의로부터 남아 있는 대단한 것은 더 이상 없다. 사실 더 이상 ‘극적’이지 않은 쾌락의 고독밖에 없는 것이다. 왜냐하면 쾌락은 메를로 퐁티의 표현을 다시 빌리자면 ‘우리의 개인적 삶을 끌어들이는 것’을 멈추었기 때문이다. 우리가 이 공허에 대해 진정으로 숙고하기를 회피한다면, 그것의 말없는 현존——그것의 떡벌어진 틈?——은 섹스가 문제되자마자 근대성의 수다스러운 열기에 낯선 것이 되는 것 같다. 그것은 싸우기 좋아하고 과시적이지만 충족되지 않은 갈망들, 일종의 위로할 수 없는 부재가 괴롭히는 것 같은 그 갈망들을 정당화시킨다. 우리는 우리에게 금지된 것, 즉 구속 없는 쾌락을 마침내 움켜쥐었다고 생각했다. 그런데 이 쾌락이 한줌의 물처럼 우리의 손가락 사이로 빠져 나가고, 우리를 좌절하고 어리둥절한 상태로 남겨 놓고 있다. 과연 우리는 용감하게 해방되었지만, 홀로 있으며 시시한 것이 되고 만 우리 자신의 쾌락에 의해 난처하게 된 것 같다. 이로부터 매일같이 이미지를 쏟아내고 성과를 쏟아내며 그 ‘해괴한 성적’ 가설을 지칠 줄 모르고 탐구하게 된 것이다. 이 가설에 대해 폴 리쾨르는 거의 40년 전에 이야기한 바 있다. 더구나 그는 같은 텍스트에서 어떤 징후를 예감하듯 이렇게 덧붙였다. “이렇게 인간은 쾌락 자체의 심리적인 빈곤에 대항해 기진맥진케 하는 싸움에 끌려 들어갔다. 이 쾌락은 그것이 지닌 생물학적인 난폭성으로 볼 때 완벽이 거의 가능하지 않은 것이다."[10]

사실 주변의 담론은 제대로 정의되지 않고, 따라서 그만큼 혼란스러운 성적 '선경(仙境)'에 대한 상상적 추구에 사로잡혀 있는 듯한 인상을 준다. 이 추구는 사랑의 새로운 성배(聖杯)에 대한 상상적 추구이고, 쾌락의 강도에 있어서 오메가 지점에 대해 끊임없이 갱신된——그러나 결코 지켜진 적이 없는——약속이며, 어디서 올지는 잘 모르지만 다음번의 관능적 성취에 대한 전대미문의 예고인 것이다. 결코 감행된 적이 없는 위반에 대한 예고일까? 테크닉에 대한 예고일까? 다양한 시도나 경험, 보다 나은 성과에 대한 예고일까? 또는 어떤 방법에 대한 예고일까? 우리가 믿고 싶어하는 것은 쾌락의 궁극적 신비, 천지가 개벽된 이래 불투명하고 도달 불가능한 그 신비가 이번에는 손안에 들어와 있다는 것이다. 이것이 바로 오늘날의 모든 미망과 순진함을 은밀히 부추기는 것이다.

실상 우리는 위협적인 도덕 질서와 위협받는 자유 사이의 이른바 결정적인 논쟁과는 거리가 먼 것이다…….

사회의 원자화

그러나 쾌락의 불안한 고독, 동의를 얻은 상대방의 축출, 성의 탈사회화 같은 것들이 진정한 의미를 가지게 될 때는, 다만 그것들이 훨씬 더 일반적인 사회의 원자화라는 현상과 결부될 때이다. 성의 영역에서 일어나고 있는 것과, 다른 곳에서 일어나고 있는 것 사이에는 우연의 일치와 상호 조응 관계가 있다. 점진적인 탈사회화, 제도들과 소속적인 유대의 약화, 고독에 내몰린 개인들의 허약화 같은 것들이 후기 산업 사회의 응집력을 그야말로 위협하는 가장 두려운 붕괴들이다.

노동이라는 예만을 든다면, 그것 역시 탈사회화의 길을 걷고 있는 중이다. 그것이 소속과 통합의 기능을 조금씩 상실하고 있다는 의미에서 말이다. 같은 식으로 가정은 소속의 장소로서 소멸하고 있는 유일한 제도는 아니다. 기업도 마찬가지로 경제의 영역에서 소멸하고 있는 제도이다. 80년대말에 자유주의의 변화는 이와 같은 제도적 쇠퇴를 가속화시켰다. 기업의 다른 모든 파트너들(샐러리맨·간부·경영자·납품업자 등)에 비해 주주들을 절대적으로 선호하는 현상은 기업-제도에 대해 근본적으로 새롭고 빈곤하게 된 개념으로 귀결되었다. 주장되는 '가치들'의 성격이 바뀐 것이다.

지난날의 **주식 가치**(배당)는 기업을 공동체적 제도로 창설했다. 이 제도 속에서 기업가들은 사회적 파트너들로 이루어진 공동체의 고취자였으며, 이 파트너들 사이에 노력과 이득이 배분되었다. 반대로 **투자 가치**(게임) ——이것의 성공은 서구 나라들에서 지배적이 되고 있다——에 따르면, 기업은 계약적인 제도에 불과하고 그 속에서 기업가들은 주주들의 단순한 대리인들이다. 주주들의 유일한 목표는 단기적으로 금융적 이익을 극대화하는 것이다. 이들은 필요하다면 다른 파트너들에게 형벌을 과한다. 예를 들어 이익을 개선하기 위해 봉급생활자들을 대량으로 해고하는 것이다. 불안정해진 노동과 노동자는 더 이상 하나의 제도를 구성하지 못한다. 시장을 찾는 주주들과 생산물을 찾는 소비자들만이 마주 대하고 있는 것이다. 기업은 이

제 더 이상 공동체가 아니라 수익성을 극대화해야 하는 주식 꾸러미인 것이다.[11]

　성도덕, 가정 또는 친자 관계에 대한 숙고 속에 미시경제적인 고찰을 도입하는 것은 우스꽝스럽게 보일 수 있다. 그러나 두 경우에서 진행중인 과정들은 분명 동일한 성격을 띠고 있다. 뿐만 아니라 우리가 당황스럽게 확인하는 것은, 제도로서 가정의 파멸을 기술하는 에세이스트들이 등가적인 현상들을 기술하기 위해 다른 영역들에서 만들어진 개념들을 재사용하고 있다는 것이다. 예를 들면 노동법전문가인 로베르 카스텔로부터 직접적으로 빌려 온 불안정화와 제명의 개념들이 명료하게 재사용되는 것이 그러한 경우이다.[12] "우리는 가정 문제와 관련하여 로베르 카스텔이 사회 문제와 관련하여 최근에 분석한 상황과 유사한 상황에 처해 있다. 사람들은 제명을 일종의 예외라고 집요하게 생각했는데, 이는 항상 중심에서 타격을 받은 것이 임금생활자들의 사회라는 것을 이해하지 못했기 때문이다. 마찬가지로 가정의 유대가 불안정하게 된 것을 일종의 점증하는 예외라고 집요하게 생각한다. 왜냐하면 가정 제도의 중심이 타격을 받고 있다는 것을 이해하지 못하기 때문이다."[13]

　임금 제도, 노동·경제의 세계화가 유도한 가치의 변화, 그리고 극자유주의에 대한 현대의 고찰은 가정과 관련될 뿐 아니라, 마지막 분석에서는 사랑의 담론과 관련된 문제들을 중심으로 이루어지고 있다. 이 문제들은 제도들이 퇴조하고, 소속적 유대감이 단절되고, 우리 사회가 점진적으로 탈집단화되고 파편화되어 허약하게 병치된 그만큼의 고독한 개인들로 분열되고 있는 현상을 말한다.

　필리프 엥겔하르트는 이렇게 쓴다. "현대의 산업화된 사회에서 각자는 그가 생산하고 소비하고 절약하는 능력에 의해서만 정의된다. 그는 경제적·금융적 조직에 속한 수동적 신경 단위 이외에 다른 아무것도 아니다. 이 조직은 그 자체 이외에 다른 아무 목적도 없다. 단체를 통한 소비자 이익 보호 압력은 분명 사회를 원자화시키는 데 기여하고 있다. 이러한 압력은 자신의 선택들로부터 자유롭고 책임 있는 행위자의 개화를 강화시키는 것이 아니라, 부식적인 개인주의의 개화를 강화시킨다. 뿐만 아니라 그것은 사회 조직 내에 편입시키는 비용을 증가시키고, 따라서 제명과 욕구불만을 낳는 결과를 가져온다."[14]

계보적 능력

인간 사회의 이와 같은 점진적 원자화·탈집단화된 개인의 매우 급진적인 부상, 각자를 자신의 고독 속에 유배시키는 개인주의의 총체적 승리 등, 이 모든 것은 이와 같은 변모의 의미 자체에 대해 탐구하도록 권유한다. 개인-왕의 매력 잃은 불안한 고독, 이것은 분명 그의 해방에 대한 대가이다. '미쳐 버린 나'는 계몽 정신의 출현과의 역사적 대단절이 가져온 궁극적 귀결점에 해당한다. 이 단절은 3세기 이상 전에 등록된 것이다. 개인주의의 이와 같은 승리가 오늘날——모든 영역에서——붕괴의 위험에 부딪치고 있다면, 우리에게 남은 것은 그 이유를 자문하는 것이다.

이와 같은 지적을 표명하는 것은 궁극적으로 시간과 우리와의 관계라는 문제를 제기하는 것이다. 모든 제도로부터 이탈된 개인은 속박이 없다. 다시 말해 그는 과거가 없는 것이다. 순간 속에 도피하고, 열기에 들뜬 일종의 즉각성에 빠질 수밖에 없는 그는 또한 미래가 없다. 그는 더 이상 진정으로 하나의 역사 속에 **편입되어 있지** 않다는 의미에서 말이다. 그가 인식하고 체험하는 역사는 '현재들'의 불확실한 계속에 다름 아니고, 모두가 동일한 가치를 지닌 덧없는 순간들의 합산에 다름 아니다. 우리 사회가 장사를 지내기 시작하고 있는 것은 피에르 르장드르가 **계보적 능력**이라고 현명하게 일컫고 있는 것이다. 이 계보적 능력은 인간의 시간을 계속성으로 조직화했으며, 개인은 이 계속성 속에 편입되었던 것이다. 그것은 본질상 제도들의 능력이다. 우리는 그것이 이 제도들을 규정한다고까지 말할 수 있으리라.

가정의 경우는 분명하다. 여기에서 우리가 앞서 인용한 플라톤의 문장을 모두 다시 인용해 보자. "인류는 시간 전체와 자연적인 친화력을 가지고 있으며, 이 친화력을 지속적으로 동반하고 동반할 것이다. 바로 그렇게 하여 인류는 불멸하는 것이다. 자손의 자손을 남기면서, 그리고 그렇게 언제나 동일한 자신의 통일적 단위가 드러내는 영속성 덕분에 세대를 통해 불멸성에 참여하면서 말이다."[15] 시간에 대한 이와 같은 주의 깊은 관리는 일반적으로는 제도들이, 그리고 특수한 경우로는 가정이 지닌 사명 자체이다.

우리가 개인의 단기적 시간이라 일컬을 수 있는 것과 '불멸하는' 집단의 장기적 시간 사이의 대립이 이상적으로 해결되는 것은 우선 가정에서이다. 대립 상태에 있는 이 두 개의 시간성이 그럭저럭 조화를 이루는 것은 가정 제도 안에서이다. 이러한 중재의 문턱——그것은 양쪽 모두에 호의적이다——은 한 사회가 드러내는 전체주의의 정도를 규정한다. 전통적 사회들은 개인을 위험에 처하게 한다 할지라도 당연히 공동체의 장기적 시간을 중시했다. 오늘날 우리는 반대로 하고 있다. "전통은 그 목표가 운명에 대항해 집단의 생존을 유지하는 것이었다. 그것은 제도들을 신뢰했다. 이 제도들은 현재가 과거와 가능한 한 가깝게 유지되도록 하는 데 진가를 발휘했고, 가장 좋은 수단으로 규정될 수 있었던 것이다. 전통 사회가 느꼈던 영속적 불안정성은 신중함으로 이끌었고, 이 신중함은 성공한 것을 재현하도록 명령했다. 사람들은 단일한 존재로서의 자신을 부정함으로써만 살아남을 수 있었던 것이다."[16]

그러나 필요한 신중함, 불안정성을 내쫓으려는 의지, 이것들이 가정의 유일한 목표는 아니다. 시간의 흐름에 저항하려는 의지 속에서 완전히 동원된 가정은 시간에 의미를 부여하면서 시간을 구축했던 것이다. 세상에 나온 인간 존재가 가계 속에, 따라서 시간 속에, 그리고 특히 문화 속에 편입된 것은 가정과 가정의 계보적 능력을 통해서이다. 요컨대 인간화는 반드시 계보적 **계속**을 통과하는 것이다.

우리가 알다시피, 오늘날 제도들의 약화는 단기적 시간에 유리한 중재에 부합한다. 이 시간은 소비·쾌락·경쟁의 순간성에 전적으로 몰입한 개인의 시간이다. 오늘날 그토록 문제시되고 있는 그의 고독은 집단과 집단이 전달하는 가치들의 축출에 부합하는 것만이 아니다. "모든 것의 원천이자 목적으로서 개인적 진실에 대한 강박관념적인 환상"이 들어앉은 이 고독은 또한 지속을 장사지내고 있다. 계보적 구속도 없고, 미래에 대한 구상도 없는 그것은 '시간의 불확실성'이라 일컬어질 수 있었던 것과 처음으로 대면하는 상황에 처해 있다.

뿐만 아니라 가정 제도의 소명——시간을 이기고 미래에 내용을 부여하는 것——은 학교든 기업이든 국가든 모든 다른 제도들의 속성이었다. 제도들이란 원래 장기적 시간에 용의주도하게 유의한다. 장래를 예상하고 보호하고 장래에 기회를 부여하려는 고심의 특징을 지닌 그것들은, 존재론적으로 말해서 순간의 초조한 태도에 반대해 장기간을 책임진 '예측' 기구들이다. 오늘날 다시 문제가 된 것은 **미래를 우선시하는 이와 같은 성향**이다. 우리 주변의 도처에서 이런 현상이 보인다. 현재의 철저한 승리는 미래 소멸의 원인이자 동시에 결과인 것이다.

사라진 미래

경제적 영역에서 미래의 점진적 소멸은 인상적이다. 앞에서 상기한 기업에 대한 자유주의적인 새로운 개념——**주주 지배**——은 주주들의 이익에만 절대적 우선권을 부여하는 것이다. 그것은 사실상 보다 장기적인 기업의 비전보다는 증권거래소의 기준에 따라 측정된 즉각적인 수익성을 선호한다는 것이다. 그것은 미래를 희생시키고 현재에 가치를 부여한다.

그러나 **주주 지배**는 자본주의의 변형, 즉 미셸 알베르가 '라인 강 연안의 모델'에 대립시켰던 '미국식 모델'[17)과 완벽하게 결합되어 있다. 미국식 모델은 주식에 의한 자금 조달, 이익의 즉각적 극대화, 유동성, 그리고 전반적인 탈통제 같은 것들에 의존한다. 은행과 가족적인 주주 제도에 토대를 둔 라인 강 연안의 모델은 지속, 사회적 응집, 합의, 그리고 이에 따른 장기적 시간에 내기를 건다. 그것은 미래에 가치를 부여한다. 그런데 지난 15년 동안의 모든 변화는 미국식 모델의 저항할 수

없는 확장으로 귀결되고 있다. 이와 같은 승리 뒤에 문제가 되
는 것은 분명 **시간에 대한 우리의 개념**이다.

더욱 충격적인 측면은 경제적 세계화에 직면하여 서구 나라
들(특히 유럽 국가들)이 몇 년 전부터 금융 정책과 관련하여 채
택한 선택들이 같은 방향으로 가고 있다는 것이다. 장 폴 피투
시 같은 일부 경제학자들의 개념적 기여는 이러한 거시경제적
방향이 어느 정도로 미래를 희생시키면서 현재에 조직적으로
가치를 부여하고 있는지 잘 보여 주고 있는 점이다. 이자율의
높은 수준, 인플레이션에 대한 강박관념적인 두려움, 실업을 사
실상 체념하고 받아들이는 현상(특히 젊은이들), 저축의 장려
——이 모든 것은 집단적 표상의 차원에서 볼 때 미래의 가치
를 하락시키는 성격을 띠고 있다.[18]

우리가 덧붙일 것은 유럽에서 대량 실업에 대해 익숙해지는
현상과 노동이 불안정하게 되는 현상은 연금에 유리한 새로운
이점들을 수반하고 있으며, 특히 점점 더 봉급생활자들에게 불
리한 부가 가치의 배당을 수반한다는 것이다. 이러한 새로운 논
리들은 활동을 하지 않는 자들, 퇴직자들, 연금생활자들에게는
유리하지만 공동체의 문을 두드리는 아주 젊은이들에게는 파
국적이다. 모든 것은 마치 늙어가는 우리 사회가 현재를 위해
미래를 막연하게 희생시키고 있는 것처럼 일어나고 있다. 그리
고 과거도……. 반대로 60년대와 70년대에는 케인스 이론과
인플레이션이 연금생활자들의 보이지 않는 안락사, 다시 말해
과거에 대한 상대적 멸시——미래로 향한 거대한 집단적 투시
에 의해 보상되는 멸시——와 동일시될 수 있었다. 상징적 표
상들은 근본적으로 의미가 변한 것이다…….

가치가 하락된 미래는 특히 불가해하게 되었다. 불가해하다

는 것이 부분적으로는 가치의 하락을 설명한다. 실상 우리는 미래의 이와 같은 가치 하락을 비관론·두려움 또는 움츠림으로 해석하는 것에 만족할 수는 없다. 이 가치 하락은 훨씬 더 심층적이다. 미래의 가치가 하락되는 것은 미래가 이제 하나의 계획, 집단적인 야망, 나아가 이데올로기에 의해 지칭되지 않고 있기 때문이다. 표상으로서의 그것은 불확실하고 수수께끼 같으며, 불가해하게 된 것이다. 그것은 이제 현재에 정보를 주지 못하고 있는 것이다.

수많은 징후들이 이와 같은 시간에 대한 모색적인 불안을 증언하고 있다. 제도들의 붕괴는 이 징후들 가운데 중요한 것이다. 예를 들어 매체를 통해 상투적 이야기가 되었고, 되풀이되는 논쟁의 대상이자 닳아지지 않는 주제가 된 학교의 위기를 생각해 보자. 결국 그것은 본질적으로 전달의 위기로 분석되며, 이 전달의 위기는 미래를 읽을 수 없다는 것과 무관하지 않다. 무엇을 전달한다는 것인가? 어떤 전망 속에서? 어떤 집단적 목표를 위해? 이것들이 바로 대답하기 어렵게 된 문제들이다. 가정처럼 학교도 시간에 대한 불확실성으로 고통을 당하고 있으며, 자신의 계보적 능력을 책임질 수가 없는 상황에 있는 것이다. 그것은 탈집단화된 개인을 역사의 계속성 속에 더 이상 편입시킬 수가 없다. 그것은 어떤 미래를 설정하는 것만큼이나 어떤 유산을 전달하는 데 어려움을 겪고 있다. 현실적으로 그것은 순간의 독재에 의해 전복되고 있다……

끝으로 우리가 상기해야 할 것은 미래의 소멸을 시사하는 또 다른 징후로서 과거에 대한 향수가 횡설수설적으로 침투하고 있으며, 과거를 추모하는 방향으로 기울어지는 성향과 과거에 대해 매혹을 느끼는 현상이 나타나고 있다는 것이다. 이러한 측면들은 잃어버린 시간에 대한 끝없는 추구로 이 시대를 몰아넣고 있는 반사 작용들이다. 사실 우리는 이제 코는 고문서들 속에 처박고, 정신은 그리움에 빠져 살아가고 있는 것이다. 과거의 가치는 미래의 가치가 하락하는 정도 내에서 정확히 상승하고 있다. 우리는 우리의 고유한 역사를 지키는 도서관 사서들이 되었다. 횡포를 부리는 현재에 직면하여 단 하나의 출구만이 열려져 있다. 그것은 뒤로 열려져 있다. 우리에게 남아 있는 유일한 시간의 이동성은 뒷걸음치는 이동성이다…….

시간의 화살

이처럼 공포에 사로잡혀 퇴각하고, 과거로 되돌아가며, 과거가 끊임없이 재출현하는 풍토는 근본적으로 진보의 관념을 다시 문제화하고 있다. 이 관념은 죽어가고 있는 것이 아닐까? 창설적 표상으로서 진보는 사라지고 있는 것일까? 미래가 긍정적 가치로서 사라지고 있다면, 우리가 미래에 가치를 부여하며 그것을 더 이상 구상할 수 없다면, 따라서 우리가 미래에 조금이라도 '희생' 하는 것을 거부한다면 그 이유는 시간에 대한 우리의 개념 자체가 변모했기 때문이 아닐까?

사람들이 너무도 자주 망각한 것은, 계몽 시대 이후 우리의 역사를 지배하고 있는 진보라는 주제가 구원에 대한 유대-그리스도교적인 관념이 세속화된 것에 불과했다는 것이다. 그것의 최초 토대는 과학적이고 이데올로기적이 되기 전에 종교적인 것이다. 예전에 머시아 엘리아데는 진보에 대한 이와 같은 먼 계보——서구적 계보——를 분명하게 드러낼 줄 알았다. 진보는 우선 희망을 찾고 있는 영혼을 표현한 것이었다.[19] 이런한 측면에서 그것은 시간에 대한 유대-그리스도교적 해석으로부터 비롯되었던 것이다. 이 시간은 이교 문화들, 특히 일반적으로 그리스인들과 플로티노스가 지녔던 순환적인 시간과는 대조적으로 방향을 잡은 '화살' 같은 것으로 정의되었다.

스위스의 에세이스트 에티엔 바릴리에는 이렇게 주목한다. "인간의 진보는 과학적 또는 역사적 개념이 되기 전에 구원의 역사, 즉 보다 우월한 방향에 의해 유도되는 역사에 대한 그리스도교적 비전으로서 영혼이 세계 속에서 전개하는 사려 깊은 모험에 대한 비전이다. 이러한 관념이 다만 긴 세월이 흐르는 동안 시간을 따라서 하늘로 향한 영혼의 내면성을 떠나 물질적 세계의 외면성을 획득한 것이다."[20]

미래를 잃어버리고, 피로에 지쳐 진보의 관념으로부터 초연함으로써 우리가 자신도 모르게 단절하고 있는 것은 서양 자체를 건설했던 그 '직선적 시간'이다. 그런데 이 직선적 시간, 온갖 약속——이 약속은 어떤 이들에게는 구원이고, 또 어떤 이들에게는 진보였다——을 짊어지고 방향이 설정된 이 지속성이 우리의 역사에 방향을 주었고 의미를 부여했다. 바로 그것이 이러한 이유로 우리의 삶과 사회의 의지주의적인 조직화를 정당화시켰던 것이다. 그것은 우리가 한 선택의 토대를 이루었고, 시간의 지속 속에서 나아가고 있는 남녀들의 자유로운 의지를 쾌락의 무질서한 횡포에 대항시키면서 운명을 지배하려는 우리의 고심어린 노력을 정당화했……

우리는 엠마누엘 레비나스의 아름다운 문장을 생각하게 된다. 그는 한 인터뷰에서 이렇게 주목했다. 우리 서양인들은 "시간이 어디론가 가고 있다는 관념에 익숙해" 있었다. 또는 막스 베버의 이런 정의를 생각하게 된다. 정치, 그것은 미래에 대한 취향이다. 분명히 알고 있는 것은, 우리가 미래와 유지하는 관계 속에서 가장 결정적인 게임이 벌어지고 있다는 점이다.

시간의 화살은 진정으로 부러질 것인가? 그럴 경우 우리는 예전의 순환적 시간, 즉 영원한 회귀와 종의 자연적 숙명성을 나타내는 시간으로 되돌아갈 것이다. 모든 문제는 이러한 일, 즉 야만성으로의 회귀가 슬그머니 이루어질 것인지를 아는 것이다……

원 주

1. 수다를 넘어서…

1) 제11장 참조.

2) Michel Foucault, 《성의 역사》, 제1권 《앎의 의지》, 갈리마르, 1977.

3) Peter Brown, 《육체의 포기. 원시 그리스도교에서의 처녀성, 독신, 그리고 절제》, 갈리마르, 1995.

4) Max Weber, 《학자와 정치적인 것》, UGE, '10/18,' 1979.

5) 물론 캐나다와 미국 같은 나라에서는 이보다 조금 앞서 일어났다.

6) 《엥포스타 쥐스티스》, 1996년 3월 44호.

7) P. Tournier, '성폭력,' 《형벌의 문제》, CESDIP, 1996, 3월호.

8) Denis Salas, 《에스프리》, 1996, 12월호.

9) Antoine Garapon, 《에스프리》, 1996, 12월호.

10) 《르 몽드》, 1971년 4월 29일자.

11) 그러나 우파 언론의 일부와 종교계 언론은 루이 말이 《라 비 가톨릭》의 보도기자 앙드레 베세주의 표현을 빌리자면, 별로 힘도 안 들이고 "부르주아의 수프에 침을 뱉으려" 했다고 비난하였다.

12) Jean de Baroncelli, 《르 몽드》, 1971년 4월 29일자.

13) 제13장 참조.

14) Frédéric Martel, 《장미색과 검은색》, 쇠이유, 1996.

15) 《리베라시옹》, 1978년 6월 9일자. 오늘날 르네 셰레는 자신의 관점을 현저하게 수정하여 중요하고 존경할 만한 철학자로 남아 있다.

16) Gérard Zwang, 《성관계를 잘 못하는 자들에게 보내는 공개 서한》, 알뱅 미셸, 1975. 저자에 따르면 1975년 뱅센에서 FHAR의 한 투쟁자들 그룹이 그가 창설한 임상성과학프랑스협회가 자리잡는 것을 방해하러 왔다는 것이다.

17) 《르 누벨 옵세르바퇴르》, 1974년 2월 25일자.

18) 《리베라시옹》, 1978년 4월 10일자.

19) 《르 몽드》, 1978년 4월 14일자.

20) 《르 마탱 드 파리》, 1979년 3월 27일자.

21) 《플레이보이》, 1979년 7월호.

22) 《목요일의 사건》, 1989년 12월 7-13일자호.

23) 이 코랄의 사건에 으리가 추가할 수 있는 것은 매스컴을 많이 탄 다양한 몇몇 다른 사건들이다. 1988년 칸에서 있었던 댄스 교습 스캔들, 1989년 두 세 목사의 암살, 또는 1990년 이른바 오세르의 실종자 사건이 그런 것들이다.

24) Gilles Lapouge et Marie-Françoise Hans, 《여자들, 포르노, 그리고 에로티시즘》, 쇠이유, 1978.

25) 그가 고백한 범죄들에도 불구하고, 어떤 이들은 그의 처형에서 '불의'나 본때를 보여 주려는 의지를 보았다. 미간된 작자 미상의 한 희극 작품 ——《데쇼푸르의 그림자》(1739) —— 은 소송을 '이성애자(異性愛者)' 들의 '동성애자' 들에 대한 복수로 간주하기까지 했다. (Maurice Lever, 《소돔의 장작더미》, 페이야르, 1985.)

26) 제14장 참조.

27) 라디오 방송 프랑스 퀼튀르의 토론 프로, 1996년 9월 20일.

28) Peter Brown, 《육체의 포기. 원시 그리스도교에서의 처녀성, 독신, 그리고 절제》, *op. cit.*

29) Maurice Lever, 《소돔의 장작더미》, *op. cit.*

30) Philippe Engelhard, 《세계적인 인간》, 아를레아, 1996.

31) 《르 몽드》, 1996년 8월 29일자. 브뤼노 라투르는 '사유적 근대성' 또는 '2차적 근대성' 이라는 이 관념을 《사유적인 근대성》(스탠퍼드대학 출판사)의 공동 저자인 두 미국인 에세이스트 Ulrich와 Anthony Giddens로부터 빌리고 있음을 명료하게 밝히고 있다.

2. 3o년이 지난 후…

1) 접합적인 성격의 1964년이 지닌 결정적 중요성에 관해서는 제11장을 참조.

2) 3월 22일의 운동, 《이건 시작에 불과하다. 투쟁을 계속하자》, 카이에 리브르 124호, 마스페로, 1968.

3) Herbert Marcuse, 《일차원적 인간》, 미뉘, 1967.

4) 사실 빌헬름 라이히는 갑자기 광기에 빠져들었고, 그가 발견했다고 주장한 오르곤 또는 오르곤 에너지라는 신비한 실체에 대해, 그리고 방사능에 대해 실험을 진행했다. 그는 암과 성적(性的) 무기력을 치료하는 것으로 되어 있는 '오르곤 축적 장치들' 을 상품화하려고 했다. 그가 돌팔이로 고발되어 추적을 받게 된 것은 미국 식약청의 요구에 의한 것이었다.

5) 무엇보다도 이를 증언하는 것은 1972년의 한 기사의 도입부에 나타난, 라이히에 관한 짧은 소개이다. "스탈린주의자들에 의해 독일 공산당으로부터 제명되고, 정신분석 운동으로부터 거부되며, 나치들에 의해 축출되고, 미국 사법부에 의해 감금된 그는 자본주의 국가들의 젊은이들에 의해 복권되었다. 이 젊은이들은 그가 지닌 생명의 꿈을 부활시켰고, 그의 작품 속에서 산다는 것의 불행에 대한 답을 찾고 있다."(Jean-Michel Palmier, 《르 몽드》, 1972년 9월 22일자)

6) 프랑스에서 재출간된 최초 두 책의 제목은 《오르가슴의 기능》(라르슈 출판사, 1952년 그리고 1967년)과 《성의 혁명》(플롱, 1968, 그리고 UGE, '10/18,' 1970)이었다.

7) 60년대 중반부터 라이히는 Rudy Dutschke가 주도한 독일의 SDS(성스러운 구원 단체란 뜻의 좌파 조직)에 대해 생각하는 스승이 되었다. 프랑스에서 그는 시튀아시오니슴(기성 사회 체제와 질서를 반대) 신봉자들과 특히 Raoul Vaneigem에게 영향을 주었는데, 후자는 자신의 저서들에서 그에게 존경을 표하고 있다.

8) Daniel Guérin, Marc Kravetz, Michel Cattier, Roger Dadoun, Jean-Michel Palmier, Constantin Sinelnikoff, Boris Fraenkel, Olivier Revault d'Alonnes 및 기타 몇몇 사람들이 있다.

9) Wilhelm Reich, 《성의 혁명》, 크리스티앙 부르주아, 1982년판.

10) 같은 책.

11) Wilhelm Reich, 《성격 분석》, 페이요, 1971.

12) Wilhelm Reich, 《성도덕의 침입》, 페이요, 1972.

13) 《마가진 리테레르》, 1973년 3월호.

14) 마르세유의 남녀 공학 고등학교의 여선생이었던 가브리엘 뤼시에는 1968년에 16세 된 제자 한 명의 정부(情婦)가 되었다. 미성년자 유괴로 1969년에 집행유예 1년을 선고받은 그녀는 형벌이 너무 가볍다고 검찰이 상고를 제기하자 9월 1일 자살했다. 뤼시에 사건은 끝없는 논쟁, 여러 권의 책 그리고 영화 한 편을 만들어 냈는데, 1968년 5월의 기억과 불가분하게 연결되어 있다.

15) Wilhelm Reich, 《성도덕의 침입》, *op. cit.*

16) 유복한 장군 가정에서 1872년에 태어난 알렉산드라 콜론타이는 대단한 열애를 한 여인이자 불꽃처럼 타오르는 인격의 소유자였으며, 사람들은 그녀를 '혁명의 발큐리' 라고 불렀다. 그녀는 가정에 반대하고, 성의 자유를 찬성하는 팜플렛을 연달아 발표했다. 레닌과 가까워지면서, 그녀는 민생보호국의 인민위원으로서 역사 담당 첫 여성 장관이 되었다. 스탈린과 우정을 맺

어 스웨덴 대사로 임명되어 멘셰비키파 친구들을 강타했던 공포 정치를 벗어났다. (그녀와 관련하여 Arkadi Vaksberg, 《알렉산드라 콜론타이》, Dimitri Sesemann의 러시아어판 번역, 페이야르, 1996 참조.)

17) 《성의 혁명》 제3판 서문.

18) 제8장 참조.

19) Raoul Vaneigem, 《젊은 세대들을 위한 처세술론》, 미간된 서문을 실은 재판, 갈리마르, '폴리오 악튀엘' 28호, 1992. 주목되는 것은 바네장이 1992년 그리스도교에 반대하는 더욱 격렬한 두꺼운 팜플렛, 《그리스도교에의 저항. 기원에서부터 18세기까지 이단들》(페이야르)을 출간한다는 것이다.

20) 제7장과 제8장 참조.

21) 라이히의 세번째 부인 일세 올렌도르프 라이히는 60년대에 라이히의 전기를 출간했는데, 이 전기는 미국에서 보낸 시기만을 다루고 있다. 프랑스어 번역은 《빌헬름 라이히》, 벨퐁, 1971으로 나왔다.

22) 《성의 혁명》 제3판 서문.

23) 《마가진 리테레르》, 1973년 3월호.

24) 특히 James Lovelock, 《지구는 살아 있는 존재이다》, 플라마리옹, 1993, 그리고 《가이아》, 로베르 라퐁, 1992 참조.

25) Luc Ferry, 《새로운 생태학적 질서》, LGF, 1994.

26) Georges Nivat, 《러시아 신화의 종말을 향하여. 고골리에서 오늘날까지 러시아 문화에 대한 시론》, 라주 돔, 1988.

27) 같은 책.

28) Alexandre Papadopoulos, 《러시아 철학 입문》, 오딜 자콥, 1995에서 재인용.

29) Raoul Vaneigem, 《쾌락의 책》, 라보르 출판사, 1979.

30) Michel Foucault, 《성의 역사》, 제1권 《앎의 의지》, *op. cit.*

31) Wilhelm Reich, 《파시즘의 대중심리학》, 페이요, 1972.

32) Wilhelm Reich, 《성의 혁명》, p.331.

33) 1996년 9월 《마가진 리테레르》에 프랑스어로 번역되어 실린 글이다.

34) Lorraine Millot, 《리베라시옹》, 1997년 6월 28일 및 29일자에서 재인용.

3. 고무 성벽

1) 나는 이 표현을 《두 세기의 반동적 수사학》(페이야르, 1991)이라는 강장적인 시론을 집필한 Albert O. Hirschman으로부터 빌렸다. 주목되는 것은 이 작가가 미국에서 결국 승리를 거둔 복지 국가에 대한 신보수주의적인 비

판을 이 명칭하에 수용한다는 것이다.

2) Maurice Agulhon, 《방황하는 역사》, 갈리마르, 1996.

3) 예를 들어 David Cronenberg의 영화 《충돌》은 섹스와 죽음(다른 사람들의 죽음!)을 명료하게 동일시하고 있다. 이 영화가 1996년 7월 칸 영화제에서 소개되었을 때 관중들은 찬양의 전율을 드러냈다. 그러나 주목되는 것은 일부 비평가들은 속지 않았다는 것이다. 그리하여 Pascal Mérigeau가 쓴 다음과 같은 해설이 나왔다. "우리가 영화에서 보는 것은 패션 마네킹의 모습을 한 인물들이 옆 여자의 슬립 안에 손을 집어넣은 채 자동차 사고의 광경을 바라보며 즐거워하는 것이거나, 그들이 비디오 리코더의 리모콘을 조작해 정상적인 속도로는 보지 못했던 죽음의 세세한 면을 자세히 감상하는 것이다. 또 우리는 영화 속에서 이 인물들이 이렇게 부르짖는 것을 듣는다. 그 어떤 것보다 우리를 흥분시키는 것은 정신이 약간 돈 자의 자동차와 충돌한 자신의 자동차 속에서 죽은 타자의 죽음이지. 이 친구는 어느 누구에게도 아무것도 요구하지 않고 죽은 거야. 이런 광경이나 대사는 거북스럽다기보다는 어리석은 것이지."(《르 몽드》, 1996년 5월 19일 및 20일자)

4) Albert O. Hirschman, 《두 세기의 반동적 수사학》.

5) 다니엘 카를랭과 레미 레네가 영화로 찍어 1991년 방영한 《프랑스에서의 사랑》이란 조사를 예로 들어 보자. 이 조사의 모든 방법은 정신분석학자들에 의해 이의가 매우 많이 제기되었는데, '금지된 것들의 횡포'나 '사회적이고 여성차별주의적인 오래 된 소외'를 보란 듯이 추적하는 것이었다. 마치 1991년에 그것이…… 주제였던 것처럼 말이다.

6) Luc Pareydt, 《오늘날 신앙을 갖기 위한 카이에》의 편집장, in 《파노라믹크》, 23호, '가톨릭의 가치들은 초월되었는가?', 아를레아-코를레, 1995.

7) 이것이 François Héritier의 책 《남성성과 여성성. 차이의 사상》(오딜 자콥, 1996)이 훌륭하게 밝히는 것이다.

8) '초월할 수 없는'이란 형용사는 분명 장 폴 사르트르의 유명한 문장과 관련이 있다. "나는 마르크시즘을 우리 시대의 초월할 수 없는 철학으로 간주한다."(《변증법적 이성 비판》, 갈리마르, 1960)

9) 나는 의도적으로 여기에서 이 법률적 용어를, 아직 상대방이 받아들이지 않은 일반적 약속, 영속적 공급의 의미로서 사용한다. 셀프 서비스 백화점에서 법률적으로 지시된 '판매자'의 의미처럼 말이다.

10) 어린이에 대한 성적 유혹을 단속하는 작전의 범주에서 1997년 6월 경찰에 의해 심문을 받은 사람들 가운데 적어도 6명이 자살을 했다. 그런데 사실은 이들 가운데 2명은 조사도 받지 않았다.

11) Pierre Manent, 앨런 불룸의 글들에 관하여 《코망테르》, 76호, 1996 겨울호.

12) 비극적인 아이러니지만 주목해야 할 것은 프랑스에서 에이즈의 출현이(1982-83), 동성애에 대한 대부분의 억압적인 텍스트가 프랑수아 미테랑의 선거 공약에 따라 폐기된 분명한 시점(1981년과 1983년 사이)에 일어난다는 것이다. 이 당시에 특히 다음과 같은 법률적인 개혁이 이루어졌다. 1981년 6월 12일, 동성애자들을 카드에 기록하는 것을 제한하고 단속 장소에서 신분 확인을 하는 것을 제한하는 데프르 공문이 발송되었다. 1981년 6월 12일, 경찰청의 동성애 전담반이 해체되었고, 동성애를 정신병으로 만드는 세계보건기구의 분류를 거부했다. 1981년 8월 4일, 동성애 범죄자들을 포함하는 사면 법안이 통과되었다. 1982년 7월 27일, 동성애자들의 성년(18세)과 이성애자들(15세)의 성년을 다르게 규정했던 형법 331조 2항이(로.베르 바댕테의 제안에 따라) 폐지되었다.

13) Michael Pollack, 《동성애자들과 에이즈》, 메타일리에, 1988. 그리고 《상처받은 신분》, 메타일리에, 1993.

14) "1300년을 전후로 해서 수십 년 동안 유대인들은 프랑스와 영국으로부터 추방되었다. 성당 기사단은 마술을 부리고 성적 변태를 드러냈다고 고발되어 해체되었다. 자신의 동성애를 숨기지 않았던 중세의 마지막 군주인 영국의 에드워드 2세는 왕위에서 물러났고 암살되었다. 이자를 받은 대부 행위는 이단과 동일시되었고, 이런 행위를 하는 자들은 종교 재판소에 고발되었다. 그리고 특히 프랑스에서 문둥병자들은 우물을 중독시키고 유대인 및 마녀들과 어울렸다는 티난을 받아 기소되었다."(John Boswell, 《그리스도교, 사회적 관용, 그리고 동성애. 그리스도교 초기부터 14세기까지 서유럽에서의 동성애자들》, 갈리마르, 1985)

15) Robert van Gulik, 《고대 중국에서의 성생활》(갈리마르, '텔,' 1993). 비범한 인물이며, 중국과 일본 그리고 아시아의 에로틱한 예술전문가인 Robert van Gulik는 전기의 대상이 되어 C. D. Barkman과 H. de Vries가 《로버트 반 굴릭의 세 삶》(크리스티앙 부르주아, 1997)을 집필했으며, 이 책은 프랑스어로 번역되었다. 후에 중국에서 성문제에 관한 그의 저작들을 다시 다룰 것이다.

16) 1790년에 제시된 '소돔의 아이들'이라는 진정서의 제5항에서 우리는 다음과 같은 요구를 만난다. "신고가 되었든 아니든 의사 자격증을 통해 살인을 한 모든 의사들, 외과 의사들은 '크리스탈린'을 치유하는 일을 해서는 안 된다. 이를 어길 경우는 허용된 모든 방도를 통해서 특별히 기소되어야

한다." Alexandrian, 《사랑의 해방자들》, 쇠이유, 1977에서 재인용.

17) Frédéric Martel, 《장미색과 검은색》.

18) '한 명분의 역사,' in 《전염된 인간》, 오트르망, 130호, 1991에서 재인용하였다.

19) Tony Anatrella, 《사랑과 콘돔》, 플라마리옹, 1995.

20) 교육적이고 에이즈 예방적인 성격을 띤 일부 소책자나 만화는 미묘한 묘사를 거의 거추장스럽게 여겼다. 그리하여 예를 들면 어머니와 아들 사이의 근친상간 장면을 드러내는 만화 《톡시코 에이즈와 코》가 그렇고, 또는 어린이들용 앨범인 《콘돔의 모험》이 그렇다. 이 앨범의 내용을 이루는 촌극 가운데 하나는 트리올리즘(남자 하나와 여자 여러 명이 성교하는 것)을 찬양하고 있다. (이 예들은 정신분석학자 토니 아나트렐라가 《사랑과 콘돔》에서 인용한 것이다.)

21) 《르 몽드》, 1995년 7월 8일자.

22) Sophie Chauveau, 《에이즈 시대에 사랑의 찬가》, 플라마리옹, 1995.

23) Martine Sevegrand, 《하느님의 아이들. 20세기의 프랑스 가톨릭교도들과 출산》, 알뱅 미셸, 1995.

24) 프랑스 주교 회의의 대변인인 디 팔코 주교가 《파리-소르본대학 학생신문》에 1995년 4월에 발표한 것이다.

25) 사실 교회는 여러 번에 걸쳐 발표했으나 사람들이 귀를 기울이지 않았던 것이다. 뤼스티제 추기경의 설명을 들어 보자. "성과 죽음──에이즈는 두려움과 죄의식을 야기시키고 있다. 바로 이것이 왜 사람들이 교회에 제대로 귀를 기울이지 않고 있는지를 설명할 수 있다."(《렉스프레스》, 1988년 12월 9일자)

4. 자본의 진정한 행복을 위해

1) 먼 중세에는 사실이 아니다. 카롤링거 왕조 아래서, 다시 말해 8세기와 10세기 사이에는 결혼의 규율이 귀족에게 한정되었다.

2) 환상적이라는 형용사를 강조해야 한다. 사실 당시의 현실에서 노동자들의 세계는 반대로 가정에 완전히 새로운 중요성을 부여하고 있다. 노동자들의 세계가 가정에서 보았던 것은 적대적이 된 세계에 닫혀진 피난처였던 것이다. 이 문제에 관해서 한 전문가는 이렇게 쓰고 있다. "총체적으로 변모하고 있고 정복적이며 과감하지만, 빈자들과 약자들에게는 가혹한 19세기의 사회에 직면하여, 행복을 염려하는 부부들은 이제 가정에 큰 중요성을 부여하고 있는 것이다."(Louis Roussel, 《불확실한 가정》, 오딜 자콥, 1989)

3) Karl Marx, 《전집》, 갈리마르, '비블리오테크 드 라 플레야드,' t. I.

4) Max Weber, 《프로테스탄트 윤리와 자본주의 정신》, 포켓, 1994.

5) Sigmund Freud, 《성생활》, PUF, 1995.

6) Wilhelm Reich, 《성의 혁명》.

7) "가장 독창적인 작가는 알퐁스 갈레였다. 그는 자기의 진짜 이름으로 '에로틱 광기 소설'인 《어느 창녀의 회상록》(1902), 사디슴과 마조히즘에 관한 조사인 《음란의 지옥》(1906), '국제 노동자 연맹의 동지들'에게 바친 '사회적 상송'인 《교외에 사는 나의 여인, 페레에게 바치는 영광》을 출간했다." (Alexandrian, 《에로틱 문학의 역사》, 세게르, 1989)

8) 《인터내셔널 시튀아시오니스트》의 부록편(페이야르, 재판, 1997년 5월)에서 재인용.

9) 이 소책자는 3천 부 이상이 유럽의 여러 나라에 배포되었다. 프랑스에서 그것은 적어도 3종의 해적판이 나왔다.

10) Évelyne Sullerot, 《어떤 아버지? 어떤 아들?》, 페이야르, 1992.

11) 이러한 구분은 앙리 베버에 의해 상당히 명쾌하게 분석되었다. 《20년이 지난 지금 68년 5월에서 무엇이 남아 있는가?》, 쇠이유, 1988.

12) Michel Foucault, 《성의 역사》, 제1권 《앎의 의지》. 이 책의 다른 대목에서 푸코는 19세기에 대한 다른 분석에 착수한다. 그는 이렇게 쓰고 있다. "성은 부르주아들이 자신들이 지배했던 사람들에게 일을 시키기 위해 자격을 박탈하거나 무효화하여야 했던, 육체의 그 부분이 아니다. 그것은 부르주아들의 한 요소로서 그들을 어떤 것보다 더 불안하게 했고 사로잡았던 것이다. 이 요소는 그들의 정성을 요구했고 획득했다. 그들은 두려움·호기심·쾌락·열기를 뒤섞어 드러내며 그것을 가꾸었던 것이다."

13) 《오트르망》1981년 4월 특별호에 캘리포니아에 대해 언급되었다.

14) Michael Pollack, 〈남자 동성애, 혹은 격리 집단에서의 행복?〉, in 《서양의 성풍속도》, Philippe Ariès 및 André Béjin 책임 편집, 쇠이유, '푸앵 에세이,' 1984.

15) Frédéric Martel, 《렉스프레스》, 1977년 6월 19일자.

16) Raoul Vaneigem, 《쾌락의 책》.

17) 《르 프앵》, 1996년, 5월 11일자.

18) 이것이 바로 유엔 개발 계획의 보고서가 1997년 6월에 분명히 강조한 것이다.

19) Raoul Vaneigem, 《쾌락의 책》.

20) François Ewald의 《마가진 리테레르》와의 인터뷰.

21) 이에 관해서는 Philippe Van Parijs, 《정의로운 사회란 무엇인가?》, 쇠이유, 1991.

22) Amitai Etzioni, 〈'나'와 '우리'의 패러다임〉, 《크리시스》, 1994년 6월호.

23) Constantin Sinelnikoff, 《마가진 리테레르》, 1973년 3월호에서 재인용.

24) Pascale Weil, 《90년대는 무엇을 숙고하는가?》, 쇠이유, 1997.

25) François Brune, 《표준적 행복》, 갈리마르, 1985.

26) 《르 누벨 옵세르바퇴르》, 1966년 8월 29-9월 4일자. François de Singly 는 소르본의 사회과학대학 교수이며 가정사회학연구소 소장이다.

27) 《마리안느》, 1997년 6월 30일-7월 6일자.

28) Arnaud de Vaujuas, 《크리스투스》, 169호, 1996년 1월.

29) Évelyne Sullerot, 《어떤 아버지? 어떤 아들?》.

30) Robert Reich, 《세계화된 경제》, 뒤노, 1993. Benjamin R. Barber, 《지해드 대 맥월드》, 데스클레 드 브루버, 1996.

31) 예를 들어 Arthur Schlesinger, 《미국의 불화》, 리아나 레비, 1993 참조.

32) Daniel Bélan, 〈복지 국가의 종말〉, in 《에스프리》, 1997년 5월호.

33) 의무론적 프로그램의 가치가 있는, 미국 언론의 유명한 금언——고통 받는 자들을 방어하고 힘 있는 자들을 괴롭힌다——을 암시한 것이다.

34) François de Singly, 〈남성 지배의 새로운 옷〉, in 《에스프리》, 1993년 11월호.

35) 감옥 언어에서 '푸앵퇴르(pointeur)'라 불리는, 어린이를 성적으로 유혹한 범죄자들은 다른 수감자들에 의해 지속적으로 배척되었을 뿐 아니라 학대받았다. 바깥 사회에서와는 반대로, 감옥에서 그들은 결코 조금도 용서받지 못했다.

36) Max Weber, 《프로테스탄티즘의 윤리와 자본주의 정신》.

5. 쾌락의 고역?

1) Robert van Gulik, 《고대 중국에서의 성생활》.

2) François Brune, 《표준적인 행복》.

3) Raoul Vaneigem, 《쾌락의 책》.

4) 《가디언》지에 실린 Libby Books의 기사. 《쿠리어 인터내셔널》에 번역됨, 1997년 6월 19-25일자.

5) Boris Cyrulnik, 〈성의 인성학〉, in 《크리시스》, 17호, 1995년 5월.

6) André Green, 《에로스의 사슬. 성적인 것의 현실》, 오딜 자콥, 1997.

7) Peter Brown, 《육체의 포기》.

8) 이 문제에 관해서는 제13장을 참고하기 바란다.

9) Uta Ranke-Heineman, 《천국을 위한 내시들. 가톨릭 교회와 성》, 로베르 라퐁 1990, 그리고 아셰트, '플뤼리엘,' 1992. 원판본은 《*Eunuchen für das Himmelreich*》, 호프만 운트 캄페 베를라그, 1988.

10) 새로 번역된 유베날리스의 《풍자시》는 《쇠퇴》, 아를레아, 1996을 참조 바란다. 마르티알리스에 대해서는 《에피그람》(전3권), 레 벨 레트르를 참고 바란다.

11) 푸코가 사용한 표현이 들어 있는 정확한 대목은 이렇다. "오늘날 서양에서 매우 친근하고 매우 중요한, 그 오랜 설교의 형태에 버팀대 역할을 하는 것은 오늘날 섹스이다. 큰 성적 설교——이 설교는 나름의 빈틈없는 이론가들과 민중적 목소리를 가지고 있다——가 수십 년 이래로 우리 사회를 돌아다녔다. 그것은 구질서를 강하게 비난하고, 위선을 고발하며, 즉각적인 것과 현실적인 것에의 권리를 노래했다. 그것은 다른 도시 국가를 꿈꾸게 했다."(Michel Foucault, 《성의 역사》, 제1권 《앎에의 의지》)

12) 《르 푸앵》, 1996년 10월 12일자.

13) Michael Warner, 〈왜 동성애자들은 위험을 무릅쓰는가?〉, 《에이즈 신문》, 72호, 1995년 4월.

14) '사도-마조' 크리스틴 D와의 인터뷰, 《크리시스》, 17호, 1995년 5월.

15) 《리베라시옹》, 1996년 9월 16일자.

16) 《불가능한 것》의 서문 초안, Alexandrian, 《에로틱 문학의 역사》에서 재인용.

17) Georges Bataille, 《에로티시즘의 역사》, in 《조르주 바타유 전집》, 갈리마르, t. VIII, 1976.

18) Georges Bataille, 《에로티시즘》, in 《조르주 바타유 전집》, 갈리마르, t. X. 1987.

19) Georges Duby, 평론집 《서양에서 사랑과 성》의 서문, 쇠이유, '이스투아르' 총서, 1991, 그리고 '푸앵 이스투아르' 총서.

20) William H. Master 및 Virginia E. Johnson, 《성의 불화와 치료》, 프랑스어 번역판, 로베르 라퐁, 1971.

21) André Béjin, 〈성전문가들의 힘과 성의 민주화〉, in 《서양인의 성생활》.

22) 같은 책.

23) André Béjin, 〈성전문가들의 힘과 성의 민주화〉, 《서양인의 성생활》에서 재인용.

24) 정확한 인용을 하자면 Kinsey·Pomeroy·Martin Gebhard, 《남자의 성

적 행태》(프랑스어 번역, 파부아출판사, 1948)와 《여자의 성적 행태》(아미오 뒤
몽, 1954)이다.

25) Georges Bataille, 《에로티시즘》.

26) 특히 가장 최근의 것들로 1973년에 나온 유명한 《시몬 보고서》와 1992
년에 국립의학연구소의 조사가 있다. 이 조사는 《프랑스에서 성의 행태》(와
도퀴망타시옹 프랑세즈, 1993)라는 제목으로 출간되었다.

27) Allan Bloom, 《사랑과 우정》, 팔루아출판사, 1997.

28) 같은 책.

29) 《르 피가로》, 1996년 8월 13일자.

30) Gilles Lapouge 및 Marie-Françoise Hans, 《여자들, 포르노, 그리고 에
로티시즘》에서 재인용.

31) Gilbert Tordjmann, 〈성행위와 성의 고통〉, 《크리시스》, 17호, 1995년 5월.

32) 이 예들은 1996년 8월에 《르 카나르 앙셰네》가 단지 한 달에 걸쳐 뽑
은 것들이다.

33) Lucien Sfez, 《완벽한 건강. 새로운 유토피아의 비판》, 쇠이유, 1995.

34) Giulinao 박사가 1997년초 소르본에서 '성과 치료'라는 제목으로 열렸
던 토론회에서 선언한 것이다. 문제의 발기 분자는 실드나질이란 이름으로
상품화될 것이라고 한다. 프로스타글란딘 E1을 주성분으로 한, 이와 비교되
는 또 다른 약 카베르젝트는 1994년에 발표되었다. 업존 제약에서 상품화된
카베르젝트는 의사의 처방에 따라 판매되는데, 인체 내의 공동(空洞) 조직에
주사되어야 하는 불편이 있다.

35) René Girard가 자신의 작품 및 모방 욕망 이론에 쓴 서문. 《낭만적 거짓
과 소설적 진실》, 그라세, 1961, 그리고 《폭력과 신성한 것》, 그라세, 1972.

36) Roland Barthes, 《사랑과 담론에 관한 단상》, 쇠이유, 1977.

37) 《성과학 사전》, J. -J. 포베르, 1962에서 재인용.

38) Boris Cyrulnik, 《성의 인성학》.

6. 상상의 고대 세계

1) Louis Antoine de Bougainville, 《프레기트함 '라 부뢰즈'와 수송함
'레투알'을 타고 세계 일주 여행》, 라 데쿠베르트, 1987년 재판본.

2) Paul Veyne, 《사생활의 역사》, 쇠이유, t. I, 1985.

3) 《리스투아르》, 180호, 1994년 9월.

4) Alexandrian, 《에로틱 문학의 역사》.

5) John Boswell, 《그리스도교, 사회적 관용, 그리고 동성애. 그리스도교 초

기 시대로부터 14세기까지 서유럽에서의 동성애자들〉.

6) Georges Bataille, 《질 드 레의 소송》, 《조르주 바타유 전집》, 갈리마르, t. X, 1987에서 재인용.

7) Restif de La Bretonne, 《포르노 작가》, 《고대인들의 매춘 상태》와 한 묶음으로 출간되었다. 오주르뒤출판사, 1983.

8) Guillaume Apollinaire, 《미라보 남작의 방탕적 작품》, 오주르뒤출판사, 1984.

9) Friedrich Nietzsche, 《니체 전집》, 갈리마르, t. IV.

10) 이것은 역사가 Jean-Noël Robert의 최근 저서 제목이다. 레 벨 레트르, 1997.

11) 성적 금지 사항들과 그리스도교 사이의 이와 같은 영속적인 혼동의 풍자적인 예로서 성 과학자 제라르 즈방의 노기등등한 텍스트를 인용해 보자. 그는 책마다 동일한 주장을 강하게 내세운다. "그리스도교는 우선 성적 박탈 위에 도덕성의 기준을 세우는 슬픈 특징을 가지고 있다." in 〈가톨릭의 가치들은 극복되었는가?〉, 《파노라미크》, 23호.

12) 《리스투아르》, 180호.

13) Michel Foucault, 《성의 역사》, 제2권 《쾌락의 이용》.

14) Uta Ranke-Heineman, 《천국을 위해 거세한 자들. 가톨릭 교회와 성》.

15) 같은 책.

16) 특히 이 문제에 할애된 그의 대저작 《포옹을 위한 시간. 서양 성도덕의 기원에서》, 쇠이유, 1983.

17) Marcel Détienne, 《아도니스의 낙원. 그리스에서의 향료의 신화》, 갈리마르, 1972.

18) Pierre Braun, '축제일의 터부,' in 《사회학적 연도》, 1959. J. -L. Flandrin, 《포옹을 위한 시간. 서양 성도덕의 기원에서》 재인용.

19) Paul Veyne, 《사생활의 역사》, 앞의 책, t. I.

20) 티베리우스 황제가 자극을 주기 위해 여성 성기에 구강 섹스를 하고, 심지어 이것을 기혼 부인에게까지 함으로써 빈축을 샀다는 점을 주목하자.

21) Michel Foucault, 《성의 역사》, 제2권 《쾌락의 이용》.

22) Josy Eisenberg, 《성서 시대의 여자》, 스톡 엘. 페르노, 1995에서 재인용.

23) France Quéré, 《여자, 교회 교부들의 큰 텍스트들》, 그라세 르 상튀리옹.

24) Hésiode, 《일과 나날》, Claude Terreaux의 새로운 번역, 아를레아, 1995.

25) Pascal Quignard, 《성과 공포》, 갈리마르, '폴리오,' 1996.

26) Pline, 《자연의 역사》, VII, 제15장.

27) Xénophon, 《자기 집의 관리. 경제적인 것》, Claude Terreaux의 새로운 번역, 아를레아, 1997.

28) Lucrèce, 《사물의 성격》, Chantal Labre의 새로운 번역, 아를레아, 제4책, 1992.

29) 아우구스티누스는 비고트족이 로마를 약탈하고 난 직후 쓴 《신국》에서 이 여인들을 옹호하게 된다.

30) Peter Brown, 《육체의 포기》.

31) Paul Veyne, 〈로마의 동성애〉, in 《서양에서의 사랑과 성》.

32) Plutarque, 《에로티코스. 사랑에 관한 대화》, Christiane Zielinsky의 새로운 번역, 아를레아, 1991..

33) John Boswell, 《그리스도교, 사회적 관용, 그리고 동성애》.

34) Sénèque le Rhéteur, 《논쟁》, Bornecque 번역, 가르니에, 1932.

35) Jean-Noël Robert, 《로마의 에로스》, 레 벨 레트르, 1997.

36) Maurice Sartre, 〈고대 그리스에서 동성애〉, in 《서양에서의 사랑과 성》.

37) Paul Veyne, 〈로마의 동성애〉, in 《서양에서의 사랑과 성》.

38) John Boswell, 《그리스도교, 사회적 관용, 그리고 동성애》.

39) Catherine Salles, 〈로마의 창녀들〉, in 《서양에서의 사랑과 성》.

40) Uta Ranke-Heineman, 《천국을 위해 거세된 자들. 가톨릭 교회와 성》.

41) Paul Veyne, 《로마의 에로틱한 연가》, 쇠이유, 1983.

42) Jean-Noël Robert, 《로마의 에로스》.

43) Paul Veyne, 《로마의 에로틱한 연가》.

ㄱ. 육체 앞에서의 유대인과 그리스도교인

1) Évelyne Sullerot, 《어떤 아버지? 어떤 아들?》.

2) Michel Foucault, 《성의 역사》, 제2권 《쾌락의 이용》.

3) John Boswell, 《그리스도교, 사회적 관용, 그리고 동성애》.

4) Uta Ranke-Heineman, 《천국을 위해 거세된 자들. 가톨릭 교회와 성》.

5) Peter Brown, 《육체의 포기》.

6) Alphonse Dupront, 《가톨릭 종교의 힘과 잠재적 경향》, 갈리마르, 1993.

7) Michel Foucault, 《성의 역사》, 제2권 《쾌락의 이용》.

8) Josy Eisenberg, 《성서 시대의 여자》.

9) Uta Ranke-Heineman, 《천국을 위해 거세된 자들》.

10) Peter Brown, 《육체의 포기》.

11) Édith Castel, 《여성성을 지닌 영원. 종교에서의 여자》, 아자스에디시옹,

1996.

12) Josy Eisenberg, 《성서 시대의 여자》.

13) Peter Brown, 《육체의 포기》.

14) 나는 이와 같은 해석의 표현을 Josy Eisenberg로부터 빌렸다.

15) 이 분석은 고등연구학교 연구 소장인 Jean Bottéro(아시리아학)로부터 빌린 것이다. 〈아담과 이브: 최초의 커플〉, 《서양에서의 사랑과 성》.

16) Jean Daniélou, 《초기의 교회》, 쇠이유, '푸앵 이스투아르,' 1985.

17) 1세기말에야 일어나는 유대교와 그리스도교의 분명한 결별이 있은 후, 그노시스파의 최초 대가는 바실레이데스였다. 그는 125-155년까지 활동을 했고, 성서 주해서를 24권 저술했다.

18) 유대-그리스-그리스도교의 이와 같은 합류를 다룬 가장 최근의 저서들 가운데, 스트라스부르대학의 신약 성서 명예 교수 Étienne Trocmé의 흥미진진한 조그만 책, 《그리스도교의 유년기》가 있다. 노에시스출판사, 1997 참조.

19) Paul Veyne, 《로마의 에로틱한 연가》.

20) Peter Brown, 《육체의 포기》.

21) 이 표현은 220년에 에데스에서 고대 시리아어로 집필된 《토마스의 기록》이라는 전설집에서 빌린 것이다.

22) Jean Daniélou, 《초기의 교회》.

23) Peter Brown, 《육체의 포기》.

24) Laure Aynard, 《성서에서의 여성성》, 세르출판사, 1989.

25) 나는 여기서 예수회의 크사비에 레옹 뒤푸르의 분석으로부터 착상을 얻었다. 〈성 바울에 따른 결혼과 처녀성〉, 《크리스투스》, 168호, 1995년 11월.

26) Jean Daniélou, 《초기의 그리스도교》.

27) Peter Brown, 《육체의 포기》.

28) Henri-Irénée Marrou, 《고대 말기의 교회》, 쇠이유, '푸앵 이스투아르,' 1985.

29) 상당히 유별나게, 사막으로 피신하는 이와 같은 이집트의 전통은 오늘날도 히즈라트(hijrat, 거부)와 더불어 살아 있다. 히즈라트는 카이로의 젊은 부르주아들을 '불경한 사회'와 단절하여 이집트의 동굴들 속에 은둔하도록 만들고 있다.

30) Henri-Irénée Marrou, 《고대 말기의 교회》.

31) 같은 책.

32) 같은 책.

33) 보복이 가장 잔인했던 경우 가운데 하나는 387년에 플라비우스 황제

가 테살로니카의 '반란적인' 주민 7천 명을 살육하라고 내린 결정이다. 이들은 도시의 원형경기장에 미리 집합시켜졌다.

34) Henri-Irénée Marrou, 《고대 말기의 교회》.

35) Henri-Irénée Marrou, 《아우구스티누스와 그의 교리》, 쇠이유, 1955.

36) Jean-Louis Flandrin, 《농민의 사랑(16-19세기)》, 갈리마르 율리아르, '아르쉬브,' 1975에서 재인용.

37) Saint Augustin, 《신국》, 쇠이유, '푸앵 사제스,' 전3권, 1994.

38) 이 표현들은 《아우구스티누스의 삶》(쇠이유, 1971)이라는 기념비적 저서의 저자인 Peter Brown에게서 빌린 것이다.

39) 《신국》, 제1권 XVI.

40) Louis Dumont, 《개인주의에 대한 시론. 근대 이데올로기에 대한 인류학적 관점》, 쇠이유, '에스프리,' 1983.

41) 같은 책.

42) Norbert Elias, 《개인들의 사회》, 프랑스어 번역판, 페이야르, 1991.

43) Louis Dumont, 《개인주의에 대한 시론》.

44) 같은 책. 이 대목에서 뒤몽은 피터 브라운의 분석을 참조하고 있다.

45) Hannah Arendt, 〈이해와 정치〉, 프랑스어 번역, in 《에스프리》, 1980 및 1985년호.

8. 퓨리터니즘의 진정한 창안

1) Jacques Rossiaud(리옹II대학의 중세사 교수), 《리스투아르》, 180호, 1994년 9월.

2) Jean-Louis Flandrin, 《성과 서양. 태도와 행동의 변화》, 쇠이유, 1981.

3) John Boswell, 《그리스도교, 사회적 관용, 그리고 동성애》.

4) Michel Rouche, 《사생활의 역사》, 쇠이유, t. I, 1985.

5) 12세기의 세월이 지난 후, 18세기에 교황 클레멘스 13세는 동상들에 나타난 성기를 망치로 부수라고 명령했다. 이 조처는 에로틱 시인인 지오르지오 바포로부터 다음과 같은 운율적인 반발을 샀다. "그가 이런 식으로/모든 남성기 파괴에 우쭐해한다면/나는 그에게 망설이지 않고 말하리라/그가 살아 있는 한 지상에는 그것들이 있을 것이리라고."

6) Michel Rouche, 《사생활의 역사》, t. I.

7) Noël-Yves Tonnerre, 《중세에 그리스도교인이 된다는 것》, 쇠이유, 1996.

8) Jean-Louis Flandrin, 《포옹을 위한 시간. 서양 성도덕의 기원에서》.

9) Alphonse Dupront, 《가톨릭 종교의 힘과 잠재성》.

10) 《리스투아르》, 180호.

11) Jean-Louis Flandrin, 《농민의 사랑(16-19세기)》.

12) 《리스투아르》, 180호.

13) Uta Ranke-Heineman, 《천국을 위해 거세된 자들. 가톨릭 교회와 성》.

14) John Boswell, 《그리스도교, 사회적 관용, 그리고 동성애》.

15) 같은 책.

16) 같은 책.

17) Michel Sot, 〈그리스도교식 결혼의 탄생〉, in 《서양에서의 사랑과 성》.

18) Jean-Louis Flandrin, 《농민의 사랑(16-19세기)》.

19) Christiane Olivier, 《오레스테이아의 자식들, 또는 아버지의 문제》, 플라마리옹, 1994.

20) Jacques Berlioz, 《리스투아르》, 180호.

21) 나는 여기서 《세계대백과사전》이 갈레노스에 할애한 약술을 근거로 하고 있다.

22) Jean-Louis Flandrin, 《포옹을 위한 시간》. 이 문제에 관해 플랑드랭은 타자로 친 88페이지의 석사 논문을 근거로 삼고 있다. A. -C. Ducasse-Kliszowski, 《생식의 이론과 이 이론이 16-18세기의 성도덕에 미친 영향》, 파리 8대학, 1972년 6월.

23) Peter Brown, 《육체의 포기》.

24) Alain Corbin, 〈젊은 부부의 작은 성서〉, in 《서양에서의 사랑과 성》.

25) 같은 책.

26) Jacques Rossiaud, 《리스투아르》, 180호.

27) 같은 책.

28) Alain de Libéra, 《중세에 대한 사유》, 쇠이유, 1991.

29) John Boswell, 《그리스도교, 사회적 관용, 그리고 동성애》.

30) Jacques Le Goff, 《성 루이》, 갈리마르, 1996.

31) 우리는 콩도르세의 자유주의에 경의를 표해야 할 것이다. 그는 볼테르가 집필한 항목 아래에 다음과 같은 주를 달고 있다. "폭력이 없을 때 동성애는 형법의 처벌을 받지 않을 수 있다. 그것은 어떠한 인간의 권리도 침해하지 않는다."

32) Alexandrian, 《에로틱 문학의 역사》.

33) Olivier Blanc, 《방탕한 여인들: 계몽주의 시대에 쾌락과 자유》, 페랭, 1997에서 재인용.

34) Évelyne Sullerot, 《어떤 아버지? 어떤 아들?》.

35) Michelle Perrot, 《여성사(16-18세기)》, t. III, 플롱, 1991.

36) Olivier Blanc, 《방탕한 여인들: 계몽주의 시대의 쾌락과 자유》.

37) 마지막 최근판은 르 시코모르에서 나온 1980년판이다.

38) Jean-Louis Flandrin, 《농민의 사랑(16-19세기)》.

39) Roger-Henri Guerrand, 〈수음은 꼼짝 마라!〉, in 《서양에서의 사랑과 성》.

40) Henri Guillemin, 《니체에 대한 시각》, 쇠이유, 1991.

41) Alain Corbin, 〈젊은 부부들의 작은 성서〉, in 《서양에서의 사랑과 성》.

42) 같은 책.

43) Max Weber, 《프로테스탄티즘의 윤리와 자본주의의 정신》.

44) 같은 책.

45) Roger-Henri Guerrand, 〈수음은 꼼짝 마라!〉, in 《서양에서의 사랑과 성》.

46) Michel Foucault, 《성의 역사》, 제2권 《쾌락의 이용》.

47) Alain Corbin, 《간통의 매혹》, in 《서양에서의 사랑과 성》.

48) Michel Foucault, 《성의 역사》, 제1권 《앎의 의지》.

49) Abel Hugo, 《색다른 프랑스》, Jean-Louis Flandrin 《농민의 사랑(16-19세기)》에서 재인용.

50) Louis Roussel, 《불확실한 가정》.

9. 세계가 세워진 이래…

1) Jacques Soustelle, 《스페인 정복 직전의 아스텍인들의 일상 생활》, 아셰트, 1955.

2) Jean Bottéro, 〈모든 것은 바빌론에서 시작한다〉 in 《서양에서의 사랑과 성》.

3) Georges Ballandier, 《성적인 것》, 《사회학 국제 평론지》 특별호, 1984.

4) Jean-Louis Flandrin, 《포옹을 위한 시간》.

5) 이미 르네상스를 예고하고 있는 이탈리아의 대(大)에로틱 시인인 Gianfranco Poggio는, 《해학》에서 교회의 교화적인 설교를 조롱하고 있다. 자신이 1402년 보니파키우스 9세에 의해 바티칸의 교황 비서로 임명되었음에도 말이다.

6) Claude Gaignebet, Gilles Lapouge 및 Marie-Françoise Hans, 《여자들, 포르노, 그리고 에로티시즘》에서 재인용.

7) 이 표현은 알베르 뒤크로가 Michel Panoff와 편집한 공저에서 인용한 논문에서 사용한 것이다. 《남성과 여성의 경계》, PUF, 1995.

8) Hanna Havnevik, 《젊은 티베트 여승들의 투쟁》, 다르마출판사, 1995.

9) Édith Castel, 《여성성을 지닌 영원. 종교에서의 여자》.

10) Françoise Héritier, 《남성과 여성. 차이의 사상》.

11) Albert Ducros 및 Michel Panoff(책임 편집), 《남성과 여성의 경계》.

12) 이 문제는 1994년 미국에서 단호한 선천설 주장자들인 Richard Herrn-stein과 Charles Murray의 《종의 커브 *The Bell Curve*》가 출간됨에 따라 다시 불거졌다. 그들의 주장에 따르면, 지적 능력의 전달에 있어서 유전의 부분이 결정적이라는 것이고, 따라서 학교에서 사회적 보조 프로그램은 불필요하다는 것이다.

13) Albert Ducros 및 Michel Panoff(책임 편집), 《남성과 여성의 경계》.

14) 제13장 참조.

15) Albert Ducros 및 Michel Panoff(책임 편집), 《남성과 여성의 경계》.

16) Françoise Héritier, 《남성성과 여성성. 차이의 사상》.

17) 같은 책.

18) Robert van Gulik, 《고대 중국에서의 성생활》.

19) 같은 책.

20) 같은 책.

21) 키스에 대한 놀라울 정도로 정숙한 이와 같은 견해는 지속적인 오해의 발단이 되었다. 중국에 도착하는 서양인들은 중국인들이 결코 키스하지 않는다는 허구적 결론에 도달했다. 한편 중국인들은 서양 여자들이 남자들과 공개적으로 키스하는 것을 보고는 그 모든 여자들이 창녀들이라고 생각했다.

22) 사실 유가가 가르치는 것은 여덟 가지 덕목으로서, 인·의·예·지·신·충·효·치이다.

23) Robert van Gulik, 《고대 중국에서의 성생활》.

24) 같은 책.

25) Abdelwahab Bouhdiba, 《이슬람권에서의 성생활》, PUF, '콰드리즈,' 1984.

26) 헤지라(이슬람교 기원) 925년경, 튀니스에 거주하는 아라비아의 족장 네프자우이가 한 터키 대신의 요청에 따라 쓴 이 책은 1850년에 처음으로 프랑스어로 번역되었다. 이 텍스트는 실제로 1886년에 검토되고 수정된 번역본이 재판되었는데, 모파상이 이어서 관심을 가지게 되었다.

27) Philippe Aziz, 《르 푸앵》, 1996년 3월 30일자에서 재인용.

28) Malek Chebel, 《이슬람 세계에서의 사랑의 백과사전》, 페이요, 1995에서 재인용.

29) Abdelwahab Bouhdiba, 《이슬람권에서의 성생활》.

30) 같은 책.

31) Josy Eisenberg, 《죽음 이후의 존속》, 라베르주리, 1967.

32) Abdelwahab Bouhdiba, 《이슬람권에서의 성생활》.

33) Malek Chebel, 《이슬람 세계에서의 사랑의 백과사전》.

34) Jean-Claude Guillebaud, 《십자군의 길 위에서》, 아를레아, 1993 및 쇠이유, '푸앵,' 1995.

35) Édith Castel, 《여성성을 지닌 영원》.

36) Germaine Tillion, 《이슬람교 규방의 여인들과 사촌들》, 쇠이유, 1966.

37) Malek Chebel, 《이슬람 세계에서의 사랑의 백과사전》.

38) Malek Chebel, 같은 책으로부터 재인용. 그의 훌륭한 백과사전은 이 부분의 몇 페이지를 집필하는 데 많은 도움을 주었다.

1ㅁ. 유토피아와 위반

1) Georges Bataille, 《에로티시즘》.

2) 나는 성의 유토피아에 관한 이 몇몇 예들을 Alexandrian의 《사랑의 해방자들》에서 빌렸다.

3) 같은 책.

4) 생 시몽주의자들이 이집트에서 펼친 독특한 모험은 로베르 솔레에 의해 매우 잘 그려지고 있다. 《이집트, 프랑스인의 정열》, 쇠이유, 1997.

5) Georges Bataille, 《에로티시즘》.

6) Gilles Lapouge 및 Marie-Françoise Hans, 《여자들, 포르노, 그리고 에로티시즘》.

7) Robert van Gulik, 《고대 중국에서의 성생활》.

8) Maurice Lever, 《소돔의 장작더미》.

9) Wilhelm Reich, 《성의 혁명》.

10) Georges Bataille, 《에로티시즘》.

11) 《법의 정신》, 11부, 4장.

12) Georges Nivat, 《러시아 신화의 종말을 향하여》.

13) John Boswell, 《그리스도교, 사회적 관용, 그리고 동성애》.

14) 《쿠리어 인터내셔널》, 1996년 1월 4일자.

15) Georges Bataille, 《에로티시즘의 역사》.

16) Jacques Rossiaud, 《리스투아르》, 180호.

17) Alexandrian, 《에로틱 문학의 역사》.

18) Claude Gaignebet, in Gilles Lapouge 및 Marie-Françoise Hans, 《여자

들, 포르노, 그리고 에로티시즘).

19) René Nelli, 《투르바두르의 에로틱한 세계》, 프리바, 툴루즈, 1963.

20) Howard Bloch, 《에로틱한 우화시》의 서문, 리브르 드 포슈, 1993.

21) Alexandrian, 《에로틱 문학의 역사》.

22) 같은 책.

23) Emmanuel Pierrat, 《성과 법》, 아를레아, 1996에서 재인용.

24) Alexandrian, 《에로틱 문학의 역사》.

25) Marcel Baudoin, 《르 마레쉬나주》, Jean-Louis Flandrin 《농민의 사랑 (16-19세기)》에서 재인용.

26) D' Pouillet, 《여자의 수음》, 파리, 1877(Jean-Louis Flandrin, 《성과 서양》에서 재인용).

27) Georges Bataille, 《에로티시즘》.

28) 같은 책.

29) 같은 책.

30) Georges Bataille의 인터뷰. Jacques Munier가 라디오 방송 프랑스 퀼튀르에 '분격한 조르주 바타유'라는 타이틀로 1997년 8월 3일에 방송하였다.

11. '불멸성의 계획' 으로부터 인구통계학적 공포로

1) 이는 자크 로시오의 표현이다.

2) 우리가 기억할 것은 1991년 국립인구문제연구소 내의 다분히 출생 권장주의자인 소장 자신(제라르 칼로)과, 다분히 맬서스주의자인 한 연구원(에르베 르 브라)을 공개적으로 대립시킨 그 괴상하고 쓸데없는 싸움이다.

3) 제3장 참고.

4) 이 특기 사항은 Peter Brown, 《육체의 포기》에서 빌렸다.

5) 같은 책.

6) Jean-Louis Flandrin, 《포옹의 시간》.

7) 우리가 알다시피 교회는 12세기까지 실천보다는 원칙에 집착했다.

8) Jacques Rossiaud, 《리스투아르》, 180호.

9) Michel Rouche, 《사생활의 역사》, t. I.

10) 장 루이 플랑드랭은 우리가 하이퍼 섹슈얼리티라고 부를 수 있는 것에 대해 이와 같은 옛날의 불신을 상기시키면서, 이것을 오늘날 조롱한다면 그것은 분명 잘못일 것이라고 야유적으로 강조한다. 실제 현대의 많은 의사들과 인구통계학자들이 매우 과학적인 논지들을 가지고 이 문제를 어느 정도 다시 다루고 있다. "그들이 많은 서양 커플들의 불임에 대해 제시하는 설명

들 가운데 하나는 남편의 정자에 정충이 빈곤하다는 것이다. 다른 한편 인구 통계학자들이 관찰한 바에 따르면, 어떤 한계를 넘어서면——한 달에 약 15번 정도의 관계——임신의 기회가 성관계의 빈도와 반비례한다는 것이다. 그리고 불임은 성관계가 증가함에 따라 정자의 정충이 빈곤해지는 현상에 의해 설명되기도 한다."(Jean-Louis Flandrin, 《포옹의 시간》)

11) Louis Roussel, 《불확실한 가정》.

12) Martine Sevegrand, 《하느님의 아이들. 20세기 프랑스 가톨릭교도들과 출산》.

13) 바로 이와 같은 시각에서 1880년 레옹 13세는 교황의 회칙 《신성하고 지혜로운 비밀》을 발표하여, 결혼이란 통합과 영속성에 토대를 둔 성스러운 것이라고 상기시키면서 이혼을 비난한다.

14) Martine Sevegrand, 《하느님의 아이들》.

15) 같은 책.

16) '대복수'는 생 시르 군관학교 1915년 졸업 동기생들에게 부여되는 이름이 된다.

17) Jean-Marie Poursin, 〈프랑스의 인구통계학적 연구: 전환점〉, 《에스프리》, 1992년 1월호.

18) 이 법안의 제3조에 따르면, "임신 반대의 선전을 목적으로 1조와 2조에 명시된 수단을 통해 임신을 예방할 수 있는 방법을 묘사하거나 누설하고, 혹은 알려 줄 것을 제의하거나 이런 방법의 사용을 용이케 한 자는 누구나" 6개월의 징역과 벌금형을 받게 된다.

19) 피우스 12세가 처음으로 '산아 제한'이란 표현을 사용한 것은, 1951년 11월 28일 일선 가정에 보내는 담화에서이다.

20) 이와 관련하여 Martine Sevegrand의 탁월한 《온갖 편지에 담은 사랑. 성에 관해 비올레 신부에게 보낸 질문들》, 알뱅 미셸, 1996.

21) Philippe Ariès, 《지난날의 피임》, in 《서양에서의 사랑과 성》.

22) 그의 책은 포켓판('10/18')으로 구입할 수 있는데, 1957년에 그가 광범위하게 수정한 것이다.

23) 특히 베이비 붐으로 태어난 이들의 세대가 2005년과 2010년 사이에 퇴직을 하게 될 때이다.

24) Jean-Marie Poursin, 〈프랑스 인구통계 연구: 전환점〉, 《에스프리》.

25) Jean-Marie Poursin, 앞의 책에서 재인용.

26) Philippe Ariès, 《지난날의 피임》, in 《서양에서의 사랑과 성》.

27) Évelyne Sullerot, 《어떤 아버지? 어떤 아들?》.

28) David Riesman, 《고독한 군중》, 프랑스어 번역판, 로베르 라퐁, 1964.

29) 1962년에 교황의 회칙 《어머니와 가정주부》에서 요한네스 파울루스 23세는 지구 전체를 먹여 살릴 수 있는 과학의 진보를 내세우면서 바티칸이 반맬서스주의적인 입장임을 확인했다. "신은 선량함과 지혜로써 자연에 무궁무진한 자원을 부여했으며, 인간들에게 지성과 재능을 주어 생명에 필요한 재물을 얻을 수 있도록 도구들을 발명하게 해주셨다. (……) 과학과 기술이 이미 실현한 진보는 무한한 지평을 열어 주고 있다."

30) Martine Sevegrand, 《하느님의 아이들》.

31) Évelyne Sullerot, 《어떤 어버지? 어떤 아들?》.

32) Louis Roussel, 《불확실한 가정》.

33) 《누벨 옵세르바퇴르》와의 인터뷰, 1996년 10월 24-30일자.

12. 판사와 의사 사이에서

1) 제1장 참고.

2) 《리베라시옹》, 1996년 8월 14일자.

3) 《르 몽드》, 1996년 8월 14일자.

4) Georges Bataille, 《질 드 레의 소송》, in 《바타유 전집》.

5) Claude Faugeron, 〈형법의 표류〉, 《에스프리》, 1995년 10월호.

6) 《르 몽드》, 1997년 8월 13일자.

7) Antoine Garapon 및 Denis Salas, 《형벌화된 공화국》, 아셰트, 1996.

8) René Girard, 《폭력과 신성한 것》.

9) 다음에 전개되는 내용은 그들의 분석에 힘입은 바 크다.

10) Georges Viragello, 〈성폭력, 오늘날의 폭력〉, 《에스프리》, 1997년 8-9월호이다.

11) Alain Ehrenberg, 〈성희롱, 경범죄의 탄생〉, 《에스프리》, 1993년 11월호.

12) Lucien Sfez, 《완벽한 건강. 새로운 유토피아의 비판》.

13) Antoine Garapon 및 Denis Salas, 《형벌화된 공화국》.

14) Alain Ehrenberg, 〈성희롱. 경범죄의 탄생〉.

15) Claude Faugeron, 〈형벌의 표류〉, 《에스프리》, 1995년 10월호.

16) Laurence Engel 및 Antoine Garapon, 〈정의의 잠재적 부상, 정치적인 것의 실격인가 또는 재자격 부여인가?〉, 《에스프리》, 1997년 8월-9월호.

17) Antoine Garapon 및 Denis Salas, 《형벌화된 공화국》.

18) Boris Cyrulnik, 〈성의 인성학〉, 《크리시스》.

19) Alain Ehrenberg, 〈성희롱. 경범죄의 탄생〉.

20) 제14장 참고.

21) Antoine Garapon 및 Denis Salas, 《형벌화된 공화국》.

22) Pierre Briançon, 〈미국 사회의 파편화〉, 《생 시몽 재단의 노트》, 1993년 1월호.

23) 《렉스프레스》가 제공한 수치임. 1996년 5월 30일자.

24) Marcel Gauchet, 《세계의 환상으로부터의 각성》, 갈리마르, 1985.

25) 《르 몽드》, 1997년 4월 22일자.

26) Alain Ehrenberg, 《성희롱. 경범죄의 탄생》.

27) Irène Théry, 〈일탈된 인간〉, 《에스프리》, 1996년 12월호.

28) Catherine Labrusse-Riou, 〈정숙, 신중, 그리고 동요〉, 《오트르망》, 1992년 10월호.

29) Irène Théry, 《이혼, 정의, 그리고 사생활》, 오딜 자콥, 1993.

30) 같은 책.

31) Antoine Garapon 및 Denis Salas, 《형벌화된 공화국》.

32) Karl Poper는 1994년 9월 17일에 죽은 독일 출신의 철학자이다. 그는 '비판적 합리주의'의 합법성을 옹호했다. 그에 따르면, 과학적 이론의 적절성은 이 이론이 '날조될'(반박될) 가능성을 통해 알아볼 수 있었다는 것이다.

33) Virey 박사는 광적으로 여자를 싫어하는 자였다. Françoise Héritier, 《남성성과 여성성. 차이의 사상》에서 재인용.

34) Antoine Garapon 및 Denis Salas, 《형벌화된 공화국》.

35) 이 표현은 푸코가 《성의 역사》 제1권인 《앎의 의지》의 제3부의 제목으로 사용하고 있다.

36) Sylvie Nerson-Rousseau, 《리베라시옹》, 1997년 8월 8일자.

13. 새로움을 찾는 동성애자들과 여권주의자들

1) 앰네스티 인터내셔널은 〈침묵의 파괴〉라는 제목의 보고서를 1997년 6월에 발간해 이와 같은 불안을 지지하고 있다. 그것이 강조하는 것은 세계 도처에서 동성애자들이 계속해서 희생자가 되어 학대를 받는다는 것이다. 그것의 예로서 상기시켰던 것은 미국에서 "50개 주 가운데 20개만이 동성애를 범죄시하는 법령을 폐기했다"는 것이다.

2) Frédéric Martel은 그의 저서 《장미색과 검은색》에서 게이들의 운동이 에이즈의 전염에 직면하여 1982년과 1985년 사이에 '부정'의 태도를 취했다고 비난하였다. 이어서 가혹하고 자주 부당한 논쟁이 있은 후, 그는 매우 고발적인 '부정'이란 용어가 오해를 일으킬 수 있었다는 점과 '관망주의'라

는 말을 썼다면 더 좋았을 것이라는 점을 인정했다. 그는 또한 프랑스 사회에 동성애 공포가 지속되고 있었다는 점을 과소평가했던 것 같다고 인정했다. 〈하나의 논쟁에 대한 회귀〉,《에스프리》, 1996년 11월호.

3) 예를 들어 인용하자면, 국민 전선과 연결된 언론이 1996년 4월 프레데릭 마르텔의 《장미색과 검은색》이란 책에 담겨진 비판들을 부당하게 가로챈 방식 같은 것이다.

4) 《르 몽드》, 1996년 4월 15일자.

5) 나는 이와 같이 주목되는 점을 《지식의 배반》(쇠이유, 1994)에서 개진하였다.

6) 특히 Gilles Deleuze와 Félix Guattari의 '고전'인 《앙티 오이디푸스》 및 《수많은 저울판: 자본주의와 정신분열증》, 미뉘, 1973 참조.

7) Michel Foucault, 《성의 역사》, 제2권 《쾌락의 이용》.

8) 《앎의 의지》, 앞의 책.

9) Frédéric Martel, 《장미색과 검은색》.

10) 《샹 리브르》, 1971년.

11) *Recherches*, 1973년 3월호.

12) Élisabeth Lebovici 및 Gérard Lefort, 《리베라시옹》, 1997년 6월 29일자.

13) 《르 몽드》, 1997년 7월 17일자.

14) 《리베라시옹》, 1995년 6월 22일자.

15) 《리베라시옹》, 1997년 6월 23일자.

16) 나는 여기서 뉴욕에서 발행되는 《존》지의 편집장인 Michel Feher의 자세하고 괄목할 만한 분석에 의거하고 있다. 이 분석은 〈미국에서의 에로티시즘과 여권주의: 자유의 실천〉이란 제목으로 게재되었으며, 프랑스 《에스프리》지 10월호에 실렸다.

17) Robin Morgan, 《너무 멀리 가는 것》, 랜덤 하우스, 1977, Michel Feher로부터 재인용.

18) Peter Brown, 《육체의 포기》에서 재인용.

19) Blake Morisson이 《선데이 타임스》에서 한 지적. 1996년 3월호.

20) Michel Feher, 〈미국에서 에로티시즘과 여권주의 : 자유의 실천〉.

21) 이 책은 1991년 발렌타인출판사에 의해 출간되었으며, 프랑스어 번역은 《결단코 당신은 이해 못해! —— 남자와 여자 사이의 오해를 극복한다는 것》이라는 제목으로 나왔다. 로베르 라퐁 1993.

22) Jean Cazeneuve, 《행복과 문명》, 갈리마르, 1970.

23) Michael Pollack, 〈남성의 동성애〉, 《서양인의 성》.

24) Michel Feher, 〈미국에서 에로티시즘과 여권주의 : 자유의 실천〉.

14. 가정 새로 만들기…

1) 본장의 제목으로 사용하는(과거의 가정을 새로 만드는 것이 아니라) '가정 새로 만들기'(새로운 사회 변화에 맞추어 가정을 사회적 집단으로 다시 재조직한다는 의미이다)라는 표현은, 피에르 로장발롱이 민족에 대해 정확히 사용하고 있는 표현을 전치한 것이다. 로장발롱은 사회적 유대와 관련된 이유들을 내세워 '민족을 새로 만들어야' 한다는 필요성을 민족에 대립시키면서 하나의 분석을 제시하는데, 내 생각으로 이 분석은 가정에 더 잘 적용된다.(Pierre Rosanvallon, 《새로운 사회 문제》, 쇠이유, 1995)

2) Jean-Claude Millner, 《한 실패의 인류학》, 쇠이유, 1993.

3) Irène Théry, 〈성별의 차이와 세대의 차이. 제도의 목적〉, 《에스프리》, 1996년 12월호.

4) 나는 《지식의 배반》에서 좌파와 우파 사이에 차별주의적인 사상이 이동하는 다양한 현상에 대해 하나의 장을 할애했다.

5) Talcott Parsons, 《가정, 사회화, 그리고 상호 작용의 과정》, 글렌코 프리 프레스, 1955, Louis Roussel, 《불확실한 가정》에서 재인용.

6) 이 인용은 Louis Roussel이 제시한 종합적 시각이다.

7) 복음서의 다음과 같은 세 대목을 생각해 보기 바란다. "아비나 어미를 나보다 더 사랑하는 자는 내게 합당치 아니하고, 아들이나 딸을 나보다 더 사랑하는 자도 내게 합당치 아니하고."(〈마태복음〉 10장 37절) "땅에 있는 자를 아비라 하지 말라. 너희 아버지는 하나이시니, 곧 하늘에 계신 자시니라."(〈마태복음〉 23장 9절) "내가 세상에 화평을 주러 온 줄로 생각지 말라. 화평이 아니요 검을 주러 왔노라. 내가 온 것은 사람이 그 아비와, 딸이 어미와, 며느리가 시어미와 불화하게 하려 함이니."(〈마태복음〉 10장 34-35절)

8) Pierre Legendre, 《가계》, 페이야르, 1990.

9) Irène Théry, 《성별의 차이와 세대의 차이》.

10) Évelyne Sullerot, 《어떤 아버지? 어떤 아들?》.

11) 같은 책.

12) Christiane Olivier, 《오레스트의 아들들과 아버지의 문제》.

13) Évelyne Sullerot, 《어떤 아버지? 어떤 아들?》.

14) Geneviève Delaisi de Parseval, 《아버지의 부분》, 쇠이유, 1981.

15) Donald Woods Winnicot, 《어린이와 그의 가족》, 프랑스어 번역본, 페이요, 1991.

16) 예를 들면 Bernard This, 《아버지, 출생증명서》, 쇠이유, 1980, 그리고 Aldo Naouri 《커플과 아이》, 오딜 자콥, 1995.

17) Évelyne Sullerot, 《어떤 아버지? 어떤 아들?》.

18) Christiane Olivier, 《오레스트의 자식들과 아버지의 문제》.

19) René Zazzo, 《애착》, 들라쇼 에 니에스틀레, 1991. Boris Cyrulnik, 《유대 관계의 영향: 애착의 자연사》, 아셰트 플뤼리엘, 1992. Hubert Montagner, 《애정의 시작과 애착》, 오딜 자콥, 1988.

20) Christiane Olivier, 《오레스트의 자식들과 아버지의 문제》.

21) 특기해야 할 것은 크리스티안 올리비에가 아이가 딸일 경우 또한 상기시키고 있다는 점이다. 그녀는 이렇게 쓴다. 자신들의 딸이 '자신들만을 위한' 딸이 되기를 바라는 어머니들은, "아이를 하나의 관계 속에 가두어 버린다. 이 관계에서 딸은 타자의 욕망에 순응하지 않을 수 없는 자신을 보게 되며, 순응하지 않을 경우에는 사랑을 받지 않거나 실망시킬 각오를 해야 하는 것이다. 그래서 여전히 보편적인 여성의 두려움으로 남게 되는 것은 타자와 유행에 따르지 않게 되지나 않을까 하는 것이다. 모든 여자는 이와 같은 두려움 속에 남아 있으며, 우리 신문들은 **즐겁게 해주는** 것에 자신을 적응시키는 수단들에 대해서만 이야기하고 있다."

22) 같은 책.

23) Irène Théry, 《성별의 차이와 세대의 차이》.

24) Évelyne Sullerot, 《어떤 아버지? 어떤 아들?》.

25) Louis Roussel, 《불확실한 가정》.

26) Irène Théry, 《성별의 차이와 세대의 차이》.

27) 같은 책.

28) Louis Roussel, 《불확실한 가정》.

29) Jean-Claude Kaufmann, 《부부간의 내막: 내의류를 통한 커플의 분석》, 포켓 아고라, 1988.

30) Alain Ehrenberg, 《에스프리》, 1993년 11월호.

31) Catherine Labrusse-Riou et Mireille Delmas-Marty, 《결혼과 이혼》, PUF, 1988.

32) Catherine Labrusse-Riou, 〈제도를 산출해 내려고 고심하는 친자 관계〉, 《에스프리》, 1996년 12월호.

33) Caroline Éliacheff, 《사생활. 어린이 왕으로부터 어린이 희생자로》, 오딜 자콥, 1997.

34) Irène Théry, 〈어린이의 새로운 권리들, 마술적 물약인가?〉, 《에스프리》,

1992년 3-4월호.

35) Yves Lernout, 청소년 담당 사법관 협회장, 《어린이와 가정의 권리》, 29
호, 1990.

15. 시간에 대한 어떤 관념…

1) 나는 이 인용문들을 Henri Guillemin의 《니체에 대한 시각들》에서 재
인용했다.

2) 앞의 제7장 참조.

3) Arnaud de Vaujuas, 〈유혹의 사회에서 약속을 지킨다는 것〉, 《크리스투
스》에서 발췌하였다.

4) Étienne Perrot, 〈세 개의 우상 숭배적인 성실함〉, 《크리스투스》, 1996년
1월호.

5) Michel Foucault, 《성의 역사》, 제2권 《쾌락의 이용》.

6) Roland Barthes, 《사랑의 담론에 대한 단상》.

7) Pascal Bruckner 및 Alain Finkielkraut, 《사랑의 새로운 무질서》, 쇠이유,
1979.

8) 《르 몽드》, 1997년 4월 22일자.

9) Maurice Merleau-Ponty, 《지각의 현상학》, 쇠이유, 1976.

10) 《에스프리》, 1960년 11월호.

11) 기업의 개념에 대한 이와 같은 근본적 변혁(이 변혁은 너무도 적게 기
술되었고, 불충분하게 비판되었다)은 **법인** 지배, 또는 주주들의 지배라고 일컬
어진 것에 부합한다. 그것은 1989년 미국에서 시작되었지만, 진정한 형태를
드러낸 것은 1992년 런던에서 캐드버리 슈입스의 옛 회장인 에이드리언 캐
드베리 경이 집필한 유명한 보고서가 출간된 이후이다.

12) Robert Castel, 《사회 문제의 변모: 임금 제도의 연대기》, 페이야르, 1995.

13) Irène Théry, 〈성별의 차이와 세대의 차이. 제도의 목적〉.

14) Philippe Engelhard, 《세계적 인간》.

15) 제6장 참조.

16) Louis Roussel, 《불확실한 가정》.

17) Michel Albert, 《자본주의와 싸우는 자본주의》, 쇠이유, 1991.

18) Jean-Paul Fitoussi, 《금지된 논쟁》, 아를레아, 1995.

19) Mircea Eliade, 《영원한 회귀의 신화》, 갈리마르, 1969.

20) Étienne Barilier, 《새로운 몽매주의에 대항해서. 진보에 대한 찬양》, 조
에출판사, 제네바, 1995.

역자 후기

　　섹스는 생과 사의 중심에 놓인 최대의 화두 가운데 하나라고 할 수 있다. 섹스가 없다면 생과 사라는 고행의 바다 자체가 소멸할 테니까. 하지만 그것은 존재와 소멸의 순환적 과정을 떠받치면서 무(無)와 유(有)의 경계에서 수행하는 신비한 역할을 넘어, 인간만이 이룩하는 문화와 문명의 근원에 자리잡고 있다. 섹스는 생사의 비극을 잉태시키는 씨앗이지만, 동시에 인간 조건을 뛰어넘게 해주는 '유토피아'로까지 간주되면서 다양한 문화의 스펙트럼을 창출해 냈다.

　　동물처럼 발정기에만 섹스를 즐긴다면, 인류가 안고 있는 문제들 가운데 상당 부분이 사라질 것이다. 인간만이 발정기에서 해방되어 성적 쾌락을 추구함으로써 섹스는 인류의 파멸과 전진이라는 두 극점에 그토록 극적으로 연결되어 있는 것이다. 그것은 발정기에서 해방되자마자 가공할 위력을 지닌 폭발성 에너지를 몰고 다니며 인간 자체를 위협할 수 없는 계기가 된 것이다. 역설적으로 동물과 구분 지어 주는 발정기로부터의 그 해방이 인간을 파멸케 하는 무서운 무기로 변모할 수 있다는 말이다. 그렇기 때문에 그것과 관련된 수많은 금기 사항과 상징 체계들이 다양한 문화 속에 심층적으로 자리잡고 있다. 그것은 창조적·생산적 힘의 문제와 밀접하게 결합되어 역사의 바퀴를 전진시키는 중심축에 위치해 온 것이다. 문화가 발전되고 교육의 학습 과정이 길어지면 길어질수록 결혼 연령은 늦추어지고, 자연발생적 생식 능력과 성욕은 억제하도록 요구받게 되었지 않은가! 이로부터 청소년의 성문제도 증폭되어 나타난 것이다. (더구나 경제 발전과 더불어 육체적 성장 속도가 빨라져 생식 능력을 가지게 되는 나이가 점점 더 어려졌다는 점을 생각해 보라.)

　　어쩌면 서구의 르네상스와 근대의 비약적 전진은 성을 상대적으로 억제한 중세라는 에너지의 축적 기간이 있었기에 가능했을지도 모른다. 뿐만 아니라 서구의 정신분석학은 그리스도교와 중세, 그리고 프로테스탄티즘이 없었다면 탄생되지 않았을지도 모를 일이다. 중국 문화권에서 정신분석학이 낯설게 느껴지는 이유 가운데 하나는 성을 죄악시하지 않은 문화적 토양의 차이일 것이다. 막스 베버가 《프로테스탄티즘의 윤리와 자본주의의 정신》에서 지적했듯이, 자본주의의 발전에서 노동자들에게 강요된 성의 억제를 통한 생산력의 극대화가 중요한 역할을 했다는 점을 상기할 필요가 있다.

그러나 역사의 전진은 발정기로부터 해방된 인간을 금기와 상징 체계로부터의 해방으로, 다시 말해 '성의 해방'으로 이동시키며 오히려 반문화적 현상을 드러내고 있다. 성과 관련된 온갖 문제들은 성을 발가벗겨 원초적·동물적·쾌락적·기능적 차원으로 격하시키며, 그것과 관련된 모든 문화적 가치들을 파괴하고 있는 것이다. 나아가 그것들은 진보의 개념 자체에 의문을 제기하게 만들며, 도덕과 자유를 미래적 전망에서 고찰하게 만들고 있다. 이것이 서양에서 오늘날 일어나고 있는 현상이라고 저자는 말한다.

서양에서 60년대말에 폭발한 학생 혁명과 더불어 본격적으로 시작된 '성의 혁명'은 30년의 세월을 지나 이제 한계점에 도달해 위기를 맞고 있다고 저자는 갈파한다. 장 클로드 기유보는 이 위기의 현주소를 객관적 관점에서 진지하게 탐색하고 있다. 좌파 운동과 한 배를 탄 '성의 해방'은 자본주의에 대한 투쟁과 맞물려 돌아갔다. 그것은 소련과 동구권이 무너진 상황에서, 다시 말해 이데올로기적 이념과 희망이 사라진 상황에서 유일한 피난처이자 '유토피아'로 남았다. 그러나 모든 금기 사항을 파괴하고 집단적 표상을 거부하며 극으로 치달은 성적 자유주의의 물결은, 도덕적 엄격주의를 역풍으로 몰고 와 대립의 극한적 혼란 상황을 야기하기 시작하고 있다. 뿐만 아니라 탈노동화되어 가는 자본주의의 승리는 성을 상품화시키고, 이윤 창출의 도구로 전락시키면서 성의 혁명이 추구한 진정한 자유를 말살시키고 있다. 성의 해방을 추구해 온 30년 여정이 결국은 자체 모순에 의해 인간을 섹스의 노예로 전락시키며 새로운 모색을 강요하고 있는 것이다. 인간은 '섹스의 횡포'에 굴복하고 말 것인가?

과거도 미래도 거부하는 현재 중심주의적 섹스의 향연이 낳은 딜레마, 무자비한 거대 자본주의 시장이 성의 상품화를 통해 가속화시키는 그 딜레마를 어떻게 극복할 것인가? 저자는 역사 속에 나타난 다양한 큰 문화들을 고찰하고, 관련된 모든 학문들을 끌어들이면서 폭넓게 성문제를 조명하고 있다. 이와 같은 탐구는 누구나 관련되어 있는 이 문제에 대한 해답을 즉각적으로 제시하는 것이 아니다. 그것은 독자로 하여금 새로운 미래 세계를 진지하게 모색하게 해주는 동기로서 작용한다. 인간만이 창조하는 문화의 관점에서 성을 미래와 어떻게 새롭게 융합시킬 것인가? 진보의 개념을 실은 시간의 '화살'은 중간에서 부러지고 말 것인가? 아니면 보다 멀리 풍요로운 신세계로 날아갈 것인가? 퇴행과 진보의 갈림길에서 성은 인간의 진실된 노력과 의지를 기다리고 있는 것이다.

독자는 저자가 전개하는 방대한 '파노라마적인' 지식의 바다에서 새로운 역사적 사실들과 곡해된 부분들을 만나며 즐거운 시간을 보낼 수도 있을 것이다. 그만큼 이 책 속에는 성과 관련한 재미있는 읽을거리도 풍부하게 담겨 있다. 그러나 그보다는 우리 사회의 문제로 다가오는 서양의 성문제를 함께 고뇌해 보는 진지한 독서의 시간이 되길 바란다. 우리 사회도 급속한 경제 발전과 더불어 성문제가 반문화적 현상을 드러내기 시작하고 있다고 할 수 있기 때문이다. 특히 민중적 차원에서 볼 때, 문화적 지층이 두텁지 못한 상황에서 물질적 풍요와 결합된 급진적 성해방은 국가 전체의 문화 발전을 가로막는 악재로 작용할 수 있다. 이와 같은 관점에서 본서는 독자로 하여금 성과 관련해 폭넓은 사유를 가능케 해줄 수 있을 것이다.

2001년 8월 김 웅 권

색 인

"

김 웅 권

한국외국어대학교 불어과 졸업
프랑스 몽펠리에3대학 불문학 박사
현재 프랑스 파리3대학 누벨 소르본 앙드레 말로 연구소 연구원
학위 논문: 〈앙드레 말로의 소설 세계에 있어서 의미의 탐구와 구조화〉
저서: 《앙드레 말로—소설 세계와 문화의 창조적 정복》
논문: 〈앙드레 말로의 《왕도》에 나타난 신비주의적 에로티시즘〉
(프랑스의 《현대문학지》 앙드레 말로 시리즈 10호)
〈앙드레 말로의 《인간의 조건》에서 광인 의식〉
(미국 《앙드레 말로 학술지》 27권)
역서: 《심층심리학자 니체》《이별》《천재와 광기》
《니체 읽기》《상상력의 세계사》《순진함의 유혹》
《영원한 황홀》《진정한 모럴은 모럴을 비웃는다》
《운디네와 지식의 불》

현대신서
45

쾌락의 횡포 . 하

초판발행 : 2001년 8월 20일

지은이 : 장 클로드 기유보
옮긴이 : 김웅권
펴낸이 : 辛成大
펴낸곳 : 東文選

제10-64호, 78. 12. 16 등록
110-300 서울 종로구 관훈동 74번지
전화 : 737-2795
팩스 : 723-4518

편집설계 : 韓智硯 / 李尙恩 · 李姃룡

ISBN 89-8038-119-0 04380
ISBN 89-8038-050-X (현대신서)

東文選 文藝新書 105

포르노그래피 −여자를 소유하는 남자들

안드레아 드워킨 / 유혜련 옮김

사드와 바타유로부터 킨제이報告, 플레이보이誌, 포르노테이프에 이르기까지 온갖 性묘사 속에 은닉된 '意味'를 적나라하게 파헤친 레디칼 페미니즘의 眞髓. 2개 출판사로부터 계약파기당하였고, 12개 출판사로부터 거부당하였으며, 출판 후에도 수 년간 절판당해야 했던 禁書 아닌 禁書!

본서는 '외설'을 다루고 있는 것이 아니다. 무엇이든 '외설'이려면 그것이 관람이나 전시에 적합치 않다는 판단이 내려져야 한다. '외설'은 '포르노그래피'와 동의어가 아니다. '외설'은 하나의 개념이며, 그것은 가치판단을 요구한다. 포르노그래피는 구체적인 매춘부들의 생생한 묘사이다. 포르노그래피는 천박한 표적에 불과하며, 그것을 공격한 시점에서 아무 변화도 일어나지 않는다고 말하는 사람들은 언제나 있기 마련이지만, 그러나 진실로 말하자면 그것은 잘못이다. 포르노그래피는 남성의 우월성 구현에 불과하다. 그것은 남성지배의 DNA라고도 할 수 있는 것으로서 성적 학대의 온갖 규칙도, 성적 새디즘의 온갖 미묘한 의미도, 공공연한 것과 비밀스러운 것을 포함한 온갖 성적 착취도 이 속에 암호화되어 있다. 포르노그래피란 우리들 여성에게는 그런 남성이 없었으면 좋겠다 싶은 상태이며, 남성에게는 여성이란 이러한 것이라고 생각케 하며, 또한 우리들을 그렇게 만들려고 하는 상태이며, 더욱이 남성이 우리를 사용하는 방식이다. 내가 이 말을 하는 이유는, 그들이 생물학적으로 남성인 것이 문제가 아니라 그들 남성의 사회권력이 그렇게 조직되어 있다는 것이다. 정치활동가의 관점에서 보면, 포르노그래피는 남성우위성의 청사진으로 남성의 우위성을 구축하는 방식을 나타내고 있다. 정치활동가는 이 청사진을 알 필요가 있다. 문화적 용어를 사용한다면, 포르노그래피는 남성의 지배라는 교의를 굳게 지키는 원리주의이다. 여성과 성충동을 규정하는 이러한 교의, 이 예정설에는 자비라곤 도무지 없다. 이 속에서 여성은 단지 강간과 매춘으로 이끌릴 뿐이며, 이의를 제창하는 사람은 파괴 또는 소멸된다. 포르노그래피는 남성의 권력과 증오·소유권·계급제도·새디즘·우월성이 성욕으로 표현된 것이다. 있을 수 있는 모든 강간, 예를 들어 여성이 구타당하고 범해질 경우와 매춘당하게 될 경우까지 포함한 모든 강간 사례, 아직 말도 제대로 못하는 유아였을 때 벌어진 근친상간을 포함한 있을 수 있는 모든 근친상간, 그리고 남편이나 연인이나 연쇄살인범 탓에 생긴 여성 살해 뒤에는 포르노그래피의 전제가 도사리고 있다.

만약 이것을 천박하다고 말한다면, 도대체 깊이 있는 것은 무엇일까?

東文選 文藝新書 135

여성의 상태
– 서구 소설에 나타난 여성상

나탈리 에니크 / 서민원 옮김

여성의 이력에 제공된 가능성의 공간은 수많은 소설들 속에 펼쳐져 있고, 여전히 현대 작품들의 소재이기도 하다. 결혼을 앞둔 처녀, 배우자와 어머니·정부·노처녀 등 여성의 다양한 상태들은 우리에게 친숙한 작품을 이루는 범주들이다. 또한 세상 사람들이 편애하는 매개수단으로써의 소설적인 문화에 의해서 뿐만 아니라, 그 범주들은 명백히 현세계의 경험과도 밀접한 관계를 맺고 있다. 어쨌든 여기서 말하는 친숙함이란 지성이나 이해를 의미하는 것은 아니다. 이를테면 문화적인 체계의 관점으로부터 어느 정도 거리를 두고서, 인류학자의 '먼 시선'만이 앎의 질서에 다름 아닌 작품의 구성 요소들과 더불어 이해의 질서라고 할 수 있는 작품의 내적이고도 필연적인 논리를 설명할 수 있을 것이다.

이 글은 서구 픽션에 있어서 다양한 여성들의 상태에 대한 단순한 나열이나 리스트 이상의 것을 지향한다. 이를테면 이 다양한 가능성의 공간들을 구성하는 커다란 개념에 대한 이해와 관련된 것이다. 즉 이러한 형곽들은 어떻게 분절되는지, 또 이곳에서 저곳으로의 이동이 어떻게 일어나게 되는지, 그것을 고찰하면서 동시에 허구가 현실과 맺고 있는 작용을 분석하는 것에 우리의 목적이 있다. 체계의 총체적 논리, 그것의 이유와 방법을 이해하는 것에 다름아닌 것이다. 살아 있는 세상에 대한 경험으로써 이러한 상태를 다룬 서구 문학은 그 상태들에 우리가 친숙해지도록 해 왔다. 고전으로부터 애정소설에 이르기까지, 샬럿 브론테로부터 조르주 오네까지, 오노레 드 발자크로부터 마르그리트 뒤라스까지, 토머스 하디로부터 델리까지, 헨리 제임스로부터 대프니 뒤 모리에까지 말이다. 그 구조들 속에서 '먼 시선'으로 떠오르는 여성의 동일성을 통해, 이 책은 인류학이 어떻게 서구 문화의 소산인 소설에 대해 관점을 가질 수 있는가를 보여 주고 있다.